KB175681

괜찮은 남자들은 다 어디로 갔을까

Why There Are No Good Men Left

괜찮은 남자들은
다 어디로 갔을까

비혼이
대세인
시대에
결혼하고 싶은
여자들

바버라 화이트헤드 지음
최이현 옮김

페이퍼로드
paperroad

연애의 기쁨을 알게 해준 랠프에게

단순한 개인사가 아닌,
연애와 결혼이라는 사건

"여자가 서른 넘어서 결혼하는 건 벼락 맞기보다 어려운 일이야."

이 말은 2000년 전후 미국에서 인기리에 방영되었고, 국내에도 마니아층을 거느렸던 드라마, 〈앨리 맥빌Ally McBeal(한국어 제목은 '앨리의 사랑만들기')〉에 나오는 대사이다. 굳이 벼락 맞을 확률을 계산하지 않아도(계산할 방법이 있기나 한지 의문이지만), 이 말이 논리적으로 전혀 타당하지 않다는 사실은 누구나 알 수 있다. 아마도 그 의미는 서른 넘은 여자가 결혼하려면 벼락 맞기만큼이나 어렵다는 뜻 정도일 것이다. 주인공이 절규하듯 내뱉던 이 대사를 내가 처음으로 들었던 때는 결혼보다 진로 고민이 우선이던 이십 대 초반이었기에, 당시 나는 당연히 말도 안 되는 소리라며 웃어넘기고는 그대로 잊었다. 그러다 이 우스꽝스러운 대사를 다시 떠올리게 된 건 이 책을 번역하면서부터이다.

『괜찮은 남자들은 다 어디로 갔을까』는 성공한 신세대 독신 여성이 부모 세대(베이비붐 세대)와 달리 연애에 힘들어하고 결혼에 쉽게 성공하지 못하는 원인을 사회학적으로 파헤친 책이다. 이 책의 저자 바버라 화이트헤드는 결혼과 가정 등을 주제로 여러 매체에 글을 기고하는 언론인 겸 저술가이다. 이 책의 분석 대상은 2, 30대 신세대 고학력 여성이다. 이들은 부모의 전폭적 지지와 사회의 제도적 지원에 힘입어 고등교육을 받은 후 재능과 적성에 맞는 직장에서 차근차근 경력을 쌓아가는 독립적인 여성들이다. 학업과 직업의 세계에서 충분한 성공을 거둔 이들의 남은 과제는 '원하는 시기'에 '딱 맞는 남자'를 만나 가정을 이루는 것이다. 그런데 남편감을 찾으려고 결심하고 적극적으로 나서려는 순간 이들이 맞닥뜨리는 현실은 만만치 않다. 이 책이 처음 미국에서 출간된 때는 2000년대 초반이다. 그로부터 15년이 흐른 지금, 우리나라 여성들의 사정은 어떨까?

2000년대 중반, 직장 새내기였던 내가 존경하는 마음으로 따랐던 선배들 가운데는 이른바 '골드미스'들이 두서넛 있었다. 당시 이들은 모두 삼십 대 초중반으로, 괜찮은 대학을 졸업하고 안정된 직장에서 상당한 연봉을 받으며, 꾸준히 자기계발을 하고 틈틈이 재테크도 해서 재산을 불릴 줄 아는 똑똑한 여성들이었다. 이들에게 아쉬운 점이라면, (본인들의 바람과 달리) 자신에게 맞는 남편감을 아직 만나지 못했다는 것이었다. 내가 새로운 진로를 개척하느라 직장을 그만두면서 연락을 끊은 탓에 이 선배들이 지금도 독신인지 아닌지는 알 수 없지만, 이들과 마지막으로 연락을 주고받았던 3, 4년 전까지도 여전히 미혼이었고, 당시 그들의 나이는 마흔을 훌쩍 넘기고 있었다.

2018년 현재, 내가 가깝게 지내는 지인 중에는 사십 대 초반 전문직과 갓 서른이 된 회사원 여성이 있다. 두 친구 역시 학력 수준이 높고, 자기 분야에서 인정받으며, 독립적이고 성숙하게 삶을 꾸려가는 여성들이다. 상대를 배려하는 매너와 때와 장소에 맞게 행동하는 센스를 두루 갖춘 이 친구들 역시 자기에게 딱 맞는 이성을 찾고 있지만, 앞서 언급했던 내 직장 선배들만큼이나 상황이 녹록치 않다. 나를 포함해서 이 친구들의 지인이나 가족 등이 이들에게 어울리는 남자를 소개해주려 하지만, 주변에서 괜찮은 독신 남성을 찾기가 쉽지 않다. 그러니까 이 책의 출발점이 된, "괜찮은 남자가 없다"는 푸념은 시대와 공간을 달리해서 여전히 유효하다.

　　이쯤 되면 자연스럽게 "왜 그럴까?"라는 의문이 생긴다. 연령, 학력, 직업, 외모 등 겉으로 보이는 조건들이 비슷할 때 왜 여성은 남성보다 배우자감을 찾기가 더 힘든 것일까? 흔히 성공한 여성이 삼십 대 후반이 되도록 독신으로 있는 경우, 사람들은 "눈이 높다"라거나 "성격이 까다롭다"는 식으로 결혼하지 못하는 원인을 개인의 결함에서 찾으려 하고, 연애나 결혼을 개인적 차원의 문제로 축소해서 바라본다. 하지만 『괜찮은 남자들은 다 어디로 갔을까』에서는 그 원인을 사회문화적 변화에서 찾고 있다. 저자는 직접 수집한 심층 인터뷰 자료, 각종 통계와 연구 자료 등을 활용해서 성공한 독신 여성들이 연애와 결혼에서 곤란을 겪는 원인을 체계적으로 분석한다. 얼핏 보면, 사회학이나 여성학 논문처럼 딱딱할 것 같지만, 저자가 직접 취재한 생생한 사례와 영화나 소설 등에서 발췌한 흥미로운 (가공이지만 현실에 밀착된) 이야기들이 곳

곳에 배치되어 지루함을 덜었다. 또한 저자 자신이 럿거스 대학교가 주관하는 '국가 결혼 프로젝트'에 책임자로 참여하면서 수집한 풍부한 통계자료는 주장의 설득력을 높인다. 이런 자료들을 근거로 저자는 오늘날 신세대 독신 여성들이 연애 곤란에서 벗어나 적절한 시기에 이상형을 찾는 해법을 제시한다. 여기에는 개인적 노력과 사회적 지원이 모두 포함된다. 이처럼 연애와 결혼이라는 개인적인 주제를 사회적 차원으로 확대해서 꼼꼼하게 연구하고 구체적이고 실용적인 결론을 도출했다는 점이 이 책의 미덕이다. 오늘날 출산율 저하가 심각한 사회 문제로 다루어지고, 그에 따라 출산 장려 대책이 다양하게 쏟아지는 상황에서, 출산의 선행 단계인 연애와 결혼을 돕는 일 역시 중요한 사회적 과제라 할 수 있다. 이런 관점에서 신세대 독신 여성의 결혼 욕구와 동거 문화 등을 사회가 공감하고 지지해야 하며, 학제적 연구를 통해 여성들이 활용할 수 있는 지식 및 정보 베이스를 만들어야 한다는 저자의 주장에 귀를 기울일 필요가 있다.

얼마 전 국내 유명 결혼정보회사가 발표한 '2018년 혼인통계 보고서'에 따르면, 자사 회원들을 대상으로 최근 2년간 조사한 결과 남성의 평균 초혼 연령은 평균 36.2세이고, 여성은 33.0세라고 한다. 한편 2017년에 통계청에서 발표한 평균 초혼 연령은 남성 32.9세, 여성 30.2세였다. 비슷한 시기에 조사한 통계가 이렇게 다르게 나타난 이유는 통계청 조사에서는 모집단이 전 국민이지만, 결혼정보회사는 회원들을 대상으로 조사했기 때문일 것이다. 즉, 결혼정보회사에 가입한 사람들은 상대적으로 경제력이나 학력 수준이 높은 집단이기 때문에 (석·박사 과정 이수 등으로) 학업 기간이 좀 더 길어졌거나 (전문 자격증 취득 등으로) 안정적인 커리어를 구축하느라 결혼이 늦어졌을 것이다. 물론, 이 자료만으로는 고학력 여성들의 초혼 연령이 높은 이유가 학업이나 직업으로 인한 개인의 자발적 선택이었는지 아니면 결혼 의사는 있었으나 자기에게 맞는 남편감을 찾지 못한 비자발적 결과인지는 알 수 없다. 그러나 이 책의 저자가 지적한 고학력 여성들의 달라진 '시간표'(흔히 말해서, 결혼적령기)는 충분히 확인할 수 있다.

저자가 제시한 해법 가운데 사회적 공감대 형성이나 제도 마련 등은 아무래도 시간이 걸리는 작업이지만, 개인이 직접 행동으로 실천할 수 있는 영역은 마음만 있으면 누구나 당장 시작할 수 있다. 저자는 직업적 성공에 도움이 되었던 도구와 기술을 적극적으로 활용하라고 권고한다. 예를 들어, 온라인 데이트나 스피드 데이트 등을 이용해서 이성을 탐색할 시간을 절약하면서 동시에 신뢰할 만한 지인들을 통해 적극적으로 상대를 소개받는 방법을 병행하라고 조언한다. 또한 허둥대다 시간을 낭비하지 않으려면, 공부하고 경력을 쌓을 때처럼 자신에게 맞는 연애 및 결혼 계획표를 마련하고 괜찮은 상대가 나타나면 시간을 내어 열심히 사랑해야 한다고 충고한다.

이 책에서는 사회가 신세대 독신 여성들의 연애 및 결혼 욕구를 이해하고 존중해야 한다고 말하고 있는데, 특별히 우리나라에서는 그런 사회적 공감 외에 여성들이 자신의 욕구를 솔직하게 주변에 밝히는 것도 중요한 것 같다. 안타깝게도 우리 사회는 성공한 여성이 자신의 연애나 결혼 욕구를 언급하면 그녀가 어렵게 쌓은 직업적 성공이 주던 매력이 반감한다고 생각하는 사람들이 많다. 원하는 자격증을 취득하고 안정된 직장에 입사한 내 친구는 삼십 대 초반에 결혼하겠다는 계획을 세우고 두 군데 결혼정보회사에 가입해서 백 번쯤 선을 본 후 결국 자신에게 맞는 상대와 결혼에 성공했다. 그러나 이 친구가 적당한 남편감을 만나 결혼하기까지 어떤 노력을 기울여왔는지 아는 사람들은 주변에 많지 않았다. 그로부터 십여 년이 지난 지금도 친구는 그 이야기를 언급할 때마다 자조적으로 웃곤 한다.

하지만 그게 무슨 대수겠는가? 친구는 학업과 직업의 세계에서 했던 방식을 똑같이 사용하고 그만큼의 노력을 들여 연애의 세계에서도 원하는 목표를 달성했을 뿐이다. 영화나 소설처럼 서점이나 기차 등에서 우연히 이상형을 만날 가능성이야말로 벼락 맞을 확률보다 낮을 것이다. 그러니 학교와 직장에서는 잘나가고 있지만 비현실적인 연애관이나 결혼관을 가진 여성이 혹시 주변에 있다면, 그들에게 이 책을 선물하기를 바란다. 그러면 비로소 이들은 과거와 달라진 연애 지형에서 자신의 현주소를 파악하고, 자신에게 맞는 해법을 발견할 수 있을 것이다.

최이현

차례

서론

독신 여성들의 연애 생활,
이대로 괜찮을까

이 책은 오늘날 젊은 여성들의 데이트와 짝짓기 문화에 발생한 위기를 다룬다. 교육 수준이 높고 성공한 젊은 여성 중 일부가 왜 자신의 연애 생활에 만족하지 못하는지, 연애에 실망했다는 하소연이 왜 한 세대의 주제로 등장하는지, 이런 여성 중 상당수가 왜 '괜찮은 남자가 없다'는 진단을 내리게 되었는지를 설명하려고 한다.

영원한 사랑을 찾기란 결코 쉽지 않지만, 현대 여성들에게는 특히 어려워 보인다. 이들이 연애에 좌절을 겪고 있다는 증거는 여기저기에서 발견된다. 유명한 텔레비전 드라마인 〈윌 앤 그레이스 Will & Grace〉와 〈섹스 앤 더 시티Sex and the City〉에서, 데이트와 이성 관계를 조언하는 자기계발서의 엄청난 인기에서, 남성의 약점과 결점을 주제로 한 수많은 간담회에서, 30대 독신 여성이 이상형을 찾아다니는 내용을 다룬 인기 영화와 베스트셀러 소설에서, 남자에게 차였을 때 극복하는 방법을 소개하는 기사와 책에서, 연애 상대를 찾아주는 수많은 인터넷 사이트에서 연애 곤란을 겪는 여성들을 흔하게 볼 수 있다. 예전에는 청춘이 사랑하기 좋은 시절이었다. 하지만 이제는 사랑에 만족하지 못하는 시대가 되어가고 있다.

'괜찮은 남자가 없다'는 일반적 인식에는 여성들의 극심한 좌절감이 숨어 있다. 이런 정서에 남성들을 젠더적 관점에서 공격하려는 의도는 전혀 없다. 역사상 그 어느 때보다 오늘날의 젊은 여성들은 따뜻한 우정과 동료애, 공통된 인생 경험을 남성들과 함께 즐기고 있다. 또한 '괜찮은 남자가 없다'는 생각은 연인이나 남자친구로 삼을 수 없는 남자들에 대한 한탄도 아니다. 젊은 여성은 섹스나 가벼운 관계를 위해서라면 언제든 준비된 남자들을 찾을 수 있기 때문이다. 하지만 그런 생각은 여성들이 인생에서 '딱 맞는 순간'에 자신의 '이상형'을 만나는 일을 얼마나 어렵게 생각하는지 보여준다.

대체 어딜 가서 만나죠?

현대 여성이 사랑을 찾는 과정은 온통 불확실한 것투성이다. 데이트 세계는 혼돈과 혼란으로 가득하다. 아무도 규칙과 관습, 혹은 일반적으로 인정되는 원리가 무엇인지 알지 못한다. 데이트할 때 주도권을 누가 가져야 하는지, 성관계나 동거는 언제 해야 하는지, 커플이 된다는 것이 무슨 의미인지, 누가 청혼할 것인지, 헌신 관계를 구성하는 요소가 무엇인지, 훌륭한 결혼 상대는 어떻게 찾는지, 사랑을 영원히 유지하려면 어떻게 해야 하는지 등 중요한 연애 문제에 대해 사회적으로 합의된 것이 없다. 바람직한 이별 방법이 무엇인지 아무도 모른다. 이 모든 문제는 항상 논쟁과 토론의 대상이 되었고, 아직 확실한 답을 얻지 못했다.

더구나 자기에게 맞는 독신 남성을 어디에서 찾아야 하는지 알기는 어렵다. 일단 클럽과 술집에 가는 것이 지겨워진 여성은 남성을 만날 수 있는 공공장소가 거의 없다. 직장에서 보내는 시간이 많아짐에 따라 개인적으로 즐길 시간도 줄어든다. 젊은 독신들은 기혼자가 주최하는 파티에 자주 초대받지 못한다. 그래서 사적인 파티에서 독신 남성을 만날 기회를 얻기가 쉽지 않다.

상황이 더욱 복잡해져서 젊은 여성들은 직계 가족과 친구들 외에는 자신의 연애 욕구에 대한 사회적 지원이나 공감을 거의 받지 못한다. 미디어와 대중문화에서 들리는 이야기라고는 이들이 연애 욕구를 절대로 충족하지 못하리라는 암울한 예측과 예상뿐이다. 젊은 여성들은 서른에 가까워지면 결혼할 가능성이 거의 사라진다는 이야기를 들었다. 여성들의 머릿속에 높은 이혼율이 떠오른다. 이들은 인간의 짝짓기 행동에 존재하는 성별 격차, 데이트에서 반복되는 갈등, 남녀 사이에 완전히 해소될 수 없는 차이 등을 배웠다. 갤럽이 젊은이들을 대상으로 조사한 결과에서 남녀 모두 영혼의 동반자를 찾고 있다고 밝혀지자 베이비붐 세대 전문가들은 화를 내며 이들에게 "현실을 직시하라"고 말했다. 젊은 독신 여성들이 영혼의 동반자를 찾을 적기에 왜 자신의 희망과 꿈을 실현할 기회를 얻지 못해 낙심하는지 그 이유를 어렵지 않게 이해할 수 있다.

성공한 젊은 여성이 영원한 사랑을 찾을 가능성이 불확실하다는 것은 연애를 제외하면 낙천적이고 자신감에 찬 그들의 인생관과 완전히 대조된다. 지금 대졸 여성은 여성에게 유례없이 많은 기회와 자유가 주어지고, 학교와 체육관 문이 활짝 열렸으며, 예부터 여성을 성적으로 속박하던 것들이 느슨해지거나 풀렸고, 교육과 취업 및 개인의 발전을 위한 기회가 거의 무제한 주어졌을 때 성인이 되었다. 이런 기회들이 여성에게 안정감과 자신감을 느끼게 했고, 충만하고 독립적이고 신나게 살 수 있도록 선택권을 제공했다.

이 책을 쓰기 위해 내가 인터뷰했던 젊은 여성들은 자신이 선택한 직장에서 성공할 가능성이나 적어도 학교와 직장에서 성공할 기회를 얻는 문제에 관해 상당한 자신감을 드러냈다. 물론 처음 커리어를 쌓기 시작했을 때는 좌절과 실패가 없진 않았지만, 이들은 직업 세계에 진입할 준비를 잘했다고 생각했다. 젊은 여성들은 일찍이 학교에 다닐 때부터 직장에서 겪을 어려움에 대비했다. 이들에게 앞으로 자신의 커리어 목표를 달성할 가능성을 1부터 10 사이에 등급을 매겨보라고 요청했을 때, 그들의 자신감 지수는 9 또는 10을 기록했다. 하지만 연애 문제는 이야기가 달라진다. 다시 이들에게 미래 연애 목표를 달성할 가능성을 묻자, 많은 여성이 5나 6이라고 답했다.

미드웨스턴 대학교수인 내 친구는 정기적으로 학생들에게 문제 목록을 주고 오늘날 여성에게 장애가 된다고 생각하는 것을 심각한 순서대로 등급을 매겨보라고 한다. 목록에는 고용 차별, 직장 내 성희롱, 가정 폭력 등이 들어 있었다. 그런데 많은 학생이 목록에서 가장 큰 장애물로 뽑은 것은 다름 아닌 "연애 상대를 찾아서 관계를 유지하는 일"이었다.

심지어 젊은 여성이 자신의 연애 생활을 설명할 때 사용하는 언어는 이상할 정도로 밋밋하고 생기가 없다. 진정한 사랑을 묘사하는 미사여구가 거의 없다. 시와 문학, 예술에 뿌리를 두고 있는 로맨스라는 고전적 단어는 과학적 원리를 적용한 '관계 이야기'로 대체되었다. 젊은 여성들은 남자친구와의 경험을 이야기할 때 "사랑에 빠졌어요" 혹은 "사랑하고 있어요" 혹은 "일생의 사랑을 찾았어요"와 같은 표현을 거의 사용하지 않는다. 사랑이라는 단어 대신 성적 욕구와 '사귀는 관계'에 관해 거침없이 말하고, 의사소통과 친밀감, 헌신에 관한 '쟁점'을 이야기한다. 이들은 결혼이라는 단어를 조심스럽게 혹은 반어적으로 사용하는데, 아마도 그 이유는 결혼 이야기를 꺼내면 불쌍하고 절박해 보인다고 누군가에게 주의를 받았기 때문일 것이다. 실연을 말할 때도 열애의 감정과 결부시키지 않는다. 그래서 이별을 말할 때 무미건조하게 "차였다"고 표현했다.

어쩌면 영혼의 동반자를 찾을 수도 있겠죠

하지만 이런 식으로 관계를 기계적으로 표현했다고 해서 젊은 여성들이 낭만적 사랑을 포기했다는 의미는 아니다. 이야기를 듣다 보면, 이들의 아쉬움이 느껴지는 순간이 있다. 몇몇 여성은 여전히 첫 번째 남자친구를 "나의 유일한 진짜 사랑"이라고 말했는데, 그렇게 말할 때 수줍어하는 것 같았다. 다른 여성들은 영화 〈금지된 사랑Say Anything〉에서 로미오와 줄리엣을 연상시키던 장면을 가장 좋아한다고 기억했는데, 영화에서 로이드(존 쿠삭 분)는 필사적으로 사랑을 표현하고자 다이앤(이온 스카이 분)의 집 앞에서 세레나데가 흘러나오는 대형 휴대용 카세트 라디오를 들고 서 있었다. 하지만 어쨌든 그런 순수하고 낭만적인 열정은 남자친구 이야기에서 사라지고 있고, 등장한다 하더라도 종종 스토킹이나 집착과 같은 이상한 형태로 왜곡된다.

무엇보다도 젊은 여성들은 적절한 결혼 상대를 언제 어떻게 만나야 할지 몰라 당혹스러워한다. 물론 모든 여성이 결혼을 선택해야 하는 것은 아니며, 다행스럽게도 오늘날 주류 사회에서 충만하고 성공적이고 만족스럽게 살기 위해 결혼이 필수는 아니다. 또한 독신 여성에게 반드시 파트너가 있어야 하는 것도 아니다. 지금 젊은 여성들은 친밀한 관계를 맺을 수 있는 다양한 선택권이 있다. 이들은 인간의 애정이 이성 결혼과 자녀의 범위를 벗어나 널리 확대될 수 있다는 주장에 동조하여 과거 여성들보다 자유롭게 행동한다. 그리고 교육 수준이 높을수록 인생에서 더 많은 선택권을 차지하고 경제적 독립도 이룰 수 있으므로, 그저 사회적 기대에 부응하기 위해, 혹은 철저하게 경제적 필요 때문에 마음에 들지 않은 배우자에게 '정착'하지 않아도 된다.

이렇게 인생의 선택권이 많아졌음에도 불구하고, 젊은 독신 여성이 바라는 것은 결혼과 자녀다. 이는 공신력 있는 최근 통계

자료에도 잘 나타나 있다. 여성의 결혼과 자녀를 주제로 수행한 여론조사와 설문조사에서 젊은 여성의 대다수가 언젠가 결혼하고 싶다고 말했다. 게다가 이들의 인생 목표에서 결혼이 차지하는 순위는 상당히 높다. 2001년에 갤럽은 20~29세 사이 독신 여성에게 행복한 결혼과 가정생활이 자신에게 얼마나 중요한지 물었다. 응답자 중 89%가 네 가지 항목(매우 중요, 상당히 중요, 다소 중요, 중요하지 않음) 중에서 '매우 중요'를 골랐다.

이들 여성은 필요하다면 자기 마음대로 아이를 기를 수 있다는 사실을 알고 있다. 사회적 인식과 정책이 변화하면서 교육 수준이 높고 직장이 있는 여성은 혼자서 아이를 낳거나 입양할 수 있다. 보조 생식과 입양, 의료보험에 이르기까지 결혼하지 않았지만 엄마가 되고 싶은 여성들은 의료 혜택과 제도적 지원을 받을 수 있다. 대졸 여성의 반 이상(53.7%)은 괜찮은 남자가 적당한 시기에 나타나지 않으면 혼자서 아이를 길러도 괜찮다고 말했다. 일부는 30대 후반까지 결혼하지 못할 것을 대비해서 엄마가 되기 위한 비상 계획을 이미 생각해 두었다. 젊은 여성들이 이런 계획에 의존하지는 않겠지만, 어쨌든 이들은 자신이 선택하기만 하면 엄마가 되는 일을 주도적으로 실행할 수 있는 인생 목표로 인식한다.

하지만 이것은 결혼하고 싶다는 소망을 이루는 문제와는 다르다. 괜찮은 결혼 상대를 찾는 일은 쌍방의 동의와 공개적 서약, 그리고 상대방의 적극적 참여가 필요하다. 그런데 사실 결혼에는 상대만 필요한 것이 아니다. 보통은 남녀를 연결해 주는 데 관심이 있거나 이해관계가 있는 제삼자가 개입한다. 실제로 이런 제삼자의 참여는 짝을 선택하는 행위에서 인간을 다른 종과 구분해주는 특징이 된다. 제삼자가 개입하는 목적은 특정 남녀가 서로를 선택하도록 돕는 것이다.

이 모든 이야기는 인생의 동반자를 성공적으로 찾는 일이 개인적인 목표일 뿐만 아니라 사회적으로도 중요하다는 것을 의미한다. 짝짓기 또는 좀 더 교양 있게 전문 용어로 표현해서 낭만적 연애는 개인의 노력뿐만 아니라 사회적 지원에도 항상 영향을 받는다. 사회의 기본 과제 중 하나는 사람들이 성공적으로 짝을 선택하도록 일정한 체계를 제공하는 것이다. 실제로 성관계와 결혼, 자녀 양육을 위해 남녀를 맺어주는 과제는 너무나 중요해서 어떤 사회도 짝을 선택하고 결혼할 책임을 외롭게 방황하는 개인에게만 맡기지 않는다. 하지만 오늘날 독신 여성은 그 과제를 홀로 맡아야 할 것 같다.

연애 문제는 여성이 자초한 것이다?

대중문화에는 독신 여성들이 기뻐하고 희망을 가질 만한 요소가 거의 없다. 연애 풍경은 암울하다. 소설과 자기계발서, 성문제를 다루는 연구보고서에 이르기까지 젊은이들의 사랑에 대한 낭만적 상상은 성적 행위를 사이비 과학적 방식으로 묘사하는 것으로 대체되었다. 영향력 있는 대중 사상가들 중 한 학파는 심각하고 노골적으로 진화심리학에 의존한다. 이들은 사랑을 전쟁터이자 모순과 기만과 조작으로 얼룩진 세상으로 바라본다. 이들에 따르면, 남녀의 심리는 서로 다른 생식 목표를 추구하는 것으로 고착되었다. 즉, 남자는 여러 파트너와 성관계를 원하지만, 여자는 한 명의 파트너와 자녀를 원한다는 것이다. 이와 같이 목표가 다르므로 남녀가 추구하는 짝짓기 전략도 달라진다. 남자는 최소의 시간과 돈을 투자해서 가능한 한 여러 여자와 성관계를 하려고 하지만, 여자는 여러 남자의 성적 관심을 거절하면서 한 남자를 통해 목표를 이루려 한다. 이렇게 상반된 전략은 당연히 충돌하기 마련이고, 그런 이유로 인간의 짝짓기 행동에는 성별 갈등(혹은 화성인과 금성인 사이의 불통보다 좀 더 약한 수준의 갈등)으로 가득하다. 그리고 이렇게 굳어진 현상은 이미 우리 생활의 일부가 되었으므로, 남녀 간 전쟁에서 능숙한 전투원이 되는 것 말고는 달리 할 일이 없다.

주로 자기계발서에서 영향을 받은 두 번째 대중 사상가들은 여성 자체를 비판한다. 이들은 성관계에서 여성이 겪는 문제가 남녀 심리가 서로 다르게 고착되어서가 아니라 여성들이 어리석기 때문이라고 주장한다. 이들의 견해와 조언에 따르면, 여성들이 자신의 연애 생활에 만족하지 못하는 원인을 이해하려면 자기 자신을 들여다보아야 한다. 그들이 데이트하면서 겪는 곤란은 자초한 것이며, 상처도 스스로 입었다는 것이다. 이렇게 비판하는 사람들은 여성이 남성의 행동을 오해하는 잘못을 저질렀다고 주장한다. 그 결과 여성은 남에게 퍼주거나 자신에게만 몰두하고, 남에게 의존하거나 너무 독립적이며, 너무 요구가 많거나 충분히 요구하지 않거나, 감정을 지나치게 통제하거나 아니면 전혀 통제하지 않는다. 어쩌면 여성의 연애 행동을 비판하는 가장 흔한 견해는 존 버니언John Bunyan의 『천로역정Pilgrim's Progress』에 등장하는 '악인'이 최초로 제기했던 다음의 오래된 질문을 생각나게 한다. "우유 1리터를 1페니에 살 수 있는데, 누가 젖소를 기르려 하겠는가?"(사실 이 질문은 『천로역정』이 아니라 번연의 다른 책인 『악인 씨의 삶과 죽음』에 나온다. - 옮긴이) 이런 관점에서 보면, 오늘날 여성들은 지나치게 성적으로 관대해서 보답을 요구하지도 않은 채 남자들에게 너무 많은 특권을 주고 있다.

하지만 앞의 두 견해가 대중적일지는 몰라도, 오늘날 여성들이 처한 상황을 제대로 묘사하지 못하고, 지금 이런 일이 왜 성공한 여성들에게 일어나는지와 같은 질문에도 답을 하지 못한다. 고착된 남녀 심리를 주장하는 사람들은 (단지 몇십 · 몇백 · 몇천 년이 아니라) 영겁과 같이 오랜 기간에 걸쳐 진화한 짝짓기 양상을 강조한다. 그러나 오늘날 많은 여성에게 퍼져 있는 연애 불만족은 최근에 생겨난 현상이다. 추측하건대, 고착된 심리는 그렇게 짧은 기간에 크게 바뀌지 못한다. 하지만 분명히 변한 것이 있다.

'여성의 어리석음'을 주장하는 사람들은 개별 여성의 행동에 집중하므로 왜 그렇게 많은 여성이 짝을 찾는 데 어려움을 겪는지를 설명하지 못한다. 물론 성적 행위나 데이트 태도에서 비난받거나 교정을 받아야 하는 여성도 더러 있다. 그러나 오늘날의 낭만적 환멸은 성적으로 문란하거나 신경증이 있는 여성에게 국한되지 않는다. 사실상 성적으로 보수적이어서 "공짜로 우유를 주지 않는" 여성도 성적으로 난잡한 여성들만큼이나 괜찮은 남자를 찾지 못해 낙담한다. 그러니까 지금 어떤 문제가 확산되고 있는 것이다.

이 책은 여성들이 연애 과정에서 겪는 곤란한 문제들을 다양하게 설명한다. 인간 행동의 진화나 개인의 독특한 연애 행동이 아닌 둘 사이에서 간과되었던 중간 지대를 다룬다. 말하자면 사회에서 무슨 일이 벌어졌는지 알아본다. 이 책은 특히 두 가지 사회 변화에 주목한다. 하나는 성인기 초기에 새로운 시간표를 가진 독신 여성의 출현이다. 다른 하나는 짝짓기 체계의 대대적인 변화이다. 두 사건 모두 최근에 일어났으며 역사적으로 중요하다. 이 두 가지 사회 변화가 여성들의 연애 과정과 지형을 바꾸고 있다.

오늘날 젊은 독신 여성은 성인기 초기에 새로운 생활양식을 보여준다. 이들은 교육과 자기계발, 조기 경력개발을 우선시한다. 이들은 4년제 대학을 졸업했다. 이후에는 대학원이나 전문대학원에 진학하거나 취직했다가 몇 년 후에 다시 학교로 돌아온다. 결혼할 생각이 있더라도 20대 후반이 될 때까지는 결혼에 집중하지 않는다. 과거 베이비붐 세대 여성은 대학을 졸업하고 곧이어 결혼한 다음에 보람 있는 일을 찾았다. 하지만 오늘날에는 그 순서가 바뀌었다. 현대 여성은 만족스러운 직업을 먼저 찾고 나중에 인생의 동반자를 찾는다.

이런 새로운 모습은 인구통계학적 추세에 명확히 드러난다. 대졸 여성은 더 오래 독신으로 산다. 1970년에 초혼 여성의 중위 연령은 21세에 못 미쳤다(20.8세). 오늘날은 25세로, 100년 만에 가장 늦은 나이이다. 과거에 대학 교육을 받은 여성은 일반 여성보다 1년 반 정도 늦게 결혼했는데, 이 차이가 최근 증가했다. 그래서 지금 대학 교육을 받은 여성은 적어도 스물일곱은 되어야 결혼한다.

이런 이유로 20대와 30대에서 독신 여성의 비율은 급격하게 증가했다. 20~24세 사이에 미혼 여성은 1970년에 36%였지만 2000년에는 73%로 두 배 증가했고, 30~34세에서는 6%에서 22%로 세 배나 증가했다. (남성의 경우도 비슷하다. 예를 들어 20~24세 사이 미혼 남성의 비율은 1970년에 55%였지만 2000년에는 84%로 증가했다. 같은 기간에 30~34세 사이는 9%에서 30%로 증가했다.)

젊은 여성의 성생활에도 변화가 있었다. 현대 여성은 결혼을 늦추지만, 결혼이 임박해서 혹은 혼인 첫날밤이 될 때까지 성관계를 유예하지 않는다. 이들이 첫 성관계를 하는 평균 연령은 17세로, 첫 경험과 초혼 사이에 8년 이상 차이가 난다. 더구나 첫 경험의 시기는 빨라졌지만, 이것이 결혼과 연결될 확률은 과거보다 낮아지고 있다. 1960년대에 일어났던 성 혁명 이후, 독신 여성의 삶에서 성관계의 문화적 의미와 목표가 계속 변했다. 조기 성 경험은 초혼 시기와 밀접하게 연관되는 입문식이기보다 점점 청소년기의 표준 발달 과정이 되고 있다. 이와 마찬가지로 성인기 초기에 하는 연애가 모두 결혼과 연결되는 것은 아니다. 대학에 다니면서 혹은 대학을 갓 졸업했을 때 이들은 성적 동반자 관계를 남편감을 찾기 위한 수단이라기보다 훗날 자기 자신과 인생의 동반자에게 원하는 것이 무엇인지 더욱 잘 알려는 방법으로 생각한다. 이와 마찬가지로, 처음 동거하는 커플에게도 변화가 생겼다. 과거에는 여성 대다수에게 첫 동거란 결혼을 의미했지만, 오늘날은 그냥 한집에 사는 것이다. 오늘날의 여성들은 남편과 한집에 살기 전에 먼저 남자친구와 동거를 한다.

새로운 짝짓기 체계의 등장

그래서 젊은 독신 여성의 시간표는 결혼을 늦추고 경력을 조기에 개발하는 일에 집중한다. 이들은 성인기 초기에 더 오래 독신으로 지내면서 혼자 힘으로 생활하고 일하며, 관계의 깊이와 지속 기간이 다양한 성적 동반자 관계를 맺는다. 이들은 진지하게 인생의 동반자를 찾기 전에, 자기 인생부터 안정시키려고 한다.

새로운 시간표와 더불어 최근에 두 번째 변화가 일어났다. 오랫동안 인정받았던 짝짓기 체계가 크게 달라진 것이다. 그동안 한 가지 짝짓기 체계가 20세기 전반을 지배했는데, 이것의 정확한 명칭은 연애결혼 제도이다. 이 제도는 거의 젊은 미혼 남녀만 대상으로 삼는다. 이 제도의 주된 기능은 젊은이들 사이에 짝을 지어주는 것인데, 대개 둘 중 한 사람은 학생인 상태에서 혹은 학교를 졸업하자마자 결혼한다. 당시에는 젊은 여성 다수가 이 목표를 달성했다. 1970년과 같은 비교적 최근에도 25~29세 여성 중 오직 10.5%만 미혼이었다.

20세기 초중반에는 연애결혼 제도에서 연애라는 부분이 젊은이들의 데이트 행동을 지배했다. 문화역사학자인 베스 베일리 Beth L. Bailey가 주장한 것처럼, 연애결혼 제도는 대단히 광범위하고 포괄적이어서 그것의 범위와 영향력은 전 국민적이라고 말할 수 있다. 이 제도는 거의 모든 사람이 인정하고 다수가 따르는 규칙과 관습 및 원리를 제공했다. 베일리는 이렇게 쓰고 있다.

"규칙은 끊임없이 반복되고 보강되었다. 여기저기에서 보내

오는 메시지는 굉장히 유사했다. 대중 잡지, 각종 조언과 예의범절을 수록한 책, 고등학교 교과서, 대학 내 결혼 예비 강좌, 이런 과정을 가르치는 교사용 전문 잡지 등 이 모든 것이 놀랄 정도로 일치된 세상을 만들었다."

오늘날에는 이런 규칙들이 편협하고 답답해 보이지만, 당시에는 데이트와 짝짓기에 필요한 명확하고 일관된 지침을 제공했다고 베일리는 말한다. 그래서 아무도 연애의 기준이 무엇인지 또는 그 기준을 어겼을 때 어떤 결과가 발생할지 몰라서 당황하는 일은 없었다.

더구나 이런 전 국민적 제도에는 사회적 인프라가 뒷받침되었다. 20세기에 연애는 가족이라는 울타리 밖에서 형성된 젊은이 중심의 사회 집단, 다시 말해 학교와 밀접하게 연계되었다. 데이트 문화는 학교 성비와 교내 사교활동, 그리고 점점 한가해진 청소년들의 또래 문화에 단단히 기반을 두었다. 20세기 들어 남녀공학으로 바뀌는 대학이 늘어남에 따라, 대학은 영향력 있는 교육기관으로서 연애와 관련된 사회 규칙과 관례를 만들고 구체화하는 역할을 했다. 그와 동시에 부모와 다른 성인들은 간접적으로 이런 체계를 지원하고 유지했다. 부모들은 비슷한 조건을 가진 사람과 데이트하고 결혼할 수 있는 대학에 자녀들을 보내 후손의 짝 선택에 영향력을 행사했다. 교수와 교직원들은 '부모를 대신'해서 학생들의 사교 생활을 감독했다.

이런 연애 방식과 그것을 뒷받침했던 사회 조직이 충분히 잘 발달되고 널리 인정받았기에 인생의 동반자를 선택하는 문제는 투명하고 '자연스러운' 일이 되었다. 사랑에 빠지는 일은 확실히 대학 생활의 특징 중 하나처럼 보였고, 대학에서 하는 연애는 결혼하고 싶은 마음과 밀접한 관련이 있었다. 남녀 대부분은 대학을 졸업하자마자 결혼하리라 예상했는데, 많은 여성에게 이것은 졸업하기 전까지 결혼할 사람이 생기거나 약혼한다는 것을 의미했다.

현재 20대와 30대 여성이 대학에 다녔을 무렵에는 전 국민적인 구혼제도의 실용적 목적은 더 이상 존재하지 않게 되었다. 이와 마찬가지로, 이런 구혼제도를 뒷받침하던 캠퍼스 중심의 사회적 인프라도 사라졌다. 대학은 여성을 위한 결혼 시장이라는 역할을 그만두었다. 이제 대학 시절은 결혼 상대를 찾기에 최적기가 아니며, 대학 사교 생활도 커플 데이트 위주로 형성되지 않는다. 그리고 교수와 교직원이 '부모를 대신'하던 전통도 함께 사라졌다.

그리고 최근에 새로운 짝짓기 체계가 등장했다. 이것은 연애하고 결혼하는 방식이 아니다. 이 체계는 젊은이보다 좀 더 나이가 있는 독신들의 연애를 장려하기 위해 설계되었다. 새로운 체계에는 다양한 사람들이 모여 있다. 여기에는 젊은 미혼 남녀뿐만 아니라 노인, 이혼한 사람, 미혼 부모, 동성애자 등이 포함된다. 대상 범위가 넓어짐에 따라, 목적도 훨씬 다양해졌다. 새로운 체계에서는 결혼, 동거, 연속적 일부일처제serial monogamy(일정 기간마다 배우자를 바꾸는 결혼 형태 - 옮긴이), 아무 조건 없는 성적 결합 등 다양한 동반자 관계가 만들어진다. 이런 새로운 짝짓기 체계에는 연애에 관한 포괄적이고 '전 국민적'인 기준이 없다. 목적의 다양성을 고려할 때 일관된 기준이 만들어질 가능성은 거의 없다.

학문의 영역에서 본 사랑

여러 가지 면에서 새로운 체계는 기존 체계보다 유리하다. 새로운 체계는 훨씬 다양한 사람들에게 열려 있다. 또한 사별하거나 이혼해서 혼자가 된 노령 인구가 늘어나는 사회적 추세에도 부응한다. 이 체계는 이성애자는 물론 동성애자도 포용한다. 사적인 성적 관계에서 선택의 자유라는 원칙을 소중하게 생각한다. 새로운 체계는 사랑을 판단하지 않는다. 여기에서는 모든 사람이 평등하게 사랑할 기회가 있다고 생각한다. 하지만 새로운 짝짓기 체계는 결혼을 생각하는 여성에게 문제를 일으킨다. 새로운 체계는 결혼하고 싶은 여성들에게 특권을 주거나 결혼이라는 목표를 달성하도록 도와주는 일관된 원리나 관습을 제공하지 않는다.

언젠가는 결혼하고 싶다고 생각하는 신세대 독신 여성은 진퇴양난에 빠진다. 이들은 과거의 연애결혼 제도에 기댈 수 없다. 그 제도는 더 이상 존재하지 않기 때문이다. 설사 남아 있다 하더라도, 과거 제도는 신세대 여성의 성인기 초기 시간표와 맞지 않을 것이다. 과거 제도는 20대 초반에 결혼하는 대졸 여성을 위해 만들어졌기 때문이다. 새로운 체계는 나이가 들어 인생의 동반자를 찾으려는 소망을 이루게 하려고 과거 체계를 갱신한 제도가 아니다. 오늘날 신세대 독신 여성에게 필요한 (하지만 아직 갖지 못한) 것은 이들의 시간표에 들어맞으면서 성공적으로 결혼 상대를 선택하도록 도와주는 현대적인 연애 방식이다.

하지만 상황이 변하는 것 같다. 우리 사회에 혁신적인 짝 선택 방법이 모습을 드러내고 있다. 이제 다시 여성들은 자신의 연애 생활을 일관되게 유지하고 통제할 수 있다. 그리고 사랑을 찾기 위해 좀 더 집중적이고 체계적이며 전문적인 방법을 채택할 수 있다. 일부 여성은 직장에서 사용하는 도구와 기술, 그리고 직장에서 하던 습관에 의존해서 연인을 찾는다. 즉, 직업적 성공을 도와주었던 지식과 기술을 활용해서 사랑이라는 세계에서 목적을 달성하고자 한다.

오늘날 대중문화에는 독신 여성의 사랑 이야기를 다룬 글들이 넘쳐나지만, 학문의 영역에서는 관심이 훨씬 덜하다. 여성의 성생활에 관하여 사회학적 연구가 부족하다. 데이트 폭력과 동거에 관한 연구를 제외하고 오늘날 일하는 젊은 여성들의 실제 데이트와 짝짓기 행동을 연구한 사례는 별로 없다. 이렇게 된 데에는 다음과 같은 몇 가지 이유가 있다. 일단 여성들이 대학을 졸업하면, 이들을 시간의 흐름에 따라 연구하고 추적하기가 어렵다. 또한 전체 여성의 데이트 행동을 대표할 수 있도록 대규모 연구를 수행하자면 시간과 비용이 많이 든다. 그리고 마지막으로 젊은 여성들의 연애 생활에 영향을 미치는 새로운 양식은 상당히 최근에 등장한 것이므로, 연구자들이 현장 조사를 하고 통계자료를 모으며 수집한 자료를 분석해서 오늘날의 짝짓기와 데이트 모습을 파악하려면 앞으로 한참 걸릴 것이다. 그러는 동안에 오늘날 데이트 현장에서 무슨 일이 벌어지는지 알아내려는 온갖 노력은 분명히 완성된 그림이라기보다는 준비용 밑그림의 형태가 될 것이다.

나는 이 책에서 그 밑그림을 대강 그려보았다. 이 작업을 위해 나는 개인별 인터뷰 자료와 주제별 집단 토론자료, 전국 통계, 인구통계학적 연구자료, 데이트와 짝짓기의 역사, 대중소설 등 다양한 자료를 활용했다. 또한 남녀 관계를 다룬 자기계발서들을 참고했고, 온라인과 오프라인에서 이루어지는 관계에 관한 조언들도 조사했다. (인터넷으로 한정했을 때, 구글에서 '관계 조언'을 검색하면 170만 개 이상의 글이 나온다.) 또한 럿거스 대학교가 주관하고 내가 공동 책임자로 참여했던 '국가 결혼 프로젝트National Marriage Project'의 최근 자료도 이용했다. 이 프로젝트에는 젊은 독신들에 관해 최근 수행한 질적 연구 자료와 갤럽이 2001년에 전국에서 20~29세 남녀의 표본을 추출해서 조사한 데이트와 짝짓기 행태에 관한 자료가 포함되어 있다. 이 책에서 따로 출처를 언급하지 않은 자료는 모두 국가 결혼 프로젝트에서 가져온 것이다.

여기에 더해 나는 체계적인 인터뷰를 통해서 22~40세 독신 여성 60명이 거의 20대 후반과 30대 초반에 경험했던 학교와 직장, 데이트 이야기를 수집했다. 운 좋게도 상당히 많은 여성이 내 인터뷰에 응해주었다. 실제로 개인적인 이야기를 들려준 여성들은 모두 고등 교육을 받았고, 분석 능력이 뛰어났으며, 활발하고 재미있고 사려 깊으며, 내가 연구하는 주제에 관심이 많았다. 이들 대부분은 백인 여성이었지만, 아시아와 흑인 및 히스패닉 여성도 있었다. 인터뷰에 응한 여성 중 반 정도는 아이비리그 출신이고, 일부는 웰즐리 · 스탠퍼드 · 존스 홉킨스 · 시카고 · 버지니아 대학교를 졸업했으며, 그 외 명문 사립대학과 공립 대학교를 졸업한 여성도 일부 있었다. 이들 상당수가 대학원을 마쳤거나 공학과 법학, 경영학 등의 분야에서 학위를 받았다. 인터뷰 당시에, 이들 대부분은 대도시에서 거주하며 직장에 다니고 있었다. (이 책에는 인터뷰에 응한 여성들의 개인 이야기가 담겨 있는데, 이들의 실명과 상세 정보는 바꾸었다.)

하지만 이렇게 성공한 여성들이 자신의 전반적인 경험에 대해서는 식견을 갖추었지만, 내가 서두에 언급했던 대로 연애 곤란의 원인에 대해서는 혼란스러워하고 있음이 밝혀졌다. 이들은 데이트 현장에서 상황을 빠르게 판단했고, 남녀 관계에 관한 여러 견해와 이론을 통해 충분히 심사숙고했으며, 자신의 연애 경험을 말할 때는 비꼬는 듯한 태도를 보였지만, 새로운 것을 알게 하는 통찰력은 보여주지 못했다. 연애 생활에서 자신을 개척자처럼 느꼈다고 말한 사람은 한두 명뿐이었다. 성인기 초기에 이들 여성의 진로는 이전 세대와 매우 달랐기 때문에, 이들은 참고할 만한 본보기나 유사 사례를 얻지 못했다.

칙릿 소설, 새로운 독신 여성의 삶을 담다

알고 보니, 젊은 여성들의 연애 곤란을 일으키는 사회적 원인을 알아내는 데 가장 오래되고 가치 있는 단서를 제공하는 것은 다름 아닌 내 침대 옆 탁자에 쌓여 있던 소설들이었다. 1990년대부터 특정 유형의 대중소설이 등장했고, 이와 함께 진지하면서 우스운 캐릭터가 새롭게 출현했다. 이 캐릭터는 괜찮은 남자를 찾는 일에 필사적이고 가끔은 집착하기도 하며, 절망적인 연애 생활을 하면서 끊임없이 자기를 점검하는 독신 여성이다. 1990년대 초반에 팸 휴스턴Pam Houston이 두 권의 단편집을 출간하면서, 이런 캐릭터를 거의 최초로 세상에 소개했다. 헬렌 필딩Helen Fielding이 쓴 『브리짓 존스의 일기Bridget Jone's Diary』(1996)에서는 30대 독신 여성을 친근하게 정형화했는데, 1990년대 후반이 되면 그와 유사한 소설들이 봇물 터지듯 세상에 나왔다. 내가 헤아려 본 결과,『브리짓 존스의 일기』와 형식이 비슷한 소설이 30권 이상 있었으며, 지금도 분기마다 몇 권씩 출판되고 있다. 이런 추세에 합류하듯, 연애 소설로 유명한 할리퀸 시리즈도 젊은 독신 여성이 겪는 연애의 어려움을 다루는 책을 연속해서 발간했다.

비판가들은 경멸감을 표시하고자 이런 소설들에 '칙릿Chick Lit'(젊은 여성을 의미하는 속어 'chick'과 문학을 의미하는 'literature'의 줄임말로, 20~30대 미혼 여성의 일과 사랑을 주제로 삼는 소설을 일컫는다. - 옮긴이)이라는 이름을 붙였지만, 나는 이 작품들을 좀 더 자세히 들여다보았다. 어쨌든 이런 소설은 주로 30대 여성이 쓴 대중 문학이었다. 칙릿은 20대와 30대 여성 독자에게 대단히 인기가 많고, 오늘날 학력 수준이 높은 젊은 독신 여성의 수가 증가하면서 함께 등장했다. 물론 칙릿을 여성의 실제 연애 생활을 기록한 다큐멘터리로 읽으면 안 된다. 많은 소설이 만화 같고, 선정적이며, 악의 없는 풍자가 들어 있다. 하지만 1990년대에 이런 소설의 등장은 젊은 독신 여성들의 연애 생활에 무언가 문제가 생겼음을 보여주는 흥미로운 문화적 징후이다.

이런 정형화된 소설을 읽으면서 나는 두 가지 사실에 끌렸다. 하나는 젊은 여성이라는 캐릭터였다. 고전 연애 소설에서 결혼하지 않은 여성은 숫처녀, 음탕한 미망인, 생기 없는 늙은 하녀 등 세 가지 유형으로 분류된다. 하지만 칙릿에 등장하는 독신 여성은 앞의 세 가지 유형에 속하지 않는다. 이들은 나이가 20대 후반 혹은 30대 초반이고, 학벌이 좋고 독립적이며, 성적으로 자유분방하고 혼자 힘으로 생활하고 일한다.

내가 주목한 두 번째 특징은 사회는 안정되었는데 여주인공은 그 안에서 고립되어 있다는 점이다. 세상이나 심지어 가족은 이들이 추구하는 연애에 관심을 두지 않는다. 고전 소설에서는 서로 사랑하는 연인들이 등장하고, 종종 그들의 가까운 가족이나 집단에서 이들의 사랑을 반대한다. 앙숙인 몬터규가와 캐풀렛가를 빼고 로미오와 줄리엣을 상상하기 어렵다. 하지만 현대 대중소설에서 여주인공은 사회라는 좀 더 큰 세상과 단절되어 있다. 사사건건 간섭하는 어머니나 게이 친구처럼 예외가 있기는 하지만, 대체로 여주인공은 당혹스러운 세상에 홀로 서 있다. 이들은 길을 잃고 헤맨다. 지금 필요한 것은 지도와 나침반과 안내 책자지만, 여주인공은 어느 것 하나도 가지고 있지 않다. 이들은 자신의 연애 목적을 달성하기 위해 완전히 홀로 나서야 한다.

문학적 관점에서 보면 칙릿은 가벼울지 모르지만, 내가 보기에 이들 작품에는 중요한 사회적 통찰력이 담겨 있다. 칙릿은 새로운 유형의 여성과 새로운 짝짓기 체계를 보여주었다. 이런 작품들은 '괜찮은 남자가 없다'는 일반적 인식 이면에 좌절감과 분노 이상의 다른 것이 있을 가능성을 시사했다. 사회에 어떤 큰 변화가 일어나서 사랑을 찾는 행동을 바꾸는 데 지대한 영향을 미쳤다고 지적했다.

이 책은 젊은 여성들의 인생 스토리에도 드러나 있듯이 이들의 어려움을 묘사하는 것으로 이야기를 시작한다. 그런 후에 이들이 성인기 초기를 준비하는 방식과 연애결혼 제도가 전반적으로 어떻게 달라졌는지 살펴본다. 그다음에는 오늘날의 짝짓기 지형을 이해하는 데 필요한 지도를 제공하고, 성공적인 탐색을 방해하는 어려움의 실체를 밝힌다. 마지막으로 신세대 독신 여성을 위해 오늘날의 연애 체계는 어떤 모습을 갖추어야 하며, 이를 위해 우리가 무엇을 할 수 있는지 생각해본다.

나는 젊은 고학력 여성들 사이에 널리 퍼져 있는 짝짓기와 결혼에 관한 불안감과 혼란의 원인을 파악하기 위해 이 책을 썼다. 하지만 내 마음 속에는 다른 목적도 있다. 그것은 젊은 여성들이 공통으로 가지고 있는 어떤 두 가지 관점에 대해 대안을 제공하는 것이다.

일과 사랑, 과연 두 마리 토끼일까

오늘날 독신 여성은 "모든 것을 한꺼번에 가질 수는 없다"는 이야기를 들어왔다. 그래서 이들은 다음과 같은 두 가지 중에서 냉혹한 선택을 해야 했다. 하나는 "일찍 결혼해라. 그렇지 않으면 임신을 못할 수도 있다"이고, 다른 하나는 "늦게 결혼해라. 그렇지 않으면 가난해질지 모른다"이다. 두 훈계 모두 유익한 경고이다. '조기 결혼'을 지지하는 생각은 나이가 들 때까지 아이를 낳지 않을 때 발생할 위험을 강조한다. '늦은 결혼'을 찬성하는 쪽은 높은 이혼율이 증명하듯 결혼이 여성에게 믿을 만한 경제적 안전장치가 되지 못한다는 사실을 강조한다. 그러나 이 두 가지 상반된 견해는 똑같이 호소력이 부족하다. 둘 다 일과 사랑, 주관적 성공과 객관적 성공을 만족스럽게 조화시키고 싶은 여성들의 비전과 거리가 있다. 독신 여성들이 한창 짝을 선택해서 결혼해야 할 시기에 왜 두 가지 선택을 놓고 낙담하는지 그 이유를 이해하기는 어렵지 않을 것이다.

더구나 두 선택 사항 모두 시간이라는 압박을 부과한다. '일찍 결혼하지 못하면 아이를 낳기 어렵다'는 생각은 여성의 생체 시계를 따르거나 아이를 낳지 못하는 위험을 감수하라고 말한다. '늦게 결혼하지 않으면 경제적으로 어려워진다'는 생각은 커리어 시계를 따르거나 경제적 불안을 감당하라고 요구한다. 둘 다 일과 결혼과 아이를 모두 원하는 여성에게 도움도 신뢰도 주지 못한다.

이 책은 만족스러운 일과 영원한 사랑을 모두 추구할 수 있지만, 이 목표를 달성하려면 먼저 사회를 움직이는 힘들이 어떻게 연애 시간표와 과정을 바꾸는지 잘 알아야 한다고 주장한다. 인터뷰를 시작했을 때 나는 새로운 데이트 환경을 이해하도록 돕는 지식을 거의 갖지 못한 똑똑한 여성이 그렇게 많다는 사실에 매우 놀랐다. 우선 이들은 결혼할 타이밍과 결혼 상대를 선택하는 데 영향을 미치는 사회 현실에 관해 거의 알지 못했다. 이들은 다른 중요한 선택(예를 들어, 어떤 대학과 커리어를 선택할 것인가)과 관련된 현실에는 밝지만, 평생 함께 살 사람을 찾는 방법은 잘 모른다. 그리고 일부 여성은 영화에서처럼 우연히 영혼의 동반자를 찾으리라 기대한다. 하지만 현실에서는 그런 일이 거의 일어나지 않는다. 다른 사람에게 의존하지 않고 자기 뜻에 따라 결혼 상대를 선택하는 서구 사회에서는, 개인의 취향과 상상력에 많은 것이 좌우된다. 그러나 짝을 찾는 것이 단순한 개인 목표가 아니듯이, 운명이나 우연은 더더욱 아니다. 인생의 다른 선택들처럼 사랑을 선택하는 일도 사회의 영향을 받아 체계화된다. 짝을 선택할 때 우리는 시간과 공간뿐만 아니라 사회 계급, 법, 관습, 기술 그리고 일련의 인식 가능한 양식과 관례에 구속된다. 만약 이런 사회적 요인들이 최근에 급격한 변화를 겪고 있다면, 왜 어떻게 해서 그런지를 이해하는 것이 중요하다.

그런 지식을 얻었다고 해서 금요일 밤마다 데이트가 생기거나 청혼을 받을 수 있는 것은 아니지만, 자주 사용되는 단어를 빌려 말하자면 그런 일이 일어나게 힘을 실어줄 수는 있다. 그러면 잘못된 가정에 따라 행동할 가능성이 줄어든다. 시간 낭비를 피하고 공연히 불안해하지 않아도 된다. 그리고 좀 더 현명하게 내용을 파악해서 제대로 선택할 수 있다. 또한 쓸데없이 가슴 아파하지 않아도 되고, 시간의 압박에도 저항할 수 있다. 사회 지형을 잘 파악하면 연애 행동과 과정을 더욱 자신 있게 통제할 수 있다.

1장

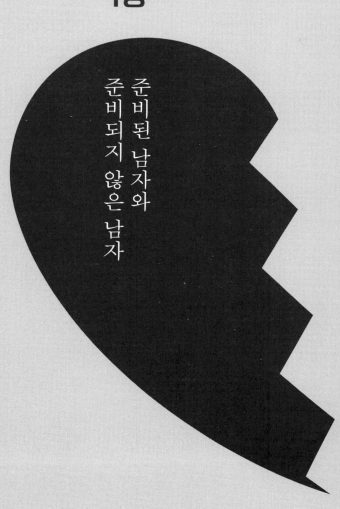

준비된 남자와
준비되지 않은 남자

전 항상 준비되지 않은 남자들만 만나요

크리스티나는 예쁘고 날씬한 서른한 살 여성으로 배우 아네트 베닝과 닮았지만, 그녀보다 모발 색이 짙고 나이는 어리다. 교수와 화가였던 부모님 덕분에 독서와 정치 토론, 해외에서 안식년을 보내는 일이 주된 관심사인 가정에서 유년기를 보냈다. 뉴잉글랜드에 있는 엘리트 기숙학교를 다닌 후 대학에 진학해서 여성의 정치 참여에 관심을 기울였고, 캠페인 본부에서 일을 시작했다. 졸업 후에는 좀 더 책임 있는 자리로 옮겨 민주당과 당내 여성 정치인들을 후원하는 기금 모금자가 되었다. 내가 만났을 무렵, 그녀는 십만 달러라는 고액 연봉을 받으면서 국제관계 컨설팅 회사에서 책임자로 일하고 있었다. 하지만 이런 성공적이고 만족스러운 삶에도 불만 요소가 있었다. 워싱턴의 한 유명 식당에서 나와 함께 버섯 라구ragout(고기와 채소 등에 갖은 양념을 하여 끓인 음식 – 옮긴이)를 먹다가 크리스티나는 서글프게 말했다. "전 항상 준비되지 않은 남자들만 만나요."

크리스티나는 가장 최근에 만났던 남자와 결혼까지 생각했었다. 그 남자와 3년간 교제했다고 한다. 그녀는 남자친구와 함께 지내려고 서부 해안에서 워싱턴으로 이사했고, 곧이어 동거를 시작했다. 하지만 얼마 지나지 않아 크리스티나는 남자친구와 한집에 살기로 한 결정을 후회했다. 알고 보니 이 남자는 대대적인 교육이 필요한 사람이었다. 크리스티나 커플의 이야기는 『피그말리온Pygmalion』(버나드 쇼의 희곡으로 꽃 파는 아가씨가 예절 교육을 받아 신분 상승을 이루는 이야기이다. 이 작품을 토대로 만든 뮤지컬이 〈마이 페어 레이디My Fair Lady〉이다. - 옮긴이)과 반대였다. '마이 페어 레이디'가 아니라 '마이 페어 래디laddie'(래디는 남자아이라는 뜻 - 옮긴이)였던 셈이다. 그녀는 남자친구를 가르쳐서 수준을 높여야 했다. 정말 피곤했다.

더구나 이 남자는 무언가를 빨리 배우는 사람이 아니었다. 두 사람은 한집에 사는 동안 집안일을 똑같이 나누기로 했었다. 크리스티나가 요리하면 남자친구가 뒷정리하는 식이었다. 하지만 이 남자는 게으름을 피우며 할 일을 제대로 하지 않았다. "그는 설거지하는 척만 했어요." 크리스티나가 갑자기 분통을 터뜨리며 말했다. "다음 날 아침에 주방에 가보면 접시들이 차갑고 지저분한 설거지통에 그대로 담겨 있었죠." 3개월이 지났을 때 그녀는 그가 고의였든 아니었든 그의 비협조적인 태도에 완전히 질려버렸다. 그래서 이 남자를 차버렸다. 그는 아직도 가끔 크리스티나에게 전화를 걸어 이런저런 조언을 구한다. 하지만 그녀는 그의 어머니나 멘토 역할을 하는 데 신물이 났다.

그런데 약이 오르고 황당한 일은 준비가 안 되었던 이 남자가 나중에는 준비된 남자로 바뀌었다는 사실이다. 그것도 다른 여자를 위해서 말이다! 이 남자는 새 여자친구에게 헌신하기로 했다. 애인을 따라 다른 주로 이사했고, 그녀에게 줄 약혼 반지도 준비했다. 크리스티나는 이 남자와 사귀면서 결혼을 결심하기까지 3년이 걸렸었다. 그동안 그녀는 이 남자를 훈련시켰다. 그리고 그녀가 투자한 결실을 지금 다른 여자가 거두고 있었다.

더욱 힘 빠지는 일은 크리스티나 주변에 결혼하는 여자친구들이 점점 늘어나고 있다는 점이다. 결혼을 앞둔 친구의 파티에 참석하는 일이 그녀의 주된 사교 생활이 된 것 같았다. 예비신부 축하 파티와 독신녀 모임, 결혼식과 피로연 등을 돌며 세월을 보내던 어느 날 크리스티나는 사촌의 결혼식에 참석하게 되었다. 그것이 크리스티나의 연애 능력이 부족함을 드러내는 상황이 아닌데도 어머니는 그녀에게 왜 지금껏 결혼을 못 했느냐고 계속 물었다. 크리스티나는 충격을 받았다. 그녀는 잠시 인간관계를 끊은 후 느긋한 마음으로 스트레스를 풀고 상담도 받으면서 인생에서 정말로 원하는 것이 무엇인지 생각해보기로 했다. 그리고 1년 동안 아무와도 데이트하지 않았다.

그즈음 크리스티나는 서른이 되었다. 과거에 그녀는 서른 무렵이면 이미 결혼을 했겠거니 하고 생각했었다. 하지만 현재 그녀는 준비가 안 된 남자 일곱 명과 사귀었을 뿐이다. 가슴 아픈 경험도 네 차례나 있었다. 크리스티나는 도무지 이해할 수 없었다. 자신은 직장에서 스스로 목표를 설정하고 해야 할 일들을 제때에 모두 해내는 사람인데, 정작 인생에서 중요한 단 하나의 '과제'는 해내지 못했다.

크리스티나는 자신이 연애에 성공할 수 있는 모든 조건을 갖추었다고 생각했기에 지금 처한 상황이 더욱 당혹스럽게 느껴졌다. 그녀는 예쁘고 똑똑하고 성공한 여성이다. 꾸준히 운동해서 몸매도 나쁘지 않았다. 경제적으로 독립했으므로 자신을 부양할 사람을 찾는 것도 아니다. 그냥 보면 살짝 무서워 보이는 인상이지만, 제대로 볼 줄 아는 남자라면 그녀의 능력과 자신감에 끌릴 것이다. 왜 안 그렇겠는가? 그러니 분명히 무언가 잘못되었다. 서른인 그녀의 직장 이력은 연애 경력보다 훨씬 인상적이었다. 시간이 지날수록 직장에서는 탄탄대로를 달리는데, 연애에서는 가시밭길을 헤치고 가는 것 같았다.

배우자보다 직장 먼저, 결혼 연기 현상

크리스티나는 완벽주의자이자 빈틈없는 A형 여성이어서, 나처럼 그녀 나이의 두 배나 되는 사람도 그녀 앞에서는 치아에 립스틱이 묻거나 눈에 눈곱이 낀 정신없고 단정하지 못한 여자처럼 느낄 정도이다. 그녀는 자신감과 자제력이 넘쳤다. 깐깐해 보이는 외모와 사무적인 태도에도 불구하고, 연애 욕구를 말할 때 그녀는 훨씬 어리고 부드러워 보였다. 그녀는 자기 뜻대로 원하는 모든 일을 할 수 있지만, 평생 혼자 살고 싶어 하지는 않았다. 또한 여성 운동에 헌신하고 있지만, 60년대 여성주의 운동가들과 달리 남자나 결혼에 적대감은 느끼지 않았다. 그녀는 자신을 책임져줄 남자가 아니라 자신을 아끼고 일생을 함께할 남자를 찾고 싶어 했다.

20대 초반에 크리스티나는 결혼할 남자를 찾는 방법을 별로 고민하지 않았다. 언젠가는 결혼하고 싶어지리라 생각했지만, 그때는 커다란 책임이 뒤따르는 일에 뛰어들 준비가 되어 있지 않다. 그녀는 정착하기 전에 혼자 힘으로 무언가를 성취하고 인생 경험도 쌓고 싶었다. 그녀의 부모님은 이른 나이에 결혼하셨지만, 결혼 생활을 오래 유지하지 못했다. 그래서 그녀는 현명한 선택을 할 수 있을 만큼 충분히 성숙해지고 싶었다.

1년간 연애를 쉰 후 서른한 살이 되었을 때, 크리스티나는 남편감을 찾는 데 집중하기로 했다. 이제 그녀는 자신이 원하는 조건을 알고 있다. 기준은 높지만, 불가능한 조건은 아니다. 멋진 외모에 건강을 돌볼 줄 알며, 자기 일을 즐기되 지나치게 일에 얽매이지 않고, 직장 밖에서 취미 생활도 즐길 줄 알아야 한다. 유머 감각이 있고 신뢰감을 주며 다정해야 한다. 그런데 이런 남자를 찾는 일은 그녀가 상상했던 것보다 훨씬 어려웠다. 우선 진정한 사랑이란 저절로 또는 전에 예상한 방식대로 찾아오지 않는다. 서른이 될 때까지는 결혼할 남자를 찾기 위해 열심히 노력하거나 따로 계획을 세워야 한다고 생각하지 않았다. 자신의 이상형이 저절로 나타날 줄 알았지만, 그런 일은 절대 일어나지 않았다. 그리고 크리스티나는 그런 사건을 일으킬 방법도 알지 못한다.

불과 몇십 년 전만 해도 크리스티나와 같은 여성은 주변에 많지 않았다. 앞에서도 말했듯이, 1960년에는 20대 후반 혹은 30대 초반의 대졸 여성이 '여전히 독신'인 경우는 드물었다. 25~34세 여성 중 크리스티나처럼 대졸 독신 여성의 비율은 1.6%로 아주 작은 부분을 차지했다. 즉, 당시에 그 연령대에 미혼인 여성은 미국 전역에 오직 18만 5,000명뿐이었는데, 이는 오늘날 인디애나주 포트웨인Fort Wayne의 인구와 비슷한 규모이다. 하지만 오늘날은 그 수가 대단히 많아졌다. 현재 25~34세 여성 중 대졸 독신 여성은 28%를 차지한다. 이들의 숫자는 230만 명까지 증가했는데, 이는 현재 보스턴 인구의 4배와 맞먹는다.

이렇게 독신 여성의 수가 많이 증가한 것은 인구통계학적으로 두 가지 사회 현상이 맞물린 결과이다. 첫째는 초혼 연령이 늦어졌기 때문이다. 오늘날에는 100년 전보다 여성들이 더 늦은 나이에 결혼한다. 더구나 초혼 연령에서 가장 극적인 변화는 최근 몇십 년 사이에 일어났다. 지난 30년 동안 전통적인 '결혼 적령기'에도 결혼하지 않은 여성이 크게 늘었다. 1970년과 2000년 사이에 독신 여성의 비율은 20~24세는 두 배, 30~34세는 세 배로 증가했다.

둘째는 여성의 대학 졸업률이 상당히 높아졌기 때문이다. 예부터 고등교육을 받은 남성의 숫자는 여성보다 훨씬 많았다(물론 여자대학은 제외한다). 1960년처럼 비교적 최근에도 대학 졸업반 학생 중 여성의 비율은 35%에 불과했다. 그러나 오늘날은 그 비율이 56%이다. 결혼을 늦추고 학력은 높아진 결과, 점점 더 많은 여성이 성인기 초기에 오랫동안 일하는 독신으로 지낸다.

흔히 사회학자들은 이런 현상을 '결혼 연기postponement of marriage'라고 부른다. 이 용어는 초혼 연령의 변화를 설명하기에 적절한 표현이다. 하지만 전문가가 아닌 일반인들은 오해할 수도 있는 용어이다. 왜냐하면 초혼이 늦어지는 이유가 전적으로 젊은 여성들의 재량에 달린 것처럼 보이기 때문이다. 젊은 미혼 여성의 증가를 결혼의 연기로 설명하는 것은 단순히 결혼 시기가 늦어졌다는 것 외에 아무것도 변하지 않았다는 인상을 준다. 즉, 여성들이 그저 결혼식 준비를 서두르지 않고 있다는 점만 보여준다. 만약 그렇다면, 오늘날 젊은 여성들의 연애 불만을 해소하려면 단순히 결혼식 날짜를 앞당기면 된다. 다시 말해 어린 나이에 시집가서 남자들에게 의존하던 과거 시대로 돌아가면 문제가 해결될 것이다. 하지만 이것이 '결혼 연기'라는 개념에서 도출되는 결론은 아니다.

초혼이 늦어졌다는 것은 교육 수준이 높아진 젊은 여성들의 초기 인생 경로에 커다란 변화가 생겼음을 의미한다. 학교와 직장에 나타난 새로운 현상뿐만 아니라 달라진 성 풍속과 동거 문화로 졸업과 결혼 사이에 새로운 인생 단계가 생겨났다. 이 단계에서는 성인기 초기에 하는 사랑과 일의 전통적 순서가 바뀐다. 똑같이 대학 교육을 받았더라도 베이비붐 세대 여성은 결혼한 다음에 보람 있는 직장을 찾으려고 하는 반면, 요즘 세대는 배우자보다 직장을 먼저 구한다.

대학을 졸업한 젊은 여성들의 초기 성인기는 독특한 양식을 따른다. 우선 20대 초반에 이들은 커리어를 쌓기 위해 정말 열심히 일한다. 그들은 창조적이고 혁신적인 회사나 명문 기관에 들어가려고 경쟁하고, 전문 학위를 따려고 애쓴다. 그들은 유기농 식품점과 같은 고급 상점, 피츠 커피Peet's Coffee나 스타벅스, 독립서

점, 외국 음식 전문식당, 헬스클럽 등이 몰려 있는 동네에서 아파트를 찾는다. 많은 도시에서 그런 아파트를 차지하려는 경쟁이 치열하다. 젊은 독신들이 모여 사는 단지에 집을 얻으려면 따로 심사를 받아야 하므로 신청서에 이름과 연락처를 남긴 후 최종 면접을 받으러 오라는 전화를 기다리는 여성들도 있다. 이들은 '협조적인' 전문직 종사자라는 이미지를 쌓기 위해 캐주얼 복장 대신 짙은색 바지 정장을 입고 작은 금귀걸이를 착용하며 검정 구두를 신는다. 그들은 완벽한 신체를 추구하기 때문에 헬스클럽에 가입하고 퇴근 후에 러닝머신을 탄다. 이렇게 열심히 일과 운동을 하며 성공을 향해 나아가면서 그들은 '사귀고 싶은' 누군가를 찾고 싶어 한다.

다음으로 대학을 졸업하면 여성들의 최우선 관심사는 경제적 독립이다. 남녀 모두에게 인생에서 이 단계는 자리를 잡아 경제적으로 자립하고 안정된 삶을 추구하는 시기이다. 국가 결혼 프로젝트에 담긴 갤럽의 조사 결과를 보면, 20~29세 미혼 남녀 중 86%는 결혼 전에 '경제적 안정'이 대단히 중요하다고 생각한다. 그들에게 경제적 안정이란 학자금을 모두 상환하고, 안정된 직장을 구하며, 주택을 소유하는 것까지 의미한다. 거기에 더해 그들은 자유롭게 사생활을 즐기고 다양한 경험을 하고 싶은 강한 열망도 가진다. 어떤 여성이 내게 이렇게 말한 적이 있다. "저는 모든 것을 두 번 경험하고 싶어요. 한번은 저 혼자서 하고, 그다음엔 남편이랑 해보는 거예요."

그리고 마지막으로 젊은이들 사이에 이혼에 대한 공포가 퍼져 있다. 이혼 혁명기(1980년대와 90년대에 미국에서 급격하게 이혼율이 증가했던 시기 - 옮긴이)에 성년이 된 세대는 현재 초기 성인기를 보내고 있는데, 이들 모두 결혼이 인생에서 깨지기 쉬운 단계임을 너무나 잘 알고 있다. 대다수(82%)가 경제적 파트너십으로 결혼을 신뢰하는 여성을 현명하지 못하다고 생각한다. 여성이 결혼이라는 장기간 유지되는 경제적 안전장치를 믿는 대신 교육과 직장처럼 움직이기 쉬운 자산에 투자하겠다고 결심한 이유는 높은 이혼율 때문이다. 따라서 자연스럽게 젊은이들은 결혼을 오래 유지하고 싶으면 조금 늦게 하는 것이 좋겠다고 생각한다. 이혼에 가장 큰 영향을 미치는 요인은 초혼 연령이다. 20대보다 10대에 결혼한 사람들의 이혼율이 훨씬 높다. 한 저명한 인구통계학자의 연구 결과를 보면, 최근에 이혼율을 낮춘 가장 중요한 단 하나의 요인은 바로 초혼 연령의 상승이었다.

결과가 아닌 과정으로서의 연애

이런 모든 요인에 대한 반응으로 여성들은 인생의 동반자를 찾기 전에 먼저 '삶'을 추구하겠다고 말한다. 이들도 동년배 남자들처럼 대학을 졸업하자마자 진지한 관계를 시작하려고 준비하지 않는다. 그들에게는 결혼을 생각하기 전에 달성하고 싶은 개인적·직업적 목표가 있다. 스물세 살의 여성 엔지니어가 내게 이렇게 말했다. "빛나는 갑옷을 입은 기사가 지금 당장 나타난다면, 제 인생 계획은 완전히 틀어질 거예요." 내가 30대 독신 여성에게 비슷한 의견을 물었더니, 그녀는 조금 다르게 이야기했다. "제가 20

대 초반이었을 때 어쩌면 빛나는 갑옷을 입은 기사가 나타났을지도 몰라요. 하지만 그랬더라도 저는 그를 알아보지 못했을 거예요."

하지만 이것이 성인기 초기에 여성들이 성적 파트너나 연애 상대 없이 지낸다는 의미는 아니다. 몇몇 여성은 대학 때처럼 '즐기는hook up' 만남을 계속하기도 한다. 그들은 클럽과 술집에 가서 '재미로' 낯선 사람과 육체적 관계를 맺는다. 내가 인터뷰했던 30대 여성 중 일부는 대학을 갓 졸업했던 때를 '몹시 신났던' 시기라고 표현했다. 하지만 이들에게서 공통으로 들었던 대답은 대학을 졸업하자마자 지속기간과 진지한 정도가 다양한 연애를 두세 번 정도 했다는 것이다. 일부는 동거 생활도 했다. 앞에서도 언급했듯이, 오늘날 젊은 여성의 대다수는 결혼 전에 남자친구나 애인, 약혼자와 함께 산다.

동거는 성인기 초기에 새롭게 등장한 독특한 현상이다. 많은 젊은이에게 동거는 가벼운 데이트와 결혼 사이에 존재하는 과도기적 결합 관계이다. 여성들은 시간과 돈을 절약하고, 성적 욕구를 충족하며, 파트너의 습관과 성격 및 두 사람이 서로 잘 맞는지 아닌지를 미리 파악한다는 등 다양한 이유로 동거를 시작한다. 실제로 동거는 전통적인 교제가 실현하려고 했던 목적의 일부를 충족한다. 여성들은 남자를 제대로 파악하기도 전에 종종 성관계를 맺는다. 결과적으로 그들에게 동거란 같은 집에서 한 침대를 쓰면서 파트너를 관찰하고 파악하는 방법을 제공하는 수단이다.

동거는 연애나 결혼과 비슷하지만, 대단히 독립적이고 자유로운 생활을 허용한다. 직장과 학교에서 마음껏 기회를 추구하고 싶을 때 상대에게 얽매이지 않는 관계는 남녀 모두에게 도움이 된다. 동거인에 맞춰 자신의 계획을 조정하지 않고도 인생의 다음 단계에 필요한 결정을 할 수 있다. 그리고 물론 아무 때나 자유롭게 새 출발 할 수 있다.

성인기 초기에 파트너를 자주 바꾸고 서로 책임지지 않는 관계는 초기 경력개발 과정과 비슷하다. 실제로 대학 졸업 후 하는 연애는 구직 활동과 거의 같다. 초기 직장 경험과 마찬가지로 연애는 유익하고 기억할 만하지만, 짧게 지나가는 과정이다. 몇몇 여성은 20대 때의 연애 경험을 이야기할 때 첫 직장을 설명하듯 말한다. 그들은 연애를 인생의 동반자를 찾는 경로가 아니라 인생을 배우고 자아를 발견하는 과정의 하나로 묘사한다. 심지어 연인에게 차인 경험을 언급할 때도 해고나 구조조정을 당한 것처럼 자신의 성장에 도움이 되었고 미래의 동반자에게 진정으로 원하는 것이 무엇인지 파악하는 기회가 되었다고 말한다.

우정은 채권, 연애는 투기주

하지만 이런 새로운 성인기 초기의 연애관에는 부정적인 면도 있다. 그것이 가벼운 데이트이든 동거든, 헌신의 수준이 낮은 관계는 결국 대가를 치른다. 관계를 맺고 끊을 때 감정을 소모하고 물리적인 시간도 낭비한다. 많은 여성이 몇 년간 데이트를 하고 난 후에 관계에서 오는 피로감을 경험하기 시작한다. 그들은 술집과 클럽에 가는 것이 지겨워진다. 예전처럼 그렇게 재미있지 않다. 더구나 클럽에서는 '나이가 많다고' 쫓겨나기 시작한다. 그곳에는 단순히 즐기면서 잠자리 상대나 찾으려는 20대 남녀로 가득하다. 서른한 살인 변호사 하나가 이렇게 말했다. "클럽에 가면 제가 얼마나 못생겼는지 금방 알게 되죠." 또 다른 독신 여성은 이렇게 말했다. "데이트 게임을 좌지우지하는 사람은 나이가 어린 쪽인데, 저는 이런 규칙이 (혹은 규칙이 없어도) 두려워요. 남자가 아직 싱싱할 때는 성적 모험을 즐기는 것이 어렵지 않은데 말이죠."

관계에서 오는 피로감은 그 관계가 끝나면 줄어든다. 물론 이별은 기력과 의욕을 떨어뜨리지만, 이별 자체만으로 마음의 타격을 입는 것은 아니다. 이별 후에는 감정을 회복하는 시간도 필요하다. 이별을 경험한 많은 여성이 말하기를, 상처를 회복하려면 관계가 유지되었던 기간의 두 배가 걸린다고 한다. 그들은 헤어진 이후의 시간이 툭툭 털어내기 어려운 유행성 감기에 걸린 것과 비슷하다고 말한다. '무력'하고, '혼란스러우며', '반쯤 죽은 것' 같은 느낌이 든다는 것이다. 권태감이 신체뿐만 아니라 머릿속에도 자리 잡는다. '일부러 사람들과 어울려야지'라는 생각만으로도 진이 빠진다. 좋은 책을 읽거나 따뜻한 물에 몸을 담그면 밤에 클럽에 가는 것보다 훨씬 도움이 되고 기분이 좋아질 수 있다. 어떤 여성들은 낙담한 노동자처럼 한동안 연애 시장에서 빠져 있겠다고 결심하기도 한다.

더구나 만남과 헤어짐이 반복되는 동안 이전 관계에서 얻은 상처가 남아 새롭게 맺을 관계에 불신이 생기기도 한다. 이런 감정의 찌꺼기는 치석과 비슷하다. 일단 생기면 단단해져서 전문가의 도움 없이는 종종 제거하기 어려워진다. 도시마다 상담사 사무실 앞에는 남녀 관계에 지쳐 자신의 연애 생활에 무슨 문제가 있는지 확인하고 싶은 전문직 여성들이 문전성시를 이룬다. 그리고 많은 상담사가 연애에 낙담한 여성들에게서 감정의 찌꺼기를 제거하는 일을 전문적으로 하면서 큰돈을 번다.

시간이 흐르면, 사랑하고 싶은 마음은 일이라는 경쟁자를 만난다. 야망 있는 독신 여성은 20대 후반이 되면, 커리어에 투자한 만큼의 보상을 받기 시작한다. 학교와 인턴 생활, 임시직을 거쳐 경력을 쌓고 나면 일도 많고 출장도 잦아지면서 연봉도 상승한다. 스탠퍼드 대학교 출신 변호사 레일라는 사우스웨스턴 대학에서 타이틀 나인Title IX(1972년에 닉슨 대통령이 서명한 일종의 남녀교육평등법으로 자세한 내용은 3장에서 이어진다. - 옮긴이)이 제대로 이행되는지 감독하는 일을 한다. 그녀는 직장에서 일하느라 대부분의 시간을 보낸다. 아침에 일어나 체육관에 가서 운동을 한 다음 출근한다. 퇴근 후에는 경기에 뛰려고 다시 체육관으로 향한다. "저는 저녁 9시 30분이나 10시까지는 집에 가지 않아요. 만약 시합이 연속경기로 열리면, 더 늦어지기도 하고요. 그리고 일주일에 한 번은 강의를 들어요." 그녀는 금요일 저녁마다 "가족과 시간을 보내고", 토요일 오후와 밤에는 각각 다른 시합에 참여하며, 일요일에는 교회를 다녀와서 다음 주를 준비한다.

여기 바쁘게 움직이는 여성들이 더 있다. 워싱턴에서 급성장하고 있는 컨설팅 회사의 마케팅 책임자로 일하는 클라리사는 매달 3주씩, 일주일에 3, 4일은 차와 비행기 안에서 보낸다. 출장에서 돌아오면 빨래하고 장을 보고 공과금을 수납할 시간이 거의 없으며, 이튿날 새벽 5시에 일어나 공항으로 힘들게 갈 준비를 해야 한다. 8대 회계법인 중 하나에서 경영 컨설턴트로 일하는 퍼트리샤는 전체 시간의 4분의 3을 길에서 보낸다. 그녀는 이렇게 말한다. "저는 양질의 프로젝트를 만나면 의욕이 넘치기 때문에 출장을 많이 다녀요. 저는 일 중독자에 완벽주의자여서 지금 하는 일이 80% 완성되면 다음 일로 넘어가라는 80 대 20의 법칙을 굳이 따르지 않아요."

간혹 장거리 연애에 커리어가 필수일 때도 있다. 서른두 살 재키는 같은 회사에 다니는 변호사와 장거리 연애를 하고 있다. 이 남자는 똑똑하고 재미있으며 '번뜩이는 열정'을 가진 사람이었으므로 그들의 연애는 빠른 속도로 발전했다. 1년간 연애한 후 두 사람은 동거를 시작했지만, 그 이후에 남자는 MBA 과정에 진학하기 위해 다른 도시로 이사했다. 그들은 주말마다 서로의 집을 오갔고, 그가 졸업한 후에 둘은 결혼했다. 그러나 일단 결혼하고 나니 재키는 그들이 서로 얼마나 안 맞는지 깨달았다. 2년간 서로 떨어져 지내면서 생긴 연애의 가속도와 흥분이 둘 사이의 심각한 차이점을 인지하지 못하게 방해했던 것이다. 두 사람은 각자의 직장에서 크게 성공했지만, 재키보다 남자는 훨씬 더 일을 우선으로 생각했다. 그동안 그녀는 남편이 직업적 야망을 간직하고 또 다른 전문 학위를 취득하도록 도왔지만, 결혼할 때까지 그가 무엇에 동기부여가 되는지 알지 못했다. 두 사람이 떨어져 사는 동안에는 남편의 일중

독이 별로 눈에 띄지 않았고 문제도 되지 않았다. 하지만 결혼한 다음에 재키는 현실에 눈을 떴다. "저는 열흘 중 아홉 날은 혼자 잠자리에 들었는데, 열흘째 밤이 되면 남편이 시무룩해지더군요."

하지만 직장일이 아무리 많아도 전문직 독신 여성은 사교 생활을 충분히 즐긴다. 그들의 달력은 행사와 활동, 약속으로 빼곡하다. 그들은 기금 모금 행사, 자원봉사 활동, 사내 스포츠 경기, 성경 공부 모임, 독서 모임, 음악회, 정치인이나 정당 후원회 등에 참여하고, 가족과 시간을 보내며 친구들과 휴가를 가거나 가끔은 여자들끼리 밤에 클럽에 가기도 한다. 많은 여성이 자기 집을 가지고 있으므로 그들은 커리어를 쌓는 동시에 보금자리를 꾸미느라 바쁘다. 실제로 여성의 자가 소유 비율은 1980년대 초반부터 지금까지 계속 증가해왔다. 예를 들어 1982년에는 35~39세 여성 중 35% 이상이 주택을 소유했지만, 2000년에는 그 비율이 45%에 이르렀다. 여성들은 부동산을 취득하고 나면, 주말에 클럽이나 사교 모임에 가는 대신 가구 전시장과 침구류·정원용품·골동품 판매점과 경매장 등에 간다. 집은 남자보다 수리하고 단장하고 애정을 쏟기 쉬운 대상이다.

이런 활동을 하느라 여성들은 데이트에 시간과 에너지를 쏟지 못한다. 더구나 연애보다 사교 생활은 투자한 대가가 훨씬 확실하다. 월스트리트에서 사용하는 용어로 표현하면, 우정은 채권이지만 연애는 투기주이다. 여자친구들과 하루 놀고 나면 확실히 만족과 보상을 얻지만, 모르는 남자와 데이트하면 자칫 완전히 망할 수도 있다. 맨해튼에 사는 이성애자 여성은 내게 이렇게 말한다. "저는 지금 여자친구들과 즐겁게 지내려고 파티에 가요." 하지만 여성들이 연애에 만족하지 못하는 것은 단순히 시간의 압박 때문만은 아니다. 이들은 자신이 시간에 부주의했다고 생각하기 시작한다(간혹 타인이 그렇게 생각하도록 만든다). 젊은 여성들은 어렸을 때부터 시간을 계획하고 관리해왔지만, 결혼 시기는 긴급한 관심사가 아니었다. 결혼은 적당한 때가 되면 자연스럽게 하는 것이다. 영업부장으로 일하는 28세 여성이 내게 이렇게 말했다. "저도 제가 아직 독신이라는 게 놀라워요. 사람들은 제게 계속 왜 결혼하지 않느냐고 질문해요. 저는 그들이 제 비위를 맞추려고 그런다는 것을 알아요. 제가 매력적이고 똑똑하며 '훌륭한 결혼 상대자'라고 말하면서요. 하지만 오히려 그것 때문에 제가 마감 시한을 놓친 것 같아요." 애인을 찾는 개인 광고를 처음 냈다는 어떤 여성은 이렇게 썼다. "저는 스물여덟에 학벌도 좋고 개인 회사도 운영하면서 재미있게 즐기는 삶을 살고 있어요. 하지만 제가 바쁘게 사는 동안 남들은 모두 결혼한 것 같더군요!"

난자의 노화, 뒤늦은 걱정

종종 여성들은 20대 중반 이후가 되면 자신이 새로운 연애 단계에 진입했다고 말한다. 그들은 가볍게 즐기는 데이트에서 벗어나 마음이 통하는 애인을 진지하게 찾는다. 독신 여성의 연애 불만족을 다룬 소설, 『담배 피우는 여자The Cigarette Girl』(1999)의 여주인공 엘리자베스 웨스트는 이렇게 말한다. "스물여덟 살 생일이 오기 전까지 나는 완벽하게 독신 생활을 즐기고 있었다. 일, 운동, 섹스, 이것들이 내게 필요한 전부였다." 하지만 스물여덟 살이 되자 엘리자베스는 주변을 다르게 보기 시작했다. "…나는 여전히 한때 나 자신의 일부였던 화끈했던 마음을 간직하고 있다… 그것을 여자의 본능이라 불러야 할지 아니면 수백만 년간 DNA가 기억하는 느낌이라 해야 할지 모르겠지만, (아직 모성까지는 아니더라도) 누군가와 연애하고 싶은 생각이 든다."

연애 우선순위가 바뀌는 일이 언제 일어날지 정확하게 예측하기는 어렵다. 크리스티나처럼 몇몇 여성에게는 서른 즈음에 일어난다. 그러나 훨씬 늦게 경험하는 여성들도 있다. "남자들이 보기에 여자 나이로 서른아홉은 정말 딱한 나이예요." 샌프란시스코만 인근 지역에 사는 갓 마흔이 된 전문직 여성 하나가 이렇게 고백한다. "저는 결혼해서 자녀를 둬야겠다는 욕구가 별로 없었어요. 그저 마흔 무렵에는 결혼도 하고 아이도 있으려니 하고 막연히 생각했어요." 하지만 여성의 우선순위를 바꾸는 요인이 나이만 있는 것은 아니다. 때로 중요한 사건이 계기가 된다. '언젠가는 다시 만나 사귈 수도 있지'라고 상상했던 예전 남자친구의 결혼식에 초대받거나 여동생의 약혼 소식을 들으면 갑자기 질투심이 생길지 모른다. 친구의 아기 선물을 사러 가거나, 직장을 잃거나, 가슴 아픈 이별을 경험하거나, 부모님이 중한 병에 걸리거나 돌아가시면 문득 가슴이 아파진다. 혹은 9·11 이후에, 인생이 허무한 것이며 가끔은 갑작스럽고 비극적인 결말을 맞는다는 새로운 깨달음이 생길 수도 있다.

그런 순간이 올 때마다 여성들은 전에는 거의 의식하지 못했던 것들에 집착하기 시작한다. 우선 자기보다 어린 여성을 볼 때 그렇다. 1990년대 후반에 크리스티나는 종종 20대 여직원들이 자신의 옷차림보다 더 몸에 달라붙고 야하게 입는다고 느꼈다. 크리스티나가 자기 외모에 불안감을 느껴서 그렇게 생각했던 것은 아니었다. 그녀는 꾸준히 운동하고 있었으므로 몸매 면에서 자기보다 나이 어린 여자들에 결코 밀리지 않았다. 다만 그녀에게는 몇 가지 기준이 있었다. 하지만 안타깝게도 그녀의 기준은 많은 독신 남성과 달랐다. 실제로 남자들은 더 어리고 성적 매력이 드러나는 여자들을 좋아하는 것 같았다. 국제전략 컨설팅 회사에서 마케팅 책임자로 일하는 스물일곱 살의 새라는 또 다른 유형을 발견했다. 그녀가 다니는 교회에 가족을 중요하게 생각하는 독신 남자들은 별로 힘들지 않은 직장에 다니거나 새라보다 경력이 부족한 어린 여자들과 약혼한다. 또 다른 여성은 내게 이렇게 말한다. "우리는 20대와 30대가 벌이는 싸움을 하고 있어요."

자기보다 어린 여자를 볼 때와 마찬가지로, 몸에 생기는 작은 노화의 표시도 덧없는 세월을 떠올리게 한다. 8시간이나 잤는데도 왜 눈 밑의 살이 처지는 걸까? 이 작은 푸른 정맥은 왜 생겼을까? 보톡스를 맞아야 하나? 전문직 독신 여성의 관심을 끄는 잡지들에는 레이저 시술, 보톡스 주입, 가슴 확대, 하지정맥류 치료 등과 시장에서 취급하는 '웰니스 상품'에 관한 광고로 가득하다. 이런 상품들은 얼굴이나 목주름 성형까지는 아직 필요 없지만 이쪽은 지방 제거를 하고 저쪽은 레이저 수술을 받아 여기저기를 팽팽하게 당기는 데 돈을 쓰도록 젊은 여성들의 흥미를 끄는 데 초점을 맞춘다. 사실 미용 시술 시장에서 20~30대 여성이 차지하는 비율은 급격히 증가하고 있는데, 시술 이유는 단순히 개인적 허영심 때문만은 아니다. 연애 시장에는 경쟁이 존재한다. 최근 한 연구에 따르면, 오늘날 젊은 남녀는 애인의 육체적 매력과 섹시함에 훨씬 많은 가치를 둔다고 한다. 아마도 이런 이유로 미용 시술 광고는 결혼 정보회사와 상당히 비슷해 보인다.

여성들을 가장 끈질기게 괴롭히는 걱정거리는 난자의 노화이다. 예전에 한 유명 만화에도 나왔지만, 직장 경력이 화려한 베이비붐 세대의 여성 중 일부가 아이 낳는 것을 '잊었다면', 오늘날 젊은 독신 여성들은 자신의 생체 시계가 돌고 있음을 잘 알고 있다. 그들은 강박적으로 자기에게 남은 시간을 따져본다(몇몇 여성은 이 일을 '계산'이라고 설명한다). 크리스티나는 서른아홉 살까지 첫아이를 낳기로 마음먹었다. 그때부터 남은 시간을 역산해보면, 그녀가 남편감을 만날 수 있는 기간이 6, 7년 정도 남는다. 그녀가 영양가 없는 관계에 시간을 낭비하지 않는다면, 아이를 낳을 수 있는 마감 시한까지 시간이 충분하다. 물론 30대 후반까지 이상형을 찾지 못한다면, 마감 시한을 몇 년 더 연장할 수 있다. 의학이 놀랄 만큼 발전한 덕분에, 임신 촉진제가 아이를 가질 수 있는 시간을 늘려줄 것이다.

하지만 임신 촉진제가 시간을 연장한다 하더라도 너무 오래 기다리게 되면, 불임이나 쌍둥이 출산, 임신 합병증의 위험이 커진다. 크리스티나는 혼자서 아이를 입양할 수도 있다고 말했다. 하지만 혼자서 아이를 키우는 것은 그녀의 원래 계획도 아닐뿐더러 그녀는 그런 식으로 비상 계획이나 실행하며 살아왔던 사람도 아니다. 비슷한 상황에 있는 다른 여성이 내게 이렇게 말했다. "아이러니하다고 생각해요. 10대와 20대에는 임신할까봐 두려웠는데, 30대와 40대에는 임신이 안 될까봐 걱정하니까요."

크리스티나는 자신이 선택하기만 하면 아기를 키우면서 직장도 다닐 수 있다는 것을 안다. 그리고 혹시라도 그렇게 하기로 한다면 혼자서 그 목표를 이룰 수 있다. 세 가지 중 두 가지(아기와 직장)는 자신이 통제할 수 있다. 하지만 그것이 가장 바람직한 방법은 아니다. 그녀는 아이를 갖기 전에 남편을 원하고, 진보적인 여성으로서 미래의 동반자와 가사와 육아를 분담하고 싶다.

그래서 크리스티나의 도전 과제는 적당한 때에 자신의 이상형을 찾는 일이다. 지금이 바로 적기이므로 이제는 결혼해서 가정을 꾸리며 자신과 목표를 공유할 남자를 찾는 과제를 수행해야 한다. 이는 그녀가 시간에 더욱 민감해졌다는 것을 의미한다. 20대에는 인생의 동반자를 찾을 시간이 많다고 생각했다. 또한 관계가 잘 유지되어서 결혼으로 이어지리라 기대했다. 그런 일은 의식적으로 노력하지 않아도 일어날 일이었다. 하지만 서른한 살이 되자 크리스티나는 결혼과 아이라는 목표를 달성하려면 남편감을 만날 시간이 얼마 남지 않았음을 깨달았다. 그리고 매해가 소중했다. '준비되지 않은 남자'나 만나면서 시간을 낭비할 여력이 없었다.

또한 크리스티나는 적당한 결혼 상대를 만나는 일이 과거보다 더욱 어려워졌다는 것도 알게 되었다. 그녀가 남편감으로 생각했던 남자들은 이미 다른 여자와 결혼했거나 약혼했다. 짝이 없는 남자 중 상당수는 결혼에 적합하지 않았다. 그들 중 일부는 상습적으로 결혼을 망설이면서 '준비되지 않은 남자'에서 '평생 준비가 안 될 남자'로 진행 중이었다. 연애 시장에서 또 다른 부적합 부류는 '트럭으로 줘도 갖기 싫은' 남자들이다. 이들은 여자친구를 곁에 두는 기혼 남성, 좀처럼 전 부인과 관계를 끊지 못하는 이혼남, 결혼을 못 한 이유가 여러 가지로 수상한 나이 든 독신 남성(게이이거나 성적 취향에 문제가 있거나 책임 회피자이거나 마마보이) 등이다.

크리스티나가 도전할 과제는 결혼과 가족이라는 자신의 목표를 공유하고 결혼에 적합하며 책임감 있는 남자를 찾는 일이다. 하지만 이렇게 준비된 남자와, 결혼할 생각이 없고 준비가 되지 않은 남자를 구분하는 손쉽고 신뢰할 만한 방법은 없다. 시행착오를 거치는 방법밖에 없지만, 너무 많이 시도하면 탐색 기간만 길어지고 실패가 많아지면 마음이 힘들고 괴로워질 것이다.

2장

괜찮은 남자는 모두 품절

남자는 주차장, 좋은 자리는 다 주인이 있네

　신세대 독신 여성이 연애에 어려움을 겪는다는 사실은 '괜찮은 남자가 없다'는 흔한 탄식에서 명확하게 드러난다. 10년 전에 사회 동향을 주제로 열린 콘퍼런스에 참석했을 때 나는 처음으로 그런 정서를 접했다. 당시에 저명한 사회학과 교수였던 발표자 한 사람이 최근 수십 년간 결혼율이 감소했다고 지적했다. 결혼율은 매년 15세 이상 미혼 여성 1,000명 중 결혼한 사람의 숫자로 계산한다. 결혼율이 여성의 결혼 전망을 가늠하는 척도는 아니지만, 많은 여성이 그렇게 생각한다. 당시 콘퍼런스에서 그 교수의 발표를 듣던 일부 여성은 불쾌한 반응을 보였다. 서른쯤 된 여성 기자 하나가 이렇게 쏘아붙였다. "왜 우리는 결혼에 골머리를 썩여야 할까요? 여자들은 직장에서 앞서 나가려고 열심히 일하는데, 막상 결혼할 때가 되면 괜찮은 남자들은 대부분 임자가 있어요."

　오늘날 '괜찮은 남자가 없다'는 생각은 연애와 관련해서 여성들 사이에 끊임없이 반복되는 이야기이다. 이것은 HBO 드라마

〈섹스 앤 더 시티〉와 이를 모방한 작품들, 그리고 현대 독신 여성의 삶과 사랑을 주제로 한 다수의 소설에서 반복되는 주제이다. 타마 야노비츠Tama Janowitz의 소설 『젊지도 늙지도 않은 나이A Certain Age』에 등장하는 서른두 살의 여주인공은 필사적으로 남자를 찾는 행동을 의자 뺏기 게임에 비유한다. "의자의 99%는 주인이 있기 때문에 빈 의자를 찾기 어렵다. 게다가 어쩌다 빈 의자를 발견하더라도 다리가 부러졌거나 못생겼거나 저렴한 짝퉁이기 때문에 주인이 없는 것이다." 심지어 기념일 카드에도 이런 불평을 이용한다. 근처 편의점에 가보면 이런 메시지가 적힌 카드를 볼 수 있다. "남자는 왜 이렇게 주차장이랑 비슷한 걸까? 좋은 자리는 다 주인이 있네."

백마 탄 왕자를 기다리기에는 너무 늦었다

'괜찮은 남자가 없다'는 푸념은 두 가지 주된 출처가 있다. 하나는 널리 알려진 것으로 여성들이 결혼할 가능성을 사회학적으로 예측한 설명이고, 다른 하나는 새롭게 등장한 대중소설 장르이다. 먼저 사회학적 설명을 살펴보자. 결혼하고 싶지만 괜찮은 남자가 없어서 못 한다는 여성들의 반복된 불평에 커다란 영향을 준 것은 아마도 1986년 《뉴스위크》의 표지 기사일 것이다. '백마 탄 왕자님을 기다리기에는 너무 늦었다Too Late for Prince Charming'라는 제목의 이 글은 대졸 여성의 결혼 가능성을 암울하게 전망했다. 기사에 따르면, 대졸 독신 여성의 수는 독신 남성의 수보다 훨씬 빠르게 증가했다. 그래서 35세 독신 여성이 결혼할 확률은 불과 5%라고 전망했다. 또한 유명한 이야기지만, 40세 대졸 여성이 남편감을 만날 확률은 테러리스트에게 공격받을 확률보다 더 낮다고도 지적했다.

《뉴스위크》에서는 이런 예측이 얼마나 불확실하고 편협한지도 일부러 언급했다. 기사 내용은 단순한 예측이며, 그 통계는 오직 일부 베이비붐 세대 여성들에게만 해당한다고 말했다(최근 이 여성들은 50대에 접어들고 있다). 또한 글에서 언급한 수치들은 아직 다른 사회학자들이 면밀하게 조사하지 않은 미발표 연구에 근거한 것이므로 독자들이 기사의 내용을 있는 그대로 받아들이면 안 된다고 주의를 주었다. 하지만 이런 경고에 아랑곳하지 않고 많은 독자는 그 끔찍한 예측을 그대로 믿었다.

《뉴스위크》의 기사가 나오고 나서 곧바로 미국 통계국의 한 인구통계학자는 동일한 예측을 시도하면서 다른 통계법을 사용했다. 그 결과로 나온 예상 수치는 《뉴스위크》보다 훨씬 높았다. 통계국 연구에 따르면, 35세 대졸 여성이 결혼할 확률은 41%에 달했다. 이는 《뉴스위크》에서 언급한 수치보다 8배나 많다. 하지만 이런 예측은 전국에 보급되는 잡지의 표지 기사로 실리지 못했다. 통계국의 연구 결과는 《뉴스위크》만큼 대중적 영향력을 발휘하지 못했기에 효과적인 반박 자료가 되지 못했다.

《뉴스위크》 기사가 나온 이후로, 그 침울한 예상은 젊은 대졸 여성들 사이에 계속 파문을 일으켰다. 기사에 사용되었던 자료는 지금 기준으로 보면 18년 전 자료이다. 다시 말해 1950년대 초반에 태어난 여성들에게 해당되는 내용이었다. 그리고 이후에 수많은 반박 자료가 경쟁하듯 쏟아져 나왔다. 그런데도 오늘날 20~30대 여성들은 1986년 《뉴스위크》 통계가 자신들에게도 그대로 적용된다고 믿고 있다.

최근에 프린스턴 대학교의 사회학자 두 사람이 새로운 예측 결과를 내놓았다. 2001년에 《미국 사회학 리뷰American Sociological Review》에 실린 그들의 연구는 지금 20~30대나 50대를 연구 대상으로 삼지 않았다. 그들의 연구 결과는 《뉴스위크》와 크게 달랐다. 1990년대 중반에 30~34세 백인 대졸 여성이 나중에 결혼할 확률은 무려 97%였다.

두 사회학자는 다음과 같은 결론을 내렸다. "우리가 예측하기에 결혼 가능성은 이론상 혼자서도 잘 살 수 있는, 즉 교육 수준이 높은 여성들이 가장 높습니다."

사실 현재 독신인 여성이 장래에 결혼할 가능성이 얼마나 될지 확실히 알기는 어렵다. 이런 확률을 계산하려는 모든 시도는 과거 여성의 결혼 행태와 관련된 여러 가정에 근거한 예측일 뿐이다. 그리고 물론 인구통계학적 예측은 사실이 아닐 수도 있다. 그런데도 프린스턴 대학교 연구 결과가 핵심을 지적했다고 판단할 만한 아주 흥미로운 이유가 몇 가지 있다. 이 연구 결과는 역사적으로 결혼 연령이 바뀌는 양상과 관계가 있다.

수십 년 동안 여성들은 대개 10대 후반이나 20대 초반에 결혼했다. 그 결과 여성들의 초혼 연령의 편차는 크지 않았다. 따라서 여성이 일반적인 초혼 연령을 훨씬 넘겨서도 결혼하지 않았다면,

나중에도 결혼하지 못하리라고 생각할 만한 이유가 적어도 통계적으로는 있었다. 그래서 여성들의 지체된 결혼은 아마도 결혼을 거부당한 것처럼 보였을 것이다.

그러나 최근에는 대졸 여성의 초혼 연령 범위가 대단히 넓어졌다. 그리고 그 범위는 나이가 많아지는 쪽으로 넓어졌다. 이제는 첫 결혼이 늦어진다고 해서 결혼을 거부당할 가능성이 커지지 않는다. 오늘날은 25세나 35세까지 독신인 여성도 나중에 얼마든지 결혼한다.

프린스턴 대학교 연구자들에 따르면, 더욱 중요한 것은 대졸 여성이 조금 늦은 나이에 결혼할 확률이 과거보다 더욱 커졌다는 점이다. 말하자면, 글로리아 스타이넘Gloria Steinem(미국의 페미니스트 운동가 겸 언론인 – 옮긴이) 효과가 나타나고 있다고 볼 수 있는데, 일부 여성은 정상 범위를 훨씬 넘긴 나이에 첫 결혼을 하기도 한다(물론 66세에 결혼한 스타이넘보다 늦게 하지는 않을 것이다).

'늦어지는 것은 거부당했다는 의미'라는 공식이 사라지는 것처럼, 연상 남자와 결혼하는 여성의 비율도 줄어들고 있다. 기혼 여성 중 남편과 동갑이거나 연상인 경우는 1970년대와 80년대에 결혼한 여성들의 경우 48%였지만, 1945~1964년에 결혼한 여성들은 38%에 불과했다.

여성해방문학에서 칙릿으로

사회학적 관점 외에 여성들의 불평을 문학적으로 분석하기도 한다. 이는 '칙릿'이라 불리는 새로운 대중소설 장르에서 찾아볼 수 있다. 베이비붐 세대와 오늘날의 세대 모두 대졸 여성들에게는 각 시대상이 반영된 대표 문학이 있다. 1960년대와 70년대에 젊은 여성을 대표하는 문학은 정치, 그중에서도 페미니스트 정치가 주제였다. 그 시대에 베스트셀러가 되었던 수많은 작품은 사회에서 여성의 자유와 기회를 제한하는 세력들에 저항하는 것을 목표로 삼았다. 이런 작품들은 여성 문제를 둘러싼 논쟁과 이견, 그리고 페미니스트 운동을 다루었다. 베티 프리던Betty Friedan의 『여성의 신비The Feminine Mystique』부터 글로리아 스타이넘이 창시한 잡지 《미즈Ms》, 수전 브라운밀러Susan Brownmiller의 『우리의 의사에 반하여Against Our Will』에 이르기까지 여러 문헌에서 제도화된 불평등과 차별 및 폭력에 저항하여 여성들이 정치 행동에 나서야 한다고 주장했다.

그러나 지금은 여성해방문학에 대한 관심이 점점 줄어들고 있다. 오늘날 젊은 여성들은 어머니 세대의 선언문을 읽지 않는다. 대신 그들은 칙릿에 흠뻑 빠져 있다. 칙릿을 쓰는 작가들은 이전 세대에 해방문학을 창시했던 여성들과 다른 세상을 살고 있다. 1960년대와 70년대 페미니스트 운동가와 학자들과 달리, 이들은 의식 고양 교육을 하는 집단과 대학원 세미나가 아닌 성과 사랑에 관해 글을 쓰는 칼럼니스트, 시나리오 작가, 패션 에디터, 오락물과 유명인의 특종 기사를 쓰는 저널리스트 등의 글이 경쟁적으로 쏟아지는 대중매체를 통해 세상을 알아간다. 글의 어조와 분위기도 다르다. 칙릿 작가들은 진지하게 글을 쓰지 않으며, 그들의 책에서 정치적·도덕적 열망은 거의 찾아볼 수 없다. 대신 그들의 작품은 짧막하고 가벼운 농담, 재치 있는 말과 경구, 누군가를 놀리고 비하하는 표현 등으로 가득하다. 지금은 명랑소설이 사람들 사이에 격론을 일으켰던 무거운 작품을 대체하고 있다. 하지만 문화적 관점에서 볼 때, 이런 새로운 장르에서 가장 흥미로운 특징은 바로 주제이다. 이런 작품들은 지나칠 정도로 하나의 주제에 집중한다. 즉, 새로운 장르는 똑똑한 젊은 여성이 남자 문제와 연애 관계에서 겪는 좌절을 다룬다.

칙릿의 남성관은 해방문학과 출발점이 다르다. 거의 50년 동안 여성들은 남성에 대한 자신들의 분노를 공공연히 표출해왔다. 하지만 오늘날의 불만은 베이비붐 세대 여성들을 움직였던 정치적 분노와 다르다. 1960년대 페미니스트들은 남성을 특권의 수혜자로 바라보았다. 그래서 이들은 가부장제와 제도화된 성차별주의를 표방하는 전형적인 남성 우월주의에 반기를 들었다. 거리에서는 건설 노동자들이 지나가는 여성에게 불쾌하게 휘파람을 불었고, 캠퍼스에서는 남성 급진주의자가 여성 동지에게 커피를 타오라고 시켰으며, 직장에서 남자 상사는 부하 여직원이 아내처럼 자신을 챙겨주기를 기대했다. 이런 남성들에 대한 분노를 여성 운동가들이 정치적으로 표출했다. 팻말을 들고 거리를 행진하고 공공장소에서 여성 속옷을 태우는 등 각종 시위를 벌였다. 하지만 칙릿에서는 남성을 정치적 분노의 대상이라기보다 상습적인 연애좌절의 원인으로 생각한다. 즉, 사적이고 은밀한 관계 속에서 남성을 바라본다. 전면에 드러나는 남성의 모습은 남성성을 강조하는 억압자가 아니다. 남자는 여자의 삶 속에 있거나, 여자의 삶에서 막 나갔거나 점점 멀어지는 사람이다. 지난날의 남성 우월주의자들은 오늘날 사기꾼이나 준비되지 않은 남자로 대체되었다. 칙릿 소설의 인물들은 정치적이지 않고 개인적이다.

새로운 문학 장르에서는 분노와 슬픔, 후회 등이 복잡하게 어우러져 다양한 정서와 분위기를 형성한다. 남자를 불신하고, 좋지 않게 이별한 후에는 정리되지 않은 감정 때문에 괴로워하며, 파트너가 관계를 끊는 방식에 분노한다. 또는 관계에서 오는 피로감과 밀고 당기는 연애 게임에서 비롯된 의욕 상실과 권태가 담겨 있다. 그리고 어떤 분노는 내부로 향하는데, 자신의 잘못된 판단을 자책하는 경우가 그렇다. 여기에서 발생하는 질문에는 "그 남자가 나한테 어떻게 이럴 수 있지?"뿐만 아니라 "그 남자가 나한테 이렇게 하도록 어떻게 그냥 내버려 뒀지?"도 포함된다.

루시의 끔찍한 모험

'괜찮은 남자가 없다'는 불평을 문학 작품에서 사용한 최초의 작가는 팸 휴스턴으로, 그녀는 단편집 『나는 카우보이에 약하다Cowboys Are My Weakness』(1992)가 베스트셀러가 된 이후에 1998년에 비슷한 주제를 담은 이야기 모음집 『왈츠 추는 고양이Waltzing the Cat』을 출간했다. 휴스턴의 책들은 독립적인 30대 여성이 무책임하고 이기적이며 믿음이 안 가는 남자들만 계속해서 만나면서 겪는 극한 모험을 중심으로 이야기가 전개된다. 그녀의 소설 속

여주인공은 카우보이, 목수, 황무지 안내자 그리고 고독한 남성성을 찾아서 혹은 길에서 만난 다른 여자 때문에 자신을 떠나는 남자들에게 끊임없이 마음을 빼앗겼다가 버림받는다. 『왈츠 추는 고양이』라는 책은 황무지 사진작가인 루시 오르크가 위험한 지역에서 하이킹하고 등반하고 래프팅하는 모습을 따라간다. 루시는 남자들처럼 험한 지역을 능숙하게 다닌다. 콜로라도 강과 아마존 정글에 가고, 회색 곰을 제압하기도 하며, 야구 이야기도 즐긴다. 그녀의 모험담에는 용기와 힘, 인내심을 눈부시게 발휘하여 신체적으로 최고조에 이른 순간과 남자 때문에 균형과 평정심을 잃고 감정이 바닥으로 추락했을 때의 이야기로 가득하다. 루시는 자기에게 맞지 않거나 형편없는 남자들과 사귀다가 우울해지면 산을 오르고 최고 난도 코스에서 래프팅을 한다. 그녀의 문제는 만날 남자가 없다는 것이 아니다. 왜냐하면 루시는 자신의 모험심을 공유할 남자를 흔하게 찾을 수 있는 분야에서 일하기 때문이다. 문제는 그녀가 만나는 남자의 됨됨이였다. 루시의 '카우보이'는 거칠고 두려움이 없는 마초 기질을 추구하지만, 일단 연애를 시작하면 소심하고 결단력이 부족해진다. 그녀의 카우보이는 한 여자에게 헌신하는 용감하고 과감한 모험을 전혀 하지 못한다. 남자는 연인과의 사이에 넓고 개방적인 공간을 두고 싶어 한다. 즉, 어느 정도 거리를 두는 관계(각자 생활하면서 가끔 섹스나 사이버 섹스를 즐기는 관계)는 카우보이들이 가장 좋아하는 방식이다. 서부 시대의 고전적 영웅과 달리 휴스턴의 소설 속에 등장하는 모든 남자는 강하지도 않고 과묵하지도 않다. 어떤 남자는 감정적으로 무너지면 그것을 떠들고 싶어 한다. 더욱 나쁜 것은 이런 신세대 카우보이들이 자신의 약한 마음을 친밀감으로 바꾼다는 점이다. 그것을 소설에서는 이렇게 표현했다. "당신은 '일부일처제'라는 단어를 떠올린다. 남자가 당신에게 전에 다른 여자 때문에 얼마나 상처받았는지 이야기할 것이다. 그러면서 그는 두렵고 혼란스럽다고 말할 것이다."

루시와 장거리 연애를 하면서 그녀의 삶에 주기적으로 들락날락하는 남자친구 중 한 명인 카터는 영화 촬영지 섭외자이며 로스앤젤레스에서 약혼자와 살고 있다. 루시와 카터는 전화와 자동응답기를 통해 '가상 연애'를 즐긴다. 카터는 출장을 자주 다니므로 루시의 집에 짧게 머무를 때가 많았다. 그가 루시의 집에 찾아오면, 그들은 함께 짐을 꾸려 항해를 하고 래프팅을 한 다음, 카터는 다시 새로운 출장지로 떠난다. 하지만 이런 은밀한 순간들에 성적인 부분은 빠져 있다. 그들은 함께 잠을 자지만(카터는 하의를 입지 않고 티셔츠만 입고 잔다), 섹스는 하지 않는다. 침대에서 루시가 그의 품으로 파고들려 하면, 그는 몸을 빼낸다. 루시에게는 에릭이라는 또 다른 남자친구가 있는데, 그는 술주정뱅이이다. 에릭은 상냥하고 다정하며 전동 공구를 잘 다룬다. 그는 루시 집의 배관과 배선, 기울어진 바닥 등을 고쳐주었다. 하지만 두 사람 사이에 연애 감정이 무르익자 그는 자신의 연장이 고장 났다고 고백한다. 지난 2년간 우울증 치료제를 복용했더니 성 기능에 장애가 생긴 것이다.

훨씬 고통스러운 것은 휴스턴의 소설 속 카우보이들이 떠날 때 보이는 잔인할 정도로 무심한 태도이다. 루시와 남자들의 관계를 보면 이별을 예측할 수 있다. 영화 촬영지 섭외자 카터는 루시와 하이킹을 하던 중 그녀가 성관계를 거부하는 카터에게 불만을 터뜨리자 그녀를 떠난다. 루시가 불만을 터뜨린 후 이틀 동안 두 사람은 서로 말도 하지 않고 하이킹을 하는데, 휴식을 취하는 중간에 카터는 종이에 뭔가를 끄적거린다. 나중에 출발 지점으로 되돌아왔을 때 카터가 쓴 메모가 그의 주머니에서 툭 떨어지고, 루시는 우연히 그 내용을 읽게 된다. 쪽지에는 카터가 매력을 느끼지 못하는 루시의 신체적 특징이 이렇게 나열되어 있었다.

1. 어깨가 지나치게 넓음.
2. 윗입술이 너무 얇음.
3. 허리와 엉덩이 비율이 이상함.

또 다른 이야기에서 루시는 아마존 여행에서 돌아와 미시간에 있는 남자친구에게 서둘러 가지만, 그에게 차이고 만다. 그녀는 남자친구의 팔에 안기리라 기대했지만, 그 대신 이별 선언을 들어야 했다. 남자는 노부인에게 하듯 그녀의 손등을 두드리며 이렇게 말했다. "먼저 얘기 좀 하자. 미안하지만, 루시, 나 새로운 사람이 생겼어. 이제는 정말 마음이 건강해질 것 같아." 독자를 질겁하게 하는 것은 손등을 토닥이는 행동뿐만 아니라, 시차 적응도 안 된 여자친구에게 이별을 선언하는 것도 모자라, 자신이 새로운 관계에서 느끼는 '건강한' 행복감을 헤어질 여자가 공유해주리라 상상한 이 남자의 충격적인 자기중심적 사고이다.

휴스턴의 책에는 다양한 종류의 나쁜 남자가 등장하지만, 깊이 들여다보면 그저 한 남자가 가진 여러 모습을 담고 있다. 직업과 이름, 모발 색이 다양함에도 불구하고, 휴스턴의 이야기 속 카우보이들은 교통카드처럼 교체할 수 있다. 그녀의 사전에 '카우보이'란 마음을 닫는 남자를 가리키는 대명사일 뿐이다. 『나는 카우보이에 약하다』의 독서 가이드에서 휴스턴은 이렇게 쓰고 있다. "내가 정말로 놀랐던 것은 내가 창조한 인물들이 처한 상황이 알고 보면 지극히 보편적이라는 사실이었다. 나는 전국 여성들에게서 이런 편지들을 받는다. 전 소방관에 약해요, 전 주식중개인에 약해요 등 그런 목록은 직업의 수만큼 길다. 확실히 내가 묘사한 남성의 유형은 특정 지역이나 직업에 국한되지 않는다."

휴스턴이 '괜찮은 남자가 없다'는 주제 의식을 확립하기는 했지만, 이렇게 그녀가 짜놓은 판에 다른 작가들이 새로운 요소들을 추가했다. 그녀를 계승한 칙릿 작가들은 같은 주제를 택했지만, 몇 가지 중요한 차이점을 보인다. 휴스턴의 이야기들은 암울하지만, 칙릿 소설은 가볍고 장난스럽다. 애인에게 배신당하고 차이고 실망하는 모습은 독자들에게 웃음을 준다. 작가들은 남성과 섹스, 여성과 그들 자신을 비웃는다. '신랄한 웃음을 주는', '아주 우스운', '재치로 번뜩이는', '폭소를 터뜨리게 하는', '활력을 높이는' 등 칙릿을 광고하는 문구들은 새로운 희극 정신을 반영한다(어떤 광고문은 소설 하나를 칭찬하는 데 수많은 강조 문구를 동원하기도 한다).

소설의 분위기 외에 공간적 배경도 바뀌었다. 칙릿에서 30대 여주인공은 서부에서 동부로, 야외 모닥불에서 뉴욕과 런던 같은 도시 불빛이 있는 곳으로 옮겨간다. 이렇게 칙릿 여주인공들이 동쪽으로 이주함에 따라 서부의 황무지는 도시 정글로 바뀌고, 루시는 로라 지그먼Laura Zigman의 『축산학Animal Husbandry』(1998) 속 제인 구달, 멜리사 뱅크Melissa Bank의 『서툰 서른 살』(1999) 속 제인 로즈널, 『데이트 상대 구하기See Jane Date』(2001)로 시작하는 할리퀸 시리즈의 또 다른 제인 등 뉴욕에 사는 여성으로 바뀐다.

남녀 관계에서 발생하는 거절과 낙담을 다루는 소설에서 독신 여주인공은 남자에게 차이고 모욕당하고 속고 배신당하지만, 휴스턴 소설의 루시와 달리 이들은 후회하며 아파하거나 자책하며 위축되지 않는다. 대신에 이들은 남자들과 그들의 부적절한 행동을 특유의 재치 있고 짤막한 유머와 농담으로 응징한다. 코미디는 여자들이 선호하는 공격 방식이다. 그리고 이들에게 글쓰기는 가장 좋은 수단이다. 누군가 이렇게 말했다. "그것은 최후의 복수 판타지이다. 당신은 이미 집착하고 있던 주제로 글을 써서 부자가 되고 유명해진다." 『런 캐치 키스Run Catch Kiss』에서 소설 속 여주인공은 자신이 쓰고 있는 섹스 칼럼에 자신이 데이트했던 역겨운 남자들의 괴상한 성적 취향을 공개해서 그들에게 복수한다.

남자1, 남자2, 남자3

일부 등장인물은 휴스턴 소설의 전형적인 카우보이 모습을 반복한다. 캔디스 부시넬Candace Bushnell의 소설, 『섹스 앤 더 시티』에 나오는 영국인 저널리스트 샬럿은 외모가 별로인 남자와 데이트하고 싶지 않은 이유를 이렇게 설명한다. "작고 뚱뚱하고 못생긴 남자들과도 이따금 만났었지만, 외모와 상관없이 남자들은 다 똑같았다. 외모가 별로인 남자들도 잘생긴 남자들처럼 안목이 없고 자기중심적이었다." 다른 책에는 자기가 당한 대로 똑같이 남자들을 함부로 무심하게 대하면서 복수하는 여자들이 등장한다.

또한 칙릿의 여주인공들은 어차피 일부는 이름을 모르고 일부는 금방 잊을 것이므로 남자들을 이름보다는 숫자로 분류함으로써 자신이 남녀 관계에 별로 마음을 쓰지 않는다는 점을 보여주려 애쓴다. 루신다 로젠펠드Lucinda Rosenfeld의 소설 『그녀는 무엇을 보았는가What She Saw』에는 각 장에 한 명씩 여주인공이 그동안 만났던 남자들의 이야기가 담겨있는데, 이름을 모르는 네 남자의 이야기는 한 장에서 한꺼번에 다루었다. 로젠펠드의 소설에 등장하는 또 다른 여자는 자신이 만났던 여섯 명의 남자를 이야기할 때 그들과 애정 행각을 벌였던 지역으로 구분해서 이런 식으로 표현했다. "만약 그녀가 록 그룹 '그레이트풀 데드Grateful Dead'의 공연장 주차장에서 성관계한 남자라면, 그들을 '데드헤드1', '데드헤드2', '데드헤드3'으로 이름 붙였다."

진화심리학과 같은 최신 유행 이론에 경의를 표하는 소설도 있다. 이런 이론들을 이해하기 쉽게 해석하면, 남자는 수컷이므로 침팬지나 고릴라 등의 다른 짐승처럼 다양성과 연령, 예쁜 외모와 풍만한 가슴에 성욕을 느낀다는 것이다. 지그먼의 베스트셀러 소설 『축산학』에서는 여주인공이 수소의 짝짓기 행동가설에 근거하여 우스꽝스러운 사례 연구를 한다. 여주인공 제인 구달은 남자친구에게 차인 후에 동물 연구를 끌어들여 남자들이 도망가는 이유를 설명하려 한다. 제인은 수소가 새로운 암소를 만나면 예전에 교미했던 암소를 거들떠보지도 않는다는 관찰에 근거하여 자기 나름의 짝짓기 이론을 만들어서 남성 잡지의 과학 칼럼에 익명으로 발표한다. 다른 소설들처럼 『축산학』에서도 사랑에 빠져 연인이 되는 과정(새 암소로서의 생활)은 이야기의 시작에 불과하다. 줄거리의 핵심이면서 독자에게 큰 재미를 주는 부분은 여주인공이 남자친구에게 차인 후(버림받은 암소로서의 생활)에 전개되는 이야기이다.

이 소설의 핵심은 종에 상관없이 남성의 짝짓기 행동은 예측할 수 있다는 것이다. 즉, 남자는 많은 여성을 만나고 싶어 하고 진지한 관계를 피해 도망 다닌다. 소설들은 임박한 이별의 전형적인 징후를 이렇게 묘사한다. 남자는 전화를 받는 대신 자동응답기를 켜두고, 약속 시간에 늦게 나타나며, 여자가 계속 문자를 보내도 답문을 보내지 않는다. 여자의 친구들이나 가족을 만나지 않으려고 변명거리를 만들고, 여자가 "우리 무슨 관계야?"라고 물으면 뒤로 물러서며, 여자와 함께하지 않는 계획을 자주 세우고, 전 여자친구와 어정쩡한 관계를 유지한다. 그런 다음에는 이 남자가 그동안 계획적으로 도피 행각을 벌였던 것처럼 조만간 이별을 선언하리라는 사실을 충분히 예측할 수 있다. 따라서 남자가 다음 중의 하나를 골라 말을 꺼낸다면, 두 사람의 관계는 이미 끝난 것이나 다름없다.

"이번 주는 끔찍할 거야. 눈코 뜰 새 없이 바쁘거든."

"우리 잠시 떨어져 있는 게 좋겠어."

"'이게 아닌데'라는 작은 목소리가 들려."

"최근에 생각이 많아."

칙릿에서는 성적 모욕감이 전면에 두드러지는 주제가 아니지만, 로젠펠드의 소설 『그녀는 무엇을 보았는가』에서는 이것이 분명하게 드러난다. 끔찍한 연애를 너무 많이 경험한 주인공 피비 파인은 성감이 무뎌져 아예 마음을 닫아버린다. 그녀는 어느 누구에게서도 친밀감을 느끼지 못한다. 오히려 남자가 다정하게 대할수록 그녀는 더욱 그를 경멸한다. 예를 들면 이렇다. "피비가 우연히 자기의 완벽한 남자친구가 욕실에서 소변보는 모습을 보게 된다면, 그것이 지극히 자연스러운 행위인데도 불구하고 그녀는 엉뚱하게도 역겹다는 생각을 할 것이다."

고학력 독신 여성은 왜 칙릿을 읽을까

비평가들은 칙릿이 젊은 여성들을 여전히 사춘기 감성에 묶어두는 정형화된 공식을 제시한다고 조롱하면서 호되게 비판한다. 만약 이런 작품들을 예술성이나 독창성으로만 판단한다면, 그런 비판은 일리가 있다. 이 소설들은 대체로 가벼운 오락물이지만, 독자는 코믹한 등장인물 때문에 한두 번 웃고 난 다음에는 좀처럼 즐겁지 않다. 또한 일부 여주인공은 애정에 굶주린 나머지 지나치게 우울하고 낭만적이지 않은 성생활을 하고 있어서 그들에게 어떤 연민이나 흥미를 느끼기 어렵다. 칙릿에서 터무니없는 부분은 회복의 조짐보다는 피할 수 없는 상처와 모욕감, 비통함에 대한 방어이다.

칙릿을 실제 독신 여성의 연애에 관한 다큐멘터리나 그들의 짝짓기 전망을 예측하는 책으로 읽는다면, 이는 실수이다. 이런 소설이 유명해진 이유는 문학적 예술성과 내용의 정확성 때문이 아니라 젊은 고학력 독신 여성에게 널리 읽히기 때문이다. 칙릿에 묘사되는 연애와 성관계는 많은 독신 여성이 직접 겪은 경험과 일부 일치한다. 사회학적 관점에서 볼 때는 사실이 아닐지라도 칙릿은 오늘날 여성들이 남녀 관계에서 느끼는 불만족에 대해 어느 정도 진실을 포착한다.

칙릿에 관심을 쏟는 또 다른 이유가 있다. 역사적으로 대중 낭만소설의 등장은 구혼제도의 변화와 관련이 깊다. 서구 사회에서는 적어도 두 번에 걸쳐 예술과 삶이 새로운 하나의 장르로 합쳐졌다. 중세 기사의 사랑을 그린 위대한 시집 『장미 이야기Roman de la Rose』는 중세 사회가 봉건주의 쇠퇴를 예고하는 대변화를 겪고 있을 무렵 프랑스에서 등장했다. 가문의 재산과 권력이 분산되는 것을 막고자 귀족들은 모든 재산을 장자에게 물려주었고, 이들은 재산을 물려받은 후에야 결혼할 수 있었다. 그러나 이런 관습은 상당한 지참금을 가진 여자와 결혼할 때까지 성인의 지위를 얻을 수 없었던 가난한 미혼 남성들을 양산했다. 그러는 동안 라틴어로 '유베네스juvenes'라 불리던 젊은 청년들은 할 일이 별로 없었으므로 집 주변을 돌아다니며 부녀자를 유혹하고 정복하는 공상에 빠지기 일쑤였다. 이렇게 사회적으로 불안정한 상황에서 젊은 남자들에게 각종 연애 기술을 가르쳐주고 기혼 여성들과의 이룰 수 없는 사랑 이야기를 들려주는 소설이 등장했다. 『장미 이야기』는 직업이 없던 젊은 미혼 남성을 빛나는 갑옷을 입은 유명한 기사로 바꾸어놓았다.

이와 마찬가지로 18세기 영국 소설도 전통적인 가내수공업 양식에 변화가 생기고 젊은 미혼 여성들이 돈을 벌기 위해 집 밖으로 나가면서, 사회가 대단히 불안하고 개인주의적이며 시장 지향적으로 바뀔 무렵에 등장했다. 가난한 가정에서 태어나 결혼하지 못한 젊은 여성들은 가정부나 요리사, 유모로 일했다. 이들보다 좀 더 신분이 높았던 사람들은 가정교사와 같이 존경받는 직업을 찾았지만, 그들의 사회적 지위에 걸맞으면서 돈도 벌 기회는 극히 제한적이었다. 이들은 결혼하지 못하면 친척들이 마지못해서 주는 불충분한 경제적 도움에 기대 살아야 하는 거추장스러운 피부양자가 되어야 했다.

이처럼 생활환경에 변화가 생기자 젊은 여성들이 결혼에 높은 점수를 매기기 시작했다. 왜냐하면 결혼이 임금 노예나 가난한 상류층에서 벗어날 수 있는 가장 좋은 방법처럼 보였기 때문이다. 하지만 동시에, 이런 변화는 미혼 여성들에게 새로운 위험과 불확실성을 야기했다. 이런 사회적 혼란기에 늘어나는 여성 독자를 겨냥해서 훌륭한 젊은 여성이 부자 남편을 찾아 나서는 소설이 등장했다. 이 소설은 경제적으로 취약한 젊은 미혼 여성을 유명 소설의 여주인공으로 탈바꿈시켰다.

칙릿 역시 사회가 급변하는 시기에 등장했다. 칙릿은 여성의 삶에서 일과 사랑의 방식에 큰 변화가 생겼음을 보여준다. 이런 변화가 있다고 해서 오늘날 결혼에 관심이 있는 젊은 대졸 여성이 나중에 결혼할 확률이 줄어드는 것은 아니다. 하지만 적당한 때에 이상형을 찾으려는 노력에는 상당한 영향을 미칠지 모른다. 즉, 젊은 여성들이 인생의 동반자를 찾으려 할 때 이들을 혼란스럽게 해서 시간이 오래 걸리게 방해할지 모른다. 그렇다고 여성들의 탐색이 반드시 실패로 이어지는 것은 아니겠으나, 시련을 겪을 수는 있다.

남자는 많았지만 괜찮은 남자는 적었어요

수전은 스물아홉 살 기업가이다. 크리스티나처럼 그녀도 인생에서 결혼과 아이에 대해 심각하게 고민할 때가 되었다. 《뉴스위크》의 구시대적 전망과 칙릿 소설 속 과장된 묘사가 자신의 상황에 완벽하게 들어맞는 것은 아니지만(그녀는 MBA를 취득했고 사회생활도 하고 있지만, 결혼할 만한 남자가 절대적으로 부족하다는 결정적 증거는 아직 확보하지 못했다), 전반적으로는 일치한다. 그녀에게 어려운 부분은 결혼할 남자를 찾는 것이다. 그런 남자가 어딘가에 있을 텐데, 과연 그를 어디에서 찾을 것인가? 어떻게 만날 것인가? 그런 남자를 만날 수 있도록 사전에 계획된 사교 행사는 어디에서 열리는가? 직장일이 바쁜데 어떻게 하면 남자를 찾는 시간과 기회를 확보할 수 있을까? 그리고 결혼할 준비가 된 남자와 가벼운 관계만 원하는 남자를 어떻게 구분할 수 있을까?

수전은 내가 연구 과정에서 인터뷰했던 매력적인 젊은 여성 중 하나였다. 그녀는 생기가 넘쳤고, 순간적으로 기지를 발휘할 줄 알며, 지도자처럼 사람들에게 자연스럽게 다가가는 방법도 알았다. 그녀는 남부의 작은 도시에서 장남 장녀로 태어나 각각 대학과 대학원을 졸업한 부모 밑에서 자랐다. 수전의 부모는 "아무도 네게서 빼앗아갈 수 없는 것"이라고 말하면서 딸에게 교육의 중요성을 가르쳤다. 어렸을 때부터 수전은 자신이 부모님의 교육적 성취를 뛰어넘기 위해 노력할 것임을 알았고, 부모님도 돈이 딸들의 공부에 방해가 되지 않게 하겠다고 약속하며 딸들이 야망을 갖도록 격려했다. 그녀의 아버지가 비영리 분야에서 기업 분야로 자리를 옮기면서 수전은 가족과 함께 대도시로 이사했고, 그곳에서 나중에 입학하는 대학보다 문화적으로 더욱 다양하고 AP 과정Advanced Placement Course(고교 심화학습 과정으로 대학에서 이 과정을 수료한 학생에게 입학 시 가산점을 부여하거나 입학 후 학점으로 인정해준다. – 옮긴이)과 언어몰입수업, 가까운 전문대학에서 수업을 들을 기회를 충분히 제공했던 마그넷 스쿨magnet school(공립학교지만 일부 교과목에 한해 특수반을 운영하는 미국식 특성화 고등학교 – 옮긴이)을 다녔다. 그녀는 성실한 학생이었지만, 그녀의 최대 강점은 학생회장으로서의 자질이었다. 그녀는 학생회 임원 자리에 올랐고, 전국 리더십 캠프에서 간부로 일했다.

수전은 명문대학에 다니는 동안에도 지도자로서 계속 두각을 나타냈다. 그녀는 다양한 활동에 참여했고, 4학년 때는 학업과 스포츠 활동 성적, 자원봉사 실적이 우수한 학생들로 구성된 우수 학생 기숙사의 회장으로 선출되었다. 수전의 역할은 재능이 출중하고 대단히 바쁘게 생활하는 엘리트 학생집단에 공동체 의식을 심는 일이었다.

수전은 남녀공학 대학을 다녔으므로, 연령과 혼인 여부, 교육적 성취를 고려해서 얼마든지 자신과 비슷한 조건의 동년배 남자들을 만날 기회가 있었다. 거의 모든 남학생이 18~23세 사이였고, 다들 훌륭한 성적으로 고등학교를 졸업한 미혼 남성이었다. 더구나 그녀가 다닌 대학은 남자 동기들을 잘 알 수 있도록 사교 활동 기회를 많이 제공했다. 그녀의 대학에는 활발하게 활동하는 남학생·여학생 사교 클럽이 있었지만, 그 외에도 다양한 캠퍼스 활동과 조직이 있어서 단체마다 자체 행사 달력이 있을 정도였다. 수전은 이런 다양한 캠퍼스 활동에 참여했다. 하지만 자신의 모교가 '데이트를 즐기는' 학교는 아니었다고 수전은 말한다. "공식적인 자리에 가려면 함께 갈 이성이 있어야 하지만, 그때조차도 같이 가 줄 친구를 찾았어요." 학생들이 '즐기는' 관계를 맺기도 했지만, 이 것이 반드시 어쩌다 만난 사람과 성관계를 한다는 의미는 아니었다고 한다. 가끔 그것은 좀 더 순수하고 동료애를 보여주는 관계를 의미했다. 즉, 단순히 하룻밤 함께 시간을 보내기 위해서 혹은 파티에 같이 갈 파트너를 구하기 위해 즐기는 만남을 가졌다고 그녀는 설명한다. 같이 놀러 다니는 친한 친구들 중에는 실제 결혼에 골인한 커플도 있었지만, 그녀의 친구 중 대부분은 애정보다는 우정을 나누는 관계에 더 가까웠다.

그러나 더욱 중요한 점은 당시 수전은 결혼할 생각이 없었으므로, 남편감으로 괜찮은 동기 남자들에게 쉽게 접근할 수 있는 이점을 이용하지 않았다는 것이다. 그리고 당시 그녀의 남자 동기들도 대부분 마찬가지 생각이었다. 그래서 수전과 그리고 그녀와 비슷한 사람들에게 배우자감이 몰려 있던 대학 시절이 더는 결혼할 사람을 찾을 적기가 되지 않는다.

그러는 동안 수전은 조기에 경력을 개발하는 계획을 실행하고 있었다. 여름 방학마다 꾸준히 책임 있는 인턴 자리에서 일했고, 졸업반이 되었을 때는 우수한 대학생을 유치하려고 대학을 돌아다니는 주요 기업 몇 군데에서 일자리 제의를 받았다. 수전은 8대 회계법인 중 하나에 취직했다. 그녀는 입사 후 첫 2년간의 생활을 이렇게 설명했다. "저는 눈코 뜰 새 없이 바빴어요. 월요일 밤마다 성경 공부 모임에 갔고 일주일에 한 번은 친구들과 저녁 식사를 했으며 젊은 독신들이 사는 지역에서 여자친구들과 한집에 살았어요. 저는 사교 생활을 충분히 했어요. 따로 노력할 필요가 없었죠." 그즈음에 수전은 회사 출장이 잦아졌고, 사교 생활을 거의 하지 못하게 되었다. 일이 너무 많아서 업무 때문에 갑자기 약속이 취소될까봐 아예 계획도 세울 수 없었다. 그러자 쉬는 주말에도 사교 계획이나 시간을 때울 일이 거의 없는 상태가 되었다. 이리저리 바쁘게 움직이며 2년을 보낸 후에야 그녀는 이직할 준비가 되었다.

스물여섯 살이 되었을 때 수전은 오랜 목표였던 MBA 취득을 더 미루면 안 되겠다고 생각했다. "그건 제가 항상 하고 싶었던 일이었기에, 계산을 해보았어요. 제가 MBA 과정을 마치면 스물아홉 살이 될 거고, 학위 덕을 보려면 적어도 2년은 더 일해야 하죠. 그럼 결혼해서 아이를 갖는 문제를 생각하기도 전에 서른두 살이 될 거예요. 그러다 보니 그 계획을 더는 미룰 수가 없었어요."

수전은 명문 경영대학원에 입학했고 공부도 잘했다. 이때는 학부 때처럼 결혼할 남자를 찾는 일에 무관심하지 않았다. 결혼 적령기가 가까워지고 있었을 뿐만 아니라 수전 주변에 그녀와 나이 및 교육 수준이 비슷한 배우자감이 많았기 때문이다. 실제로 그녀가 다녔던 경영대학원에는 남자의 숫자가 여자보다 훨씬 많았다. 정원 240명 중에 남학생은 190명, 여학생은 50명이었다. 남학생 190명 중에서 반은 기혼이었다. 미혼 남성이 95명밖에 없었지만, 그래도 여학생 수보다는 많았다. 하지만 남자 95명 중에서 약 50명 정도는 결혼할 사람이 따로 있었다. 결국 미혼 남성은 45명만 남게 되었고 교육 수준과 연령이 비슷한 여학생의 숫자보다 적었다. (물론 여학생 50명 중 일부는 기혼이거나 약혼자가 있으므로 결혼이 가능한 남녀 비율에서 여전히 남성 비율이 더 높기는 했다.)

이론적으로 보면 확률상 확실히 여자가 유리했다. 하지만 현실적으로 따져보면, 이야기는 달라진다. 수전이 이렇게 말했다. "그 남자들이 여전히 독신인 이유가 있었어요. 그들은 주말마다 한심할 정도로 과음을 하거나 단순히 '즐기는' 관계를 원하더라고요." 정확한 계산을 한 후에 그녀는 자기가 다니는 대학원의 상황을 이렇게 표현했다. "남자는 많았지만, 괜찮은 남자는 적었어요." 수전은 30대를 목전에 두고 또 다른 개인 목표를 달성하고 나서야 결혼할 생각을 했지만, 이것이 그녀의 배우자감도 준비됐다는 의미는 아니었다. 그녀는 시간이 오래 걸리고 남자를 만날 기회는 줄어드는 상황에서 새롭고 힘든 모험을 향해 나아가고 있다. "이제 상황이 이해되기 시작했어요. 지금 당장 저는 아무도 못 만날 거예요. 제 인생에 아무도 없어요. 결혼하려면 2년 정도는 누군가를 만나 사귀어야 하는데, 그러고 나면 저는 서른한 살이 돼요. 또한 그렇게 하려면 앞으로 몇 달 내에 누군가를 만나야 하는데, 지금으로서는 별로 가능성이 없어 보여요."

기준을 낮추느니 독신을 선택하다

우리가 앞에서 만나본 크리스티나와 수전은 매력적이고 성공한 젊은 여성으로 개인적 목표와 경력개발 목표 모두 성공적으로 달성했다. 이제 그들은 인생에서 결혼을 준비해야 하는 단계에 이르렀다. 그러나 그들은 어려움에 빠졌다. 준비되지 않은 남자가 결혼해서 아이를 기를 수 있을 정도로 준비가 되거나 이상형이 그들의 직장에 나타나주기를 기대하는 것으로는 충분하지 않다. 결혼할 생각이 있고 결혼할 수 있는 남자를 찾는 방법에 관해서 이제는 좀 더 자신의 처지를 의식해서 생각해야 한다. '적극적으로 나서라'는 널리 알려진 조언은 어디에서 기회를 얻을 수 있는지 파악할 때까지는 따르기 어렵다.

또한 답을 얻을 만한 모범 사례도 별로 없다. 대학을 졸업하자마자 어린 나이에 결혼한 어머니 세대의 전철을 밟을 수는 없다. 오늘날 젊은 여성들은 자기 어머니가 결혼했던 나이를 이미 훌쩍 넘었다. 20대 초반에 결혼해서 30대 중반에 이혼하고, 비서 월급으로 두 자녀를 키워야 했던 베이비붐 세대 여성들처럼 살고 싶은 오늘날의 여성은 별로 없다. 그래서 이들은 개인적으로 독립하고 경제적으로 자립하며 직장에서 승진한 다음에 짝을 찾아야겠다고 마음먹는다.

나중에 결혼하고 싶은 여성들에게 이는 현명한 방법이다. 학업과 취업에 힘쓰면 결혼에서도 성공할 가능성이 커진다. 학사 학위 이상을 소지한 여성은 그렇지 못한 여성보다 결혼할 확률이 높고, 결혼한 후에 별거나 이혼할 확률이 낮아진다. 더구나 고학력은 일종의 이혼 보험으로 생각할 만한 것을 여성에게 제공한다. 1970년대와 80년대 이혼 혁명의 결과로 오늘날 여성들은 이혼이 가져올 충격과 경제적 취약함에 대해 아주 잘 알고 있다. 더구나 교육 수준이 높은 여성은 평생 결혼하지 못하더라도 경제적으로 자립할 수 있다.

그리고 마지막으로, 오늘날의 여성들은 충분히 독립적으로 살 수 있으므로 자신과 맞지 않는 남자와 강제로 결혼할 가능성이 낮다. 실제로 내가 만나보았던 독신 여성 중 상당수는 자기가 너무 똑똑하고 유능하기 때문에 "누군가를 만나려면" 자기 기준을 낮춰야 한다고 말한다. 그들은 맞지 않는 남자와 결혼하느니 차라리 독신을 선택한다. 몇몇 여성은 자신이 독신인 이유가 매력이 없어서가 아니라 눈을 낮추기 싫기 때문이라고 말했다.

뉴욕에 사는 어느 전문직 여성은 왜 결혼을 안 하느냐는 무례한 질문이 지긋지긋해서 다음과 같은 표준 답변을 만들어놓았다.

"제가 좀 까다롭거든요.""네, 맞아요. 전 제인 오스틴 소설의 여주인공이랑 비슷해요. (엠마를 제외하고) 여주인공들 모두 재산이 거의 없거나 아예 없지만, 연애결혼을 하고 싶어서 불길하지만 신뢰할 수 있거나 지루한 결혼 상대를 거절하죠. 그러나 운 좋게도 이들은 나중에 정말 훌륭한 상대와 결혼하게 되죠. 저는 항상 (오스틴의 초기작이지만 사후에 출판된 소설『노생거 사원Northanger Abbey』(1818)의 남자 주인공인) 헨리 틸니를 찾고 있다고 농담을 해요. 하지만 허구 인물인 헨리 틸니에 대해 책에서 읽었기 때문에 제 눈이 높아진 게 아니에요. 제 눈은 원래 높았어요. 헨리가 그저 그 기준에 맞았을 뿐이죠. 그는 똑똑하고 재미있고 키가 크며 운동도 잘해요. 얼굴도 괜찮은 편이고 책도 많이 읽어요. 대단한 부자는 아니지만 넉넉하게 사는 편이죠. 그는 제가 늘 찾고 있지만 안타깝게도 아직 발견하지 못한 남자예요."

오늘날 연애의 세계에서 성공하려면 젊은 여성들은 혼자 힘으로 아주 많은 일을 해야 한다. 그들을 안내할 가이드나 보고 배울 모델은 없다. 학교와 직장에서는 제도적 보호 장치에 의지할 수 있고, 부당하거나 차별적인 대우를 받았을 때는 법적 수단을 취할 수 있다. 하지만 이런 보호 제도가 연애로 이어지지는 않는다. 사회적 약자 우대 정책이 남자들을 더욱 친절하고 예의 바른 연인 혹은 일부일처주의 신봉자로 바꿔주지 못할 것이다. 타이틀 나인이 연애 시장에서 공평한 경쟁의 장을 만들어주지 못한다. 그리고 사회적으로 충분히 지원하고 내용을 명확하게 규정해서 여성들을 직장에서 성공하도록 이끌었던 그 길은 특이하게도 여성들이 영원한 사랑을 이루고 싶어 하자 사라져버렸다.

3장

신세대 독신 여성의 DNA

새롭게 출현한 도시 여성

오늘날 성공한 젊은 여성들이 겪는 어려움은 연애와 결혼의 영역에서 일어나지만, 그 기원은 여기저기에서 찾을 수 있다. 그들이 연애에 만족하지 못하는 원인을 이해하려면 그들의 생활과 특별히 성인기 초기에 학교와 직장에서 어떤 패턴을 보이는지 살펴보아야 한다. 사실 학교와 직장에서 조기에 성공하도록 짰던 시간표는 예상치 않게 연애 시간표도 바꿀 수 있다.

오늘날 젊은 고학력 독신 여성은 사회에서 흔하게 찾아볼 수 있다. 거의 모든 대도시 거리에서 이들의 모습을 발견할 수 있다. 이들은 맵시 있는 검은색 옷을 입고 어깨에 토트백을 걸친 채, 이어폰을 끼고 휴대전화로 통화하고 손짓하면서 뉴욕 월스트리트, 워싱턴 K스트리트, 보스턴 뉴베리 스트리트 등 도심 주요 지역을 걸어 다닌다. 반스앤노블Barns & Noble, 골즈 짐Gold's Gym, 스타벅스, 필라테스나 요가 수업에서도 이런 여성들을 볼 수 있다. 이들이 도시에 끌리는 이유는 자신들의 생활 습성이나 본능이 도시의 생리와 같기 때문이다. 둘 다 끊임없이 힘과 흥이 넘치고, 새로운 것을 좋아하며 이야깃거리도 많고 강한 카페인에 의존한다. 야심 만만한 알파 여성과 알파 도시는 멋진 동맹을 형성한다.

한편으로 젊은 고학력 독신 여성에게는 수수께끼 같은 면이 있다. 이들은 과거의 전형적인 독신 여성과 다르다. 이들은 중년의 비서도 아니고, 직장에서 전 직원의 친구인 순박한 노처녀도 아니며, 가족 누구나 좋아하는 이모도 아니고, 애인이 없는 여자도 아니다. 또한 1962년에 베스트셀러였던 헬렌 걸리 브라운Helen Gurley Brown의 책 『섹스와 독신 여성Sex and the Single Girl』에 묘사된 대로, 고등학교를 졸업하고 돈 많은 남자를 유혹하려고 도시로 이사해서 직장에 다니는 "매력도 없고 똑똑하지도 않은 여성"도 아니다. 이들은 1960년대 후반에 별로 중요하지 않은 일을 하던 여사원도 아니고, 대학 졸업 후 몇 년간 출판업계에서 힘들게 일하다가 웨스트체스터Westchester의 담쟁이 덮인 조지 왕조풍의 저택으로 시집을 가기 위해 뉴욕을 떠났던 명문 여대 출신도 아니다.

이런 여성들은 눈에 띄지만 하나의 범주로 묶기는 어려운데, 1920년대 신여성, 1940년대 '리벳공 로지Rosie the Riveter'(방위산업체에 종사하는 여성을 상징하는 이미지 - 옮긴이), 1960년대 여성 해방 운동가처럼 자신들이 사는 시대를 상징한다. 과거 여성들처럼 이들도 진보적 여성의 전형으로 문화적 우수성과 사회적 중요성을 인정받았다. 하지만 현대 여성의 진보적 모습은 신여성의 사회적 저항이나 로지의 비전통적 직업, 여성 운동가의 정치 행동과는 다르다. 이들은 교육과 직업적 성취를 바탕으로 하는 새로운 성공 모형을 제시한다.

독신 여성에 대한 낡은 고정 관념들의 공통점은 결혼 여부로 이들을 정의했다는 것이다. 하지만 오늘날 신세대 독신 여성은 더 이상 그런 견해에 맞지 않는다. 이들을 정의하는 기준은 결혼 여부가 아니고 어렸을 때부터 직장에 다닐 때까지 실제로 보여준 놀라운 행보이다. 이들이 밟아온 길은 새로운 것으로, 30여 년간 젊은 여성들에게 성인기 초기를 어떻게 보내야 할지 알려주는 길잡이가 되었다. 무엇보다도 그것은 신세대 독신 여성의 정체성과 야망을 형성하고, 이들이 무수히 많은 것에 만족하지만 한 가지에는 분명하게 만족하지 못하는 이유를 설명해준다.

물론 수백 년 동안 대부분의 젊은 여성들에게 성공이란 결혼해서 훌륭한 어머니가 되는 것을 의미했다. 1960년대와 70년대 초까지도 그랬다. 당시 초혼 여성의 중위 연령median age은 21세 전후였다. 이 시대에 성공한 여성이란 어린 신부였다. 수많은 가정에서 성공한 인생을 증명하는 물건으로 신부 사진을 벽난로 선반이나 벽에 전시했다. 이런 행동이 상징하는 의미는 분명했다. '우리 딸은 성공했다'고 세상에 선포하는 것이다.

오늘날은 성공한 딸의 이미지가 한 개 이상의 분야에서 성취를 이루는 것과 관련된다. 집에 전시된 사진은 이렇게 말하고 있다. '우리 딸은 가나에서 새로운 상수도 시설을 성공적으로 개발했다.' 혹은 '우리 딸은 상트페테르부르크로 연구년을 떠났다.' 혹은 '우리 딸은 바이애슬론 올림픽 대표 팀에서 훈련을 받고 있다.'

실제로 성공한 여성을 상징하는 이런 새로운 이미지는 옛 모습과 반대된다. 과거에 성공한 여성이었던 신부는 긴 흰색 천으로 몸을 두르지만, 오늘날 독신 여성은 단순한 디자인의 검은색 옷을 입는다. 과거 신부는 시간과 장소에 구애받지만, 오늘날 여성은 바쁘게 이리저리 움직인다. 과거에는 꽃다발을 들었지만, 오늘날에는 온갖 종류의 업무용 통신 도구를 들고 다닌다. 신부는 가족과 친척 주변에 보금자리를 마련하지만, 오늘날 여성은 글로벌 네트워크 속에서 살아간다.

오늘날 젊은 독신 여성들이 하늘 아래 새로운 모습을 보여주고 있다고 해도 과언이 아니다. 서구 역사에서는 특권층이나 예외적으로 재능이 뛰어났던 소수의 여성(수녀원장, 상속녀, 예술가, 공주, 고급 매춘부 등)만 결혼하지 않은 채 독립적으로 살 수 있었다. 그리고 여성들이 이런 삶을 살기 위해서는 대개 막대한 가족 재산이나 사별한 남편의 유산 또는 남성 후원자에 의존해야 했다. 수녀원장은 교회에서 영향력 있는 자리를 얻기 위해 지참금을 냈고, 상속녀는 사망한 아버지나 남편에게서 재산을 물려받았다. 공주는 왕족이라는 핏줄을 이용했고, 고급 매춘부에게는 부유한 애인이나 남성 후원자가 있었다. 역사상 가장 수준 높은 교육을 받았고 영리하며 강력한 권력을 가졌던 '처녀 여왕', 엘리자베스 1세조차도 자신의 모든 연애 행위는 정치적으로 유리한 결혼이 목표라는 것을 남성으로만 구성된 추밀원에 이해시키느라 많은 시간을 보내야 했다. 그리고 이런 강한 여성들도 성인기 초기를 훨씬 지나서야 독립성을 확보할 수 있었다.

오늘날 신세대 독신 여성은 처녀도 아니고 여왕도 아니지만,

과거 강력한 힘을 가졌던 여성들이 하지 못했던 무언가를 이룰 수 있다. 이들은 충분히 혹은 완전히 자신의 힘으로 자기가 가진 자원을 활용해서 독립성을 확보할 수 있다. 더욱 놀라운 일은 신세대 여성들이 이런 목표를 어린 나이에 달성한다는 사실이다. 이들은 기력이 쇠퇴하는 50대가 아니라 20대와 30대에 독립적으로 생활하고 일할 수 있는데, 인생에서 이 시기는 여전히 젊고 예쁘고 성적으로 매력 있는 나이이다.

대학을 점령한 여성들

신세대 독신 여성의 이야기는 고등교육 분야에서 이들의 수가 눈에 띄게 증가한 현상을 설명하는 것으로 시작한다. 놀랄 정도로 짧은 기간에 여성은 대학 캠퍼스에서 다수가 되었다. 몇몇 기념비적인 해를 살펴보면, 그들의 발전 모습을 뚜렷하게 확인할 수 있다. 역사상 최초로 1976년에는 6월에 고등학교를 졸업해서 바로 대학에 진학한 학생 중 여학생의 비율이 남학생보다 많았다. 1981년에는 학사 학위를 받은 여성의 숫자가 남성보다 많았다. 1984년에는 대학원에 입학한 여학생의 숫자가 남학생보다 많았다. 1987년에는 석사 학위를 받은 여성의 숫자가 남성보다 많았다.

오늘날 25~39세 사이에 학사 학위 이상을 가지고 있는 여성의 숫자는 남성보다 많다. 게다가 대학에서 전통적으로 '남성'의 학문이라고 여겼던 분야에서 여성이 성별 격차를 줄였거나 오히려 역전했다. 생물학과와 생명과학과는 여학생 수가 남학생보다 많다. 경영학과는 여학생과 남학생 수가 비슷하다. 공과대학에서는 유능한 여학생들을 유치하기 위해 전액 장학금과 그 밖의 다른 유인책을 제공하고 있다.

일부 공대와 남자대학 그리고 대부분의 아이비리그를 제외하고, 학부에서 여학생 비율이 높은 것은 이제는 일반적인 현상이다. 몇 년 전에 《유에스 뉴스 앤 월드 리포트US News & World Report》에서 이런 내용을 발표한 적이 있다. "규모가 크든 작든, 공립이든 사립이든, 2년제이든 4년제이든 상관없이 사실상 모든 대학에서 남녀의 성비가 크게 벌어졌다… 뉴멕시코 대학교는 여학생 비율이 57%이고, 위스콘신 주에 있는 가톨릭계 학교인 에지우드 대학은 2,032명 정원 중 73%가 여학생이며, 캘리포니아 주립대학교의 8개 캠퍼스 중 7개에서 여학생이 과반을 차지한다." 조지아 대학교는 학교 마스코트가 불도그이고 명문 미식축구팀을 보유하고 있지만, 2000년에 입학한 신입생 중 거의 60%가 여학생이었다. 이제 캠퍼스에서 여성이 대세가 되었다. 아직 남학생 수가 더 많은 엘리트 학교 역시 언제까지 남학생이 다수를 유지할지 장담할 수 없다. 예를 들어 하버드 대학교는 현재 학부생 중 여학생이 약 46%를 차지한다. 1972년에 8개의 아이비리그 중 가장 마지막으로 남녀공학이 되었던 다트머스 대학교는 2001년 학부 신입생 중 49%가 여학생이다.

학점을 기준으로 보면, 학부 때는 여학생의 성적이 남학생보다 좋다. 1992~1993년 사이에 학사 학위를 취득한 학생 중 학점이 3.0 이상인 학생은 여자가 61%, 남자가 49%였다. 그리고 입증되지 않은 이야기지만, 여자 학부생이 남학생보다 공부할 때 더 집중력이 높고 체계적이며 성실하다고 한다. 북동부 지역에 있는 어느 공립 대학교 교수는 이렇게 말한다. "남학생들은 수업 시간에 야구 모자를 거꾸로 쓰고 들어와서는 컴퓨터가 고장 나서 숙제를 하지 못했다고 변명합니다. 하지만 여학생들은 날마다 자기 일정을 확인하고 로스쿨 지원용 추천서를 부탁하러 옵니다."

또한 여학생은 세상을 학교처럼 활용하려고 한다. 1998년에 수행한 어느 연구에 따르면, 해외 연수 프로그램에 참여했던 학생 중 여학생의 비율은 65%에 달했는데, 이는 35%였던 남학생의 거의 두 배이다. 여학생들이 대학교 3학년 때 해외 연수를 가는 것은 오랜 전통이기는 하지만, 연수를 떠나는 지역의 범위는 파리나 로마, 런던 정도가 아니라 비서구 지역까지 확대된다.

'겪을 만큼 겪어봤지Been There, Done That'라고 쓰인 모 대학 티셔츠에는 탄자니아 다르에스살람Dar es Saalam, 멕시코 과나후아토Guanajuato, 체코 올로모우츠Olomouc, 인도 푸네Pune, 짐바브웨 하라레Harare 등에서 열리는 해외 연수 프로그램의 목록이 적혀 있다. 글로벌 경제시대와 다문화 사회에서 이런 해외 경험은 학점만큼 중요한 자산이다. 이것은 전통적으로 여성이 강점을 보이는 어학 실력과 더불어 나중에 회사 면접관이 관심을 가질 만한 자격 증명서가 될 수 있다.

이렇게 여성이 고등교육 분야를 장악할 수 있었던 것은 중고등학교 때부터 많은 기회를 얻은 덕분이다. 지난 30여 년 동안 미국 고등학교는 꾸준히 여학생 친화적인 환경을 만들어왔다. 학업 성적이 좋은 여학생에 대한 지원을 늘리고, 과학과 수학, 체육과 같은 '남학생' 과목에 남녀 모두 평등하게 참여하도록 했으며, 여학생을 배려하는 문화를 조성했다. 물론 전국 고등학교가 모두 그렇게 하는 것은 아니지만, 많은 고등학교, 특히 중상류층 학생들이 다니는 학교에서는 상당히 일반적인 현상이다.

딸 가진 부모의 야망

부유한 교외 지역과 특별히 주요 대도시 근교에서는 여자아이들의 조기 교육에 노력을 기울이는데, 이 아이들은 몬테소리, 발도르프Waldorfs(20세기 초 오스트리아 인지학자 루돌프 슈타이너가 제창한 교육 사상을 기초로 독일에서 시작된 대안 교육의 일종 - 옮긴이) 등과 같은 사립 유치원을 시작으로 학구열이 높은 사립 및 공립 중학교에 다닌다. (워싱턴 D.C. 인근의 메릴랜드 교외 지역에만 29개의 몬테소리 학교가 있는데, 이 중 하나는 2개 국어를 기본으로 가르치는 몬테소리 아카데미가 있어서 이탈리아어와 프랑스어, 스페인어 프로그램을 운영한다.) 이런 학교들은 진보적인 교육 이념을 표방하고, 특별히 수학과 과학, 기술 분야에서 여학생의 학업 성취도를 높이기 위해 특수 양성평등 프로그램을 운영한다. 또한 명문 사립중고등학교와 대학 진학을 돕기 위한 각종 연계 프로그램도 마련하고 있다.

게다가 많은 신세대 여성과 그 뒤를 따르는 여자 청소년들은 일명 공립학교의 사립화prepping라는 것의 수혜자이다. 오늘날 부유층이 사는 지역의 공립학교들은 사립학교와 상당히 비슷해지고 있다. 치열한 명문대 진학 경쟁, 부모들의 욕심과 재력, 대학 졸업과 경제적 성공 사이의 높은 상관관계, 주택 구매자에게 좋은 학군 지역이라고 선전하라고 압박하는 상공회의소 등 여러 요인의 영향으로, 공립 고등학교들은 성적 기준을 높이고 강좌를 늘리고 있다. 이 학교들은 머리가 좋고 재능과 실력이 뛰어난 학생들을 위한 특별 해외 연수 프로그램을 개발하고, 수학경시대회와 음악경연대회에 학생들의 참가를 독려하며, 체육시설을 늘리고, 올림픽 비정식 종목 참가를 장려하는 프로그램을 계획하고, 성적이 좋은 학생들에게 근처 대학에서 수업을 들을 기회를 제공한다.

공립 고등학교가 사립학교를 닮아가고 있다는 사실은 점점 늘어나는 AP 과정의 인기를 보면 확실히 알 수 있다. 대학협의회가 운영하는 AP 과정은 본래 남자 사립학교 학생 중 일부를 특별히 선발해서 대학에서 학점 혜택을 주는 프로그램으로, 1955년에 처음 만들어졌다. 당시 선발된 우수 학생들은 고등학교에 다니는 동안 한두 과목은 좀 더 어려운 대학과정 수업을 들었고, 그런 다음에는 성취도 검사도 치렀다. 만약 시험에서 좋은 성적을 받으면, 대학 입학 후에 학점으로 인정받거나 고급 과정을 수강할 수 있었다. 이후 몇십 년간 AP 과정에 대한 인기는 높아졌다. AP 과정의 시험에 응시한 학생 수는 1960년에 1만 531명이던 것이 2001년에는 80만 명까지 늘어났다. 이런 인기 속에서 여학생 응시자의 비율도 서서히 증가하기 시작했다. 1985년에는 응시자 중 35%가 여학생이었는데, 2001년에는 45%까지 늘었다. 어학, 역사학, 정치학, 생물학과 같이 전통적으로 여학생이 강세를 보이던 과목에서는 오늘날 응시자의 다수가 여학생이다. 여전히 수학과 과학에서는 남학생이 우위를 보이지만, 남녀 격차는 줄어들고 있다. 예를 들어, 1980년대 중반에 화학 과목에 응시한 여학생의 비율은 31%였지만, 2001년에는 44%를 차지했다.

최근 여학교의 인기는 여학생을 위한 선행학습이 증가했음을 보여주는 또 다른 지표이다. 전국적으로 여학교 지원자와 입학생이 늘고 있는데, 이런 현상을 가리켜 회원 학교가 90개인 전국여학교연합National Coalition of Girls'(Schools)에서는 여학생 전문 교육의 '르네상스'라고 표현했다. 1991년 이후 전국 여학교 입학생은 평균 32% 증가했다. 1999년에 《뉴욕타임스》는 뉴욕에서 여학교 입학 경쟁이 '광풍' 수준이라고 표현했다. 1991년 이후로 맨해튼에 있는 사립 여학교 지원자는 69%나 증가했다. 예를 들면, 2000년 가을 학기에 7개 사립 여학교가 1명씩 모집하는 자리에 10명씩 지원했다는 이야기이다. 입학률 상승에 더해 신설 학교도 늘어나는 추세이다. 1995년부터 1998년까지 불과 3년 만에 학교 14개가 추가로 생겼다.

대학 입학 담당자들은 전통적인 '남학생' 과목에서 남학생들과 경쟁하지 않아도 좋은 성적을 받을 수 있다는 점을 여학교의 장점이라고 말한다. 전국여학교연합은 자체 홈페이지에 부모들이 딸을 여학교에 보낼지 말지를 결정할 때 점검해야 할 목록을 제공하고 있는데, 거기에는 "여학생 스포츠도 남학생 스포츠만큼 인정받고 지원받는가?", "여학생이 수학과 과학 고급반에서 꾸준하게 탁월한 성적을 내고 있는가?"와 같은 질문이 들어 있다. 나이팅게일 뱀포드 학교에 만족하고 있다는 어느 유치원생 엄마가《뉴욕타임스》에 이렇게 말했다. "단지 저는 제 딸의 거침없는 성격을 망치고 싶지 않았어요. 딸이 대통령이 되고 싶어 하는데, 남자아이 때문에 빛을 보지 못한다면 어느 부모가 가만히 있겠어요?"

이런 변화는 내가 인터뷰했던 신세대 여성들의 고등학교 생활에 영향을 미쳤다. 이들 중 상당수가 명문 중고등학교를 졸업했다. 이들의 출신 학교는 사립 기숙학교부터 장학금을 제공하는 공립학교, 특성화고등학교, 가톨릭계 여학교, 국제학교, 부자 동네에 있는 명문 공립학교 등 다양했다. 또한 시드웰 프렌즈, 워싱턴 D.C.에 있는 국립가톨릭학교, 매사추세츠 주의 노스필드 마운트 허먼과 밀턴 아카데미, 노스캐롤라이나 주 롤리 더햄에 있는 특성화고등학교, 메릴랜드 주 베데스다에 있는 윈스턴처칠 고등학교, 플로리다 주 윈터파크 고등학교의 국제 바칼로레아 프로그램, 홍콩의 국제학교, 페루의 가톨릭 여학교 등의 사립학교도 있었다.

이들에게 출신 고등학교의 학습 프로그램을 설명해달라고 요청했더니, 대부분이 AP 과정을 이수했지만 주변의 높은 기대와 벅찬 과제 때문에 힘들었다고 말했다. 일부는 치열한 경쟁을 경험했다. 한 여성은 9학년(미국 학제에서 고등학교는 9~12학년까지 4년이다. - 옮긴이) 때 엘리트 반 학생이 처음에는 75명이었지만, 졸업반이 되기도 전에 거의 반 정도가 포기했다고 말했다. 몇몇은 고등학교 때 너무 심하게 학습 스트레스를 받은 나머지 대학교에 가서 공부를 등한시하게 되었다고 했다. 하지만 대체로 이 여성들은 어릴 때부터 열심히 공부한 것이 득이 되었다고 생각했다. 명문대학에 진학했고, 더욱 좋은 점은 잘할 수 있다는 자신감을 가지고 대학에 들어갔다는 것이다. 한 사립학교 졸업생이 내게 이렇게 말했다. "저희 반 친구들은 대단히 똑똑했고 선생님들도 훌륭했으며 시험은 몹시 어려웠어요." 하지만 이런 경험 덕분에 이 여성은 대학 공부를 걱정할 필요가 없었다. 게다가 일부는 AP 과정을 이미 수료한 덕분에 대학에서 입문 과목들을 듣지 않아도 되었으므로, 대학 생활을 여유 있게 하거나 조기 졸업할 수 있었다.

AP 과정과 더불어 팀 스포츠 활동 역시 내가 인터뷰했던 여성들의 또 다른 공통점이었다. 이들이 주로 참여한 스포츠는 라크로스, 축구, 야구, 필드하키, 농구 등이었다. 이들 중에는 급류 카약에서 탁월한 성적을 거둔 여성도 있었다. 현재 서부 해안에서 변호사로 일하고 있는 스물아홉 살 메건은 갓 10대가 되었을 무렵 여름 캠프에서 카약을 시작했다. 그녀는 카약에 재능이 있었고 큰 흥미도 느꼈으므로, 보통 16~25세 남자들로 구성되는 카약팀의 일원이 되었다. 그녀는 명문 사립학교에 진학해서 운동과 학업을 병행했다. 아침 일찍 일어나서 카약 연습을 한 후 학교 수업을 들었고, 방과 후에는 계절에 따라 럭비나 축구 연습에 참여했다. 거기다 메건은 짬을 내어 러닝과 리프팅 같은 기초 훈련도 해야 했다. 11학년이 되었을 때 정신없이 바쁜 일정이 그녀의 발목을 잡았다. 그녀는 병이 났고 팀 스포츠를 포기해야 했다. 그러나 카약은 계속 열심히 했다. 메건은 이후 두 차례에 걸쳐 카약 주니어 월드 챔피언십에서 우승했다. 그녀는 스포츠 활동을 통해 독립성과 자신감을 기를 수 있었고, 다른 훌륭한 선수들과 강력한 '유대감'을 경험했다고 말한다. 또한 스포츠 덕분에 여기저기 여행할 기회를 얻었는데, 한 번은 코스타리카에서 훈련을 받으면서 스페인어도 익혔다고 한다.

부모들이 딸들의 교육에 그렇게 많이 투자하지 않았다면, 여성들의 학업 성취도는 더디게 향상되었을 것이다. 또한 이것은 어떤 변화를 대변한다. 과거 부모들은 성인으로서 성공적인 삶을 살 수 있도록 자녀들을 준비시키고 교육할 때 이중 잣대를 고수했었다. 예를 들어, 아들은 대학에 보내고 이따금 대학원까지 지원했지만, 딸들은 시집을 보냈다. 물론 이는 사실을 지나치게 일반화하는 것일 수도 있다. 오늘날과 마찬가지로 몇십 년 전에도 영리한 딸을 대학에 보내 학업을 계속하도록 격려한 부모들이 많이 있었다. 하지만 부모들은 은근하게 혹은 노골적으로 딸의 궁극적 성공은 결혼이고, 아들의 경우는 전문 경력을 쌓는 것이라는 생각을 표출했다. 딸을 교육하는 방식에서 가장 중요한 변화는 아버지들이 딸들의 생활에 개입하는 방식에서 일어났다. 오늘날의 아버지들은 딸들이 특정한 관심과 직업적 열망을 형성하고 키워나가도록 적극적으로 관여한다. 《플레이보이》 창시자 휴 헤프너Hugh Hefner는 딸이 유능하지 않았다면 딸에게 경영권을 넘겨주지 않았을 것 같은 아버지였는데, 물론 헤프너만 그런 것은 아니다. 미국 최대 온라인 증권사를 창업한 찰스 슈워브Charles Schwab의 딸 캐리는 금융 분야에 여성들의 투자를 적극적으로 유치하는 일에 앞장서고 있다. 전권투선수 무하마드 알리와 조 프레이저Joe Frazier의 딸들은 자기 아버지들이 권투 시합에서 보여줬던 경쟁과 유산을 계속 이어가고 있다. 지금 자격이 충분한 딸들에게는 아버지들의 직장 인맥이 기회가 되고 있다. 아버지가 IBM 임원인 어떤 여성은 자기 아버지가 다니는 회사에서 '톰 왓슨Tom Watson(IBM 창립자 – 옮긴이) 인턴 프로그램'에 참가할 기회를 얻었다. 또 다른 여성은 아버지에게서 여름방학 동안 도서 방문판매를 해보라는 권유를 받기도 했다. 이 여성은 자신이 마케팅에 소질이 있음을 발견하고 계속 공부해서 마케팅 책임자가 되었다. 과거 아들들이 했던 것처럼 오늘날에는 아버지와 같은 직업을 선택하는 딸들이 있다. 부모님이 이혼한 후 아버지와 소원했던 어떤 여성은 아버지를 따라 변호사가 된 후에 아버지와 화해했다. 사업가로 성공한 아버지를 존경했던 다른 여성은 MBA 학위를 받은 후 아버지와 함께 벤처회사를 창업했다.

섹스는 섹스, 결혼은 결혼이죠

오늘날 젊은 여성들에게 새롭게 발견되는 점은 이들이 성 혁명 이후에 성장해서 사춘기 때부터 성에 대해 잘 인식하고 있다는 것이다. 이들은 아주 어릴 때부터 성교육을 받는다. 양식 있는 부모와 교사들의 머릿속에는 부적절한 접촉, 성적 행동, 피임 방법, 성병, 성적 학대, 무방비적 성관계의 위험, 고의적인 데이트 강간 등에 관해 그리고 성교육 책에 나온 표현대로 '건전하고 안전하고 책임질 수 있게' 행동하는 것에 관해 조언하고 훈계하고 가르치는 방법들이 가득하다. 이와 관련해서 역사학자인 조앤 제이콥스 브

룸버그Joan Jacobs Brumberg는 이렇게 말한다. "중산층 가정의 열 살, 열한 살 소녀들은 성적인 것을 완전히 정상적이지만 약간 위험한 것으로 인식하는 세상에 동화됩니다." 또한 이 아이들은 대중매체와 여성 잡지, 또래 친구들에게서 비공식적으로 성과 관련된 지식과 정보를 얻는다. 고등학생이 될 무렵에는 동성 친구들과 성 문제를 개방적이고 솔직하게 이야기하고 10대 초반에는 얼굴을 붉혔을 성적 욕구도 태연하게 말할 수 있게 된다. 이들은 사적인 이야기를 공개적으로 밝힐 때 베이비붐 세대 여성들이 느꼈던 흥분을 '이해'하지 못한다. 이들은 포스트 '버자이너 모놀로그Vagina Monologue'(1996년에 뉴욕에서 초연한 연극 작품으로, 억눌린 여성의 성을 다양한 시점에서 표현하였다. 참고로 '버자이너'는 여성의 성기를 가리킨다. – 옮긴이) 세대이기 때문이다.

신세대 독신 여성의 또 다른 특징은 성을 즐겁고 흥분되며 사랑을 표현하는 한 방식이라고 여기지만, 이전 세대와 달리 결혼과 밀접한 관련은 없다고 생각한다는 것이다. 과거 여성들에게 혼전 성관계는 사실상 결혼을 전제로 한 것이었다. 그래서 이들이 첫 성관계를 하는 연령은 초혼 시기와 관련이 깊었다. 1933년에서 1942년 사이에 태어난 여성들의 90%는 결혼 전까지 혹은 결혼할 남자와 첫 성관계를 하기 전까지 처녀였다. 하지만 1960년대에 태어난 여성 중 혼전 성관계를 하지 않은 경우는 10%밖에 없었다. 오늘날의 여성들은 최초 성관계가 있고 나서 10년 이상이 지난 후에야 결혼한다. 이들이 첫 성관계를 하는 나이는 평균 17세이고, 초혼 연령의 중앙값은 25세이다. 대졸 전문직 여성은 좀 더 늦은 나이에 결혼하므로, 첫 경험과 결혼 사이의 기간 차이는 더욱 벌어진다.

아마도 오늘날 젊은 여성들은 10대 후반에 첫 경험을 했을 것이다. 그리고 대학을 졸업할 무렵이면 성관계가 포함된 진지한 연애를 한 번 이상 경험했을 것이다. 이들은 정상적인 남녀 사이에 성관계가 포함된다고 생각하며, 결혼하기까지 몇 년간 독신으로 지내기 때문에 20대 초반에 결혼한 여성보다 성관계한 남성의 숫자가 더 많을 것이다. 이것이 하룻밤 상대가 많았다는 의미는 아니지만, 여기에는 애정을 느끼는 남자뿐만 아니라 그렇지 않은 남자와의 성관계도 포함된다.

시카고 대학교 연구진이 미국 내 결혼 가능성이 있는 성인을 대상으로 좀 더 신뢰할 만한 성 관련 조사를 1년에 걸쳐 수행했는데, 여기에서 여성 성생활의 단면을 엿볼 수 있다. 18~29세 미혼 여성 중 12.9%는 최근 12개월 동안 성관계한 파트너가 없었다. 이들 중 56.6%는 1명이었고, 24.2%는 2명에서 4명까지 파트너가 바뀌었고, 5명 이상은 6.2%뿐이었다. 30~44세에서는 37.3%가 최근 1년간 성적 파트너가 없었고, 42.4%는 1명, 17.8%는 2명에서 4명, 5명 이상인 경우는 2.5%뿐이었다. 결혼한 적이 있는 여성은 1년간 여러 명의 파트너를 만났던 비율이 다소 높았지만, 동일 연령대에서는 미혼 여성과 비슷한 양상을 보였다. 18~29세에서 파트너가 전혀 없었던 경우는 2.0%, 1명은 58.8%, 2명에서 4명은 33.3%, 5명 이상은 5.9%였다. 그리고 30~44세에 결혼 경험이 있는 여성의 경우는 각각 18.9%, 58.3%, 21.7%, 1.1%였다.

교육 수준이 높을수록 평생 만나는 파트너의 숫자는 더 많다.

이것이 『미국인의 성생활Sex in America』을 쓴 저자들이 유명한 시카고 대학교 조사 결과를 언급하며 이야기한 '지나친 성적 충동'이 고학력자에게 많기 때문은 아니다. 이는 초혼 시기와 관련이 깊다. 고학력자일수록 학업을 마치고 직장이 안정될 때까지 결혼을 미룰 확률이 더 높다. 물론 오늘날 대졸 여성의 초혼 중위 연령이 25세에서 27세나 28세에 더 가까워지는 상황에서, 이들은 초기 성인기 중 상당 기간을 미혼 혹은 이혼한 독신녀로 보내기 때문에 더 많은 성적 파트너를 만날 가능성이 높다.

사회적으로 자유로운 성문화가 조성되면서 젊은 독신 여성들의 성적 태도도 개방적으로 바뀌었다. 과거 사회에서는 훌륭한 미혼 여성에게 순결을 기대했고, 여성들도 그런 이미지와 평판을 유지해야 했다. 그렇게 하지 못하면, 젊은 여성들은 사회에서 배척당하거나 사람들 입에 오르내리고 어쩌면 나중에 유리한 조건으로 결혼할 기회도 줄어들었다. 성적으로 적극적인 독신 여성은 공동체와 결혼제도, 기혼 여성들에게 위협이 된다고 흔히들 생각했다. 하지만 오늘날은 독신 여성들이 올바르고 책임감 있게 성생활을 한다면 더는 사회질서에 위협이 되거나 분열을 일으키지 않는다고 생각한다. 현대 여성은 사회에서 망신당하지 않고 솔직하고 개방적인 성생활을 선택할 수 있다. 어떤 식으로 성생활을 하든, 이들은 구설에 휘말리지 않는다(유명한 기혼 정치인과 불륜을 저지르지 않는다면 말이다. 설사 그랬다 해도 자기 이름으로 상표를 만들어 붙인 바지나 핸드백을 착용하고 바버라 월터스Barbara Walters와 인터뷰하는 기회를 얻을지 모른다). (빌 클린턴 대통령과 성 추문을 일으킨 모니카 르윈

스키는 스캔들 이후 유명 언론인인 바버라 월터스와 인터뷰했고, 핸드백 제조업체를 운영하고 있다. - 옮긴이) 또한 경제적으로 능력만 있다면 사회의 비난을 받지 않고 혼자서 아이를 기를 수 있다.

하지만 여기에서 신세대 독신 여성에 대하여 상당히 충격적인 사실이 포착된다. 그것은 이들이 모두 사춘기 이후부터 성공을 위해 부단히 노력해왔다는 사실이다. 이들은 마치 상을 받기 위해 기른 난초 표본과 같다.

내 딸은 아내나 어머니로 키우지 않겠다

신세대 독신 여성이 우연히 탄생한 것은 아니다. 이들은 젊은 여성을 경제적 자립, 독립적 사회생활, 자유로운 성생활 등을 향유하도록 준비시키겠다는 목적으로 시작된 프로젝트가 성공한 바로 그 역사적인 순간에 등장했다. 이를 '걸 프로젝트Girl Project'라고 부르겠다.

걸 프로젝트는 불과 30년 전에 시작되었다. 당시에는 아무도 이 계획이 그렇게 빨리 성공하고 널리 퍼질 것이라고 예상하지 못했다. 하지만 대단히 짧은 기간에 딸을 양육하는 방식을 변화시켰고, 수많은 여성의 초기 성인기의 생활을 바꾸어놓았다. 지금까지 가장 크고 깊게 영향을 받은 여성들은 1960년대 중반 이후에 태어나 1970년대 이후에 10대를 보내고, 1990년 이후에 대학을 졸업한 사람들이다. 오늘날 35세 이하 대졸 여성 중 상당수가 여기에 해당된다.

걸 프로젝트는 전통적인 딸 양육 방식에서 보지 못했던 새로운 목표를 세운다. 딸을 아내나 어머니로 키우기보다는 결혼에 의존하지 않고 독립적인 성인으로 살아가도록 준비시키는 것이 프로젝트의 목적이다. 걸 프로젝트는 결혼제도 자체나 결혼하고 싶은 욕구를 방해하지 않는다. 그보다는 과거에 결혼 제도에만 묶여 있었던 수많은 이점과 혜택을 얻을 수 있는 대체 경로를 마련한다. 여기에서는 고등교육과 조기 경력개발을 강조한다. 만약 젊은 여성들이 이 새로운 경로를 따른다면, 이들은 (결혼하지 않고도) 성관계를 자유롭게 즐기면서 만족스러운 직장과 괜찮은 수입, 자기만의 보금자리와 비상금을 확보할 수 있다.

이렇게 독립을 지향하는 새로운 인생 경로는 결혼으로 이어지던 과거와 상당히 다르다. 우선 새로운 경로는 계획을 완수하는 데 시간이 오래 걸린다. 일단 두세 살 정도로 아주 어렸을 때부터 계획에 착수해서 적어도 20대 중반까지 지속하는데, 선택한 진로나 직업에 따라 서른 초반까지 이어질지도 모른다. 다음으로 과거 경로에서는 독신으로 지내는 초기 성인기에 분리된 단계가 없었다. 졸업과 결혼 사이의 기간은 짧았고, 그마저도 결혼이 전제된 과도기였다. 여성 대부분에게 독신으로 지내는 시간은 졸업식과 결혼식 사이에 순식간에 사라지는 휴식 시간이었고, 애인과 교제하고 결혼을 준비하는 기간이었다. 그러나 새로운 경로는 졸업과 결혼 사이에 인생 단계 하나를 새로 만드는데, 이 기간에 여성들은 파트너가 있든 없든 10년 이상 독신으로 지낸다. 이 단계에서 여성들은 대학 때처럼 사교 생활을 즐기는 한편, 돈을 벌고 학자금을 상환하며 경제적 안정과 주거 안정을 확보해야 한다는 새로운 책임감을 느낀다.

뿐만 아니라 새로운 경로를 따를 때는 더욱 힘든 장애물과 싸워야 하고, 더욱 빠른 속도로 움직여야 한다. 결혼을 택한 과거 여성들은 미래 가족에게 필요한 집안일을 배우고 익혔다. 이런 기술은 별로 어렵지 않게 숙달할 수 있다. 여성들 대부분이 요리와 장보기 요령, 자녀 양육법을 배울 수 있다. 심지어 전통적으로 고등학교를 졸업한 여성들이 선택하는 간호사나 비서 같은 직업도 4년제 대학을 나올 필요가 없다. 반면에 새로운 경로에서는 조기 학업 성취, 시간 관리 및 목표 설정 요령, 직업 세계에 대한 조기 경험, 학문적 도전 정신, 명문대 입학, 학사 혹은 석·박사 학위, 전문 자격증, 성공적인 경력 관리 등을 강조한다.

마지막으로 새로운 경로는 수준 높고 경쟁이 심한 학교와 직장에 잘 적응할 수 있도록 필요한 자질과 마음가짐을 길러준다. 또한 이것 자체가 새로운 발달 단계가 된다. 과거 여성들은 자기에게 맞는 배우자의 마음을 얻고 결혼과 모성에 필요한 미덕과 자질을 학습했다. 이런 자질에는 매력적이고 친절하며, 검소하고 참을성 있으며, 남을 잘 돕고 관대하며 희생할 줄 아는 성품이 포함된다. 그러나 오늘날의 여성들은 스스로 변호하고, 남과 경쟁해서 탁월한 성과를 내려 노력하며, 미래에 경제적 안정을 누리기 위해 주도권을 가지고 책임을 다하도록 교육받는다.

걸 프로젝트에 영감을 준 주된 동기는 두 가지이다. 하나는 페미니스트적 관점으로, 전문직 여성들이 보여준 독립적인 생활 모습이다. 1960년대 페미니즘 운동은 학교와 직장에서 성인 여성의 발전을 방해하는 장벽을 부수려고 시작되었지만, 1970년대 즈음에 페미니스트 지도자들은 소녀들에게도 유사한 장애물이 있음을 알았다. 여자아이들은 마음대로 스포츠 활동에 참여하지 못했다. 수학이나 과학과 같은 과목에서는 소녀에 대한 편견과 싸워야 했다. 또한 여자용 직업이라는 좁은 범위에 갇혀 재능과 야망을 펼치지 못했다. 그래서 여성 운동가들은 딸들을 교육할 때 양성평등을 실천하려는 투쟁을 시작했다. 1970년대부터 지금까지 여성 운동은 소녀들의 교육적 성취를 방해하는 장벽을 부수고 딸들이 직장에서 성공할 수 있도록 준비시키는 일에 힘을 집중하고 있다.

　두 번째 동기는 이혼 혁명이다. 1970년대에 주 정부들이 당사자의 책임 유무와 관계없이 이혼을 허용하는 법을 채택하자 이혼율이 급격하게 증가하기 시작했고, 1980년대 초반에는 역대 가장 높은 수치를 기록했다가 요즘은 다소 하락했다. (가장 최근에 실시한 미국 통계국 자료에 따르면 이혼 위험은 여전히 높은데, 초혼 가정의 50%가 이혼을 생각하고 있다.) 오늘날 학자들은 이혼 혁명이 이혼을 생각하는 부부와 그 자녀들에게 커다란 영향을 미쳤다는 데 의견을 같이한다. 하지만 이혼 혁명의 여파는 그 범위가 훨씬 넓다. 이혼이 신세대에 끼친 영향은 베트남전이 베이비붐 세대에 끼친 것과 비슷하다. 말하자면 한 세대의 모습을 새롭게 형성했다.

　이혼 혁명은 소녀들에게 성공한 성인의 삶을 준비시키는 방법에도 영향을 미쳤다. 이혼은 그저 하나의 사회적 추세라기보다는 사회 선생님이었다. 흔히 말하듯, 이혼은 잊기 어려운 교훈 하나를 남겼다. 즉, 결혼이란 믿을 만한 경제적 동반자가 되어주지도 못하고, 여성이 선뜻 평생 직업으로 선택하기도 위험하다는 것이다. 결혼은 안전대책과는 거리가 먼 도박이다. 더구나 오랫동안 직업도 없이 자신의 모든 재능과 에너지를 결혼과 자녀에 쏟아붓고, 그 안에서 정체성까지 형성해왔던 전통적인 가정주부들에게는 대단히 위험하고 잃을 것도 많은 도박이다. 이렇게 가족 위주로 살던 여성이 이혼을 당하면, 1970년대와 80년대에 수많은 여성이 그랬던 것처럼, 보유했던 재산은 대폭 줄고 아내로서의 정체성도 사라지며 적어도 한동안은 자존감도 떨어진다.

이혼이 준 사회적 교훈은 어린 딸을 둔 부모들뿐만 아니라 교사와 여권 옹호자 그리고 차세대 여성들이 성공적인 성인기를 준비하도록 돕던 젊은 지도자들에게도 강한 인상을 남겼다. 10쌍 중 5쌍이 이혼을 생각하는 세상에서 소녀들을 미래에 누군가의 아내로 살도록 준비시키는 일은, 비록 이들이 교사와 사회복지사, 간호사 자격증을 가진 가정주부가 된다 할지라도 이제 의미 없는 일이 되었다. 경제적 안정과 사회적 정체성을 확보하기 위한 수단으로 결혼에 의존하게 하는 대신, 경제적 자립과 독립적 정체성을 형성하도록 소녀들을 준비시키는 편이 훨씬 실용적이고 현실적인 방법처럼 보였다.

이에 대한 응답으로 딸들의 교육 방식을 개선하려는 움직임이 구체화되기 시작했다. 이 프로젝트의 목적은 훌륭한 여성으로 성장하도록 소녀들을 가르치는 것, 좀 더 정확하게 말해서 불안한 결혼이나 평생 독신으로 사는 때를 대비해서 이들을 철저히 준비시키는 것이었다. 여성은 교육을 통해 쉽게 활용할 수 있고 빼앗길 수 없는 자격과 능력을 갖출 수 있다. 이 프로젝트의 장점은 분명해 보였다. 몇몇 사람도 경고했듯이, 백마 탄 왕자는 절대 오지 않거나 온다 하더라도 신용등급이 나쁘거나 가볍게 연애할 상대만 찾아다니는 남자일 것이다. 하지만 자기 머릿속에 들어 있는 지식과 성적표 및 이력서에 기재된 내용은 누구도 빼앗을 수 없다.

여성 운동가들이 프로젝트의 불씨를 댕겼고, 여기에 부모와 교사, 여성단체와 그 밖에 딸들 교육에 직접 관여하는 사람들이 그 불에 부채질했다. 그 결과, 걸 프로젝트는 여성 운동이라는 좁은 범위에서 벗어나 지금까지 딸들을 교육했던 방식을 점검하는 데까지 확대되었다. 30년 동안 걸 프로젝트는 소녀들이 어떤 모습으로 살아야 하고, 인생에서 무엇을 지지하고 성취해야 하는지에 대해 새로운 사회적 합의를 도출했다. 그리고 딸들에게 맞는 교육과정도 새로 만들고, 이것을 다음 세대에도 이용할 수 있도록 제도화했다. 또한 독립적인 삶을 지향하는 새로운 경로에 대해 사회적 지지와 공감을 끌어냈다.

소녀들의 스포츠 활동에 불어닥친 혁명

걸 프로젝트가 공식적으로 시작된 해는 1972년이다. 당시 슬하에 두 딸을 두고 있던 닉슨Richard Nixon 대통령은 '수정 종합교육법Omnibus Education Amendment'의 타이틀 나인이라는 조항에 서명했다. 처음에 타이틀 나인은 소녀들이 아닌 성인 여성에 대한 차별을 금지하기 위해 만들어졌다. 그런데 수정 교육법이 통과되자 여성단체에서는 타이틀 나인을 소녀들에게까지 확대하여 적용할 수 있음을 알게 되었다. 성인 여성과 소녀들의 성공을 방해하는 장애물은 확실히 비슷해 보였다. 성인 여성이 직장에서 법적·제도적으로 불평등한 대우를 받았던 것처럼, 소녀들도 '직장'과 비슷한 학교에서 어려움을 겪고 있었다.

그래서 처음에 걸 프로젝트는 옛 시민권 운동 방식을 따라 소녀들의 평등권을 보장하는 법을 만들려고 노력했다. 여성 운동가들은 학교와 지역사회에서 이루어지는 스포츠 활동에 여자아이들의 접근과 참여를 방해하는 차별을 없애기 위해 싸웠다. 타이틀 나인을 최초로 적용한 사례는 1973년에 있었는데, 당시 '전국여성단체National Organization for Women'는 리틀 야구에 여학생들도 참여하게 해달라고 제기한 소송에서 승리했다. 이 유명한 소송에서는 소녀들에게 구기 종목에 참여할 수 있는 권리를 인정했을 뿐만 아니라 학교와 스포츠에서 전통적으로 남자아이들이 가지고 있던 특권을 무너뜨렸으며 앞으로 여자아이들을 차별하지 못하도록 선례를 만들었다.

여성 운동가들이 타이틀 나인으로 입법 활동에 성공한 덕분에, 소녀들의 스포츠 활동에 일종의 혁명이 일었다. 법이 통과되기 직전 해에는 학교 대항 스포츠 경기에 참가한 여학생 수가 30만 명도 되지 않았다. 그러나 2000년 즈음에는 그 수가 260만 명을 넘어섰다. 1994년경에는 17세 이하 여학생의 약 800만 명이 농구를 했고, 그만큼의 숫자가 축구를 했다. 타이틀 나인 덕분에 여학생들을 위한 스포츠 프로그램, 체육관 이용시간, 코치, 유니폼 등에 지원이 늘어났다. 그리고 스포츠에 재능이 있는 10대 여학생들은 재능을 활용할 기회를 얻었으며 인정과 보상도 받았다. 스포츠에서 우수한 성적을 거둔 여학생들은 상을 받거나 대학이 제공하는 체육특기생 장학금도 받을 수 있었다. 타이틀 나인이 생기기 이전에는 여자대학에서 체육 특기생에게 줄 수 있는 장학금이 몹시 적었다. 오늘날에는 그 규모가 1억 8천만 달러가 넘는다. 이와 같은 가시적인 물질적 보상과 함께, 운동을 잘하는 여학생들은 학교에서 인정과 칭찬도 받게 되었다. 과거 여학생들은 운동 실력을 무시당했거나 체격이 너무 좋아서 혹은 키가 너무 커서 놀림을 당했지만, 이제는 바로 그 힘과 체격 조건 덕분에 그리고 벤치프레스(가슴 위의 상체를 종합적으로 강화시키는 근력운동 중 하나 - 옮긴이), 타율, 블록슛(농구에서 공격수가 슛한 공을 수비수가 손으로 쳐내면서 득점을 막는 수비 방식 - 옮긴이) 덕분에 환호와 축하를 받는다.

타이틀 나인의 긍정적 효과는 스포츠 영재에게만 국한되지 않았다. 어느 정도 재능이 있는 여학생들은 코치와 교사, 그 밖의 스포츠 경기 및 행사 관계자들의 관심을 끌 수 있었고 멘토 지원도 받았다. 실제로 타이틀 나인 덕분에 팀 스포츠는 필수까지는 아니더라도 소녀들의 일상 활동이 되었다. 타이틀 나인은 상징적인 변화도 일으켰다. 운동장에서 여학생들의 위치는 사회 지도에서 차지하는 위상과 같았다. 관중일 때는 구석에 앉아 있었지만, 경기를 뛸 때는 후보 선수로 시합에 나가지 않더라도 가운데를 차지했다. 관중일 때는 그들 자신이 팬이었지만, 선수일 때는 그들에게 팬이 생겼다. 더구나 과거에는 남학생 스포츠에서 확인되었던 성격적 특성과 가치들을 여학생도 추구할 수 있게 되었다. 즉, 소녀들도 체력과 경쟁심, 통솔력을 기를 기회가 생겼다.

그러나 걸 프로젝트가 여성 운동가들의 입법 노력에만 한정되었다면, 대중의 인기를 얻지 못했을 것이다. 이 프로젝트는 수많은 아버지 팬을 포함해서 부모들의 공감을 얻고 그들의 상상력을 자극하는 등 폭넓은 지지를 받았다. 실제로 타이틀 나인을 통해 걸 프로젝트는 미국인의 생활에서 통일되고 가장 강력한 두 가지 대중 정서(스포츠에 대한 애정과 약한 선수에 대한 동정)를 영리하게 이용했다.

여학생 스포츠에 열광하는 사람들의 상당수는 교외에 거주한다. 부유층이 사는 교외 지역은 여학생 스포츠를 육성하는 데 이상적인 환경을 제공했다. 이곳은 축구장, 아이스링크, 말 사육장, 테니스코트, 골프장, 올림픽 규격 수영장, 피트니스 센터, 시설이 완비된 체육관 등을 지을 공간과 비용이 충분했다. 또한 교외에는 스포츠 장비와 아이스 타임(아이스하키 선수의 출전 시간 - 옮긴이) 관리 및 여름 훈련 캠프에 돈을 지출할 수 있는 전문직 부모들이 대단히 많이 살고 있다. 이들은 업무 스케줄이 바쁘더라도 정해진 시간에 출퇴근하는 부모들보다 시간을 여유 있게 쓸 수 있다. 그래서 운전기사나 코치, 기금 모금자로 활동하거나, 딸들의 스포츠 활동을 '자문'하고 '지원'하는 역할을 할 수 있었다.

여러 스포츠 중에서 축구가 소녀들의 대표 운동이 되었다. 신세대 여성이 성년이 되었던 1980년대와 90년대에 축구에 대한 수요가 폭발적으로 증가했다. 1976~1977년에 축구를 신청한 여고생은 1만 1,534명밖에 없었다. 하지만 1999년에 미아 햄Mia Hamm이 속한 팀이 여자축구 월드컵 챔피언십에서 우승을 차지했을 때 그 숫자는 25만 7,586명까지 증가했다. 이미 축구를 하고 있던 더 어린 여학생들의 수를 더하면, 축구를 하는 전체 여학생 수는 수백만 명에 이른다. 미국에서 축구선수로 등록한 1,800만 명 중 40%인 750만 명이 소녀와 성인 여성이었다.

축구의 가장 큰 장점 중 하나는 리틀 야구나 팝 워너Pop Warner 풋볼처럼 소년들의 전통과 신화가 이미 확립된 스포츠에서 소녀들이 경기에 참가할 권리를 얻으려 애써 싸우지 않아도 된다는 것이다. 축구가 미국 교외지역에 처음 들어왔을 때 남녀 모두 할 수 있는 스포츠로 소개되었는데, 여학생들이 두각을 드러내면서 프로 스포츠로 순식간에 발돋움했고, 이후에는 유명한 축구 스타들도 배출해냈다. 교외지역에는 남자 축구선수도 많이 있지만, 미아 햄처럼 대중의 상상력을 자극했던 남성 축구 스타는 아직 나오지 않았다.

축구가 성공한 또 다른 요인은 타이밍이었다. 축구는 베이비붐 세대가 교외로 이주해서 자녀를 둘 무렵, 동네 운동장에 등장했다. 교외에 거주하는 고학력 베이비붐 세대 부모들은 특히 딸을 기르는 데 진보적인 교육관을 받아들였고, 성 고정관념에 도전하는 여성들을 존경했다. 진보적인 부모들에게 혈기 왕성하고 스포츠에 소질이 있는 딸은 자부심의 대상이었지만, 과거 소녀들처럼 여성스러운 딸은 사교 생활에 다소 지장을 주었다. 더구나 타이틀 나인이 통과되기 전에 딸들의 지루했던 체육 수업, 원피스 체육복, 여학생 전용 부스터 클럽booster club(자매결연이 된 스포츠팀이나 단체를 후원하는 행사로 미국 고교와 대학에서 자주 볼 수 있다. - 옮긴이), 여학생이 없는 팀 등을 기억하는 어머니들에게 축구장에서 뛰는 딸의 모습은 여성들이 장벽을 허물고 승리했다는 표시였다. 칼럼니스트인 마거릿 칼슨Margaret Carlson이 《타임》에 월드컵 여자축구 챔피언십 우승을 축하하는 글을 쓰면서, 자신이 경험했던 여학생 스포츠와 타이틀 나인 이후 세대 스포츠 활동의 차이점을 서술했다. 어렸을 때 칼슨은 소년들처럼 아버지와 자주 캐치볼을 했지만, "아버지는 여자아이들이 하는 소프트볼 경기가 생길 거라고는 전혀 예상하지 않으셨다"고 썼다. 오늘날 그녀의 아버지는 관람석에 앉아 메시 원단과 라이크라를 사용해서 만든 밝은 금색의 스토더트 스톰퍼스Stoddert Stompers팀 유니폼을 입고 "골을 막다가 땅바닥에 철퍼덕 넘어진" 손녀를 응원한다. 칼슨은 "1999년에는 여성의 위대한 면이 미국 여자 축구팀으로 구현되었다"고 흥분된 어조로 말했다.

딸들의 축구가 어머니들 안에 잠재된 골키퍼 본능을 일깨웠다면, 아버지들에게는 훨씬 깊은 영향을 미쳤다. 과거 아버지들은 딸들의 여성스러운 활동과 관심사에 종종 당황하고 거리감을 느꼈는데, 특히 딸들이 청소년이 되어 여성 특유의 취미활동을 시작했을 때는 더욱 그랬다. 하지만 스포츠를 좋아하고 직접 하기도 했던 아버지들은 운동을 좋아하는 딸들에게 동질감을 느낄 수 있었다. 어쨌든 아버지들은 딸들과 파티나 고교 무도회, 생리와 같은 주제보다는 블로킹 기술, 훅 슛(농구에서 몸을 틀면서 공 든 손을 옆으로 뻗고 머리 위쪽으로 반원을 그리듯이 던지는 슛을 말한다. – 옮긴이)에 관해 대화하는 것이 훨씬 편했다. 디스커버리 채널 창립자이자 신설 프로여자축구팀인 '워싱턴 프리덤Washington Freedom'의 대주주인 존 헨드릭스John Hendricks는 여자 프로팀에 남성들이 적극적으로 지원하는 것을 두고 쉬운 말로 이렇게 설명했다. "우리 대부분은 사커 대디soccer dads(방과 후 아이의 축구 연습을 지켜볼 정도로 교육에 열성적인 중산층 아버지들 – 옮긴이)입니다."

이 과정에서 아버지들은 예상하지 못했던 보너스를 받았다. 20세기 후반 사회에서 부자 관계는 대립과 긴장으로 가득했다. 전후 시대 아버지들이 아들의 생활과 정신을 강하게 통제하는 이야기를 담은 회고록과 자서전이 쏟아져 나왔다. 하지만 새로운 부녀 관계는 진보적인 문화를 지지하는 아버지의 모습을 보여주면서 높은 지지를 얻었다. 게다가 가족의 규모가 축소됨에 따라 슬하에 외동딸만 두는 아버지들이 많아졌다. 아버지들은 남성 특유의 욕구와 야망을 딸들의 학업과 스포츠 활동에 쏟을 수 있었다. 이는 알파 남성과 베타 남성의 교육 방식을 이상적으로 조합한 것이었다. (보험회사인 스테이트 팜State Farm Insurance과 자산관리회사인 티로 프라이스T. Rowe Price, 메릴린치 등은 자주 부녀 관계를 주제로 광고를 만든다.)

축구는 부모들뿐만 아니라 소녀들의 흥미도 끌었다. 이 스포츠는 초보 과정에서 고난도 기술이 필요하지 않았다. 그래서 거의 모든 여학생이 어릴 때부터 축구를 시작할 수 있었다. 또한 스포츠 조기 교육은 나중에 학교에서 팀 스포츠 참여율과 성공률을 높였다. 더욱 좋은 점은 축구가 여자아이들의 정신없이 바쁜 방과 후 스케줄에도 적합하다는 것이다. 전후반 45분(6세 이하는 40분)을 뛰고 경기가 끝나면 간단한 모임을 한 후 바이올린 수업에 참석할 수 있다. 그리고 축구는 재미도 있었는데, 이 점이 바로 소녀들의 참여를 유도하는 핵심 동기였다. (여러 연구에 따르면, 여자아이들은 재미있고 사교적인 스포츠에 끌리는 반면, 남자아이들은 경쟁심과 승리욕을 자극하는 스포츠를 좋아한다고 한다.)

물론 걸 프로젝트의 범위는 스포츠를 넘어선다. 원래 이 프로젝트는 학업 성취와 커리어 준비를 주로 강조했다. 하지만 소녀들의 스포츠는 조기 성취와 진로 준비라는 정신을 북돋우는 강력한 동력으로 작용했다. 그리고 경기가 주는 재미 말고도 스포츠 활동의 장점은 더 있었다.

몇몇 연구는 스포츠가 학교와 삶에서 소녀들의 성공을 돕는다고 말했다. 대통령 직속 스포츠위원회President's Council on Physical Fitness가 1997년에 발간한 역사적인 보고서에는 여학생들의 학업 성적과 자아상에 스포츠가 미치는 긍정적인 효과에 대한 수많은 증거가 정리되어 있다. 스포츠에 참여하는 여학생은 학업성적도 우수하고 학교를 중도에 그만두지 않고 대학에 진학할 확률이 높으며 조기 성관계나 임신, 흡연과 마약과 같이 공부를 방해하는 위험에 빠지지 않을 가능성이 높다고 한다. 또한 이 보고서는 여자아이들이 스포츠에 참여함으로써 활력을 얻고 낙천적으로 사고하며 자부심도 높아진다고 설명했다. 하지만 긍정적인 사례만 있었던 것은 아니다. 여학생 운동선수들은 다치거나 극도로 피곤해지거나 훈련을 지나치게 많이 해서 병이 나거나 운동에 중독되거나 왜곡된 신체 이미지를 가질 위험이 있고, 피겨스케이팅이나 체조, 수영처럼 마른 몸이 경기에 유리한 운동에서는 특별히 섭식장애를 일으킬 수 있다. 하지만 대부분은 장점이 단점보다 많았다.

몇몇 연구자는 스포츠 활동에 참여하는 소녀들이 장래에 직업에서도 성공할 수 있다고 생각했다. 그들의 설명에 따르면, 스포츠는 여자아이들의 신체 기능을 향상할 뿐만 아니라 시간 관리, 목표 설정, 팀워크, 경쟁과 승리 추구 등 직장에서 필요한 기술도 훈련한다. 이런 기술들은 남성이 지배하는 분야에서 여성이 성공할 수 있게 해주고, 대개 남성적이라고 부르는 공격적이고 전투적인 세상에서 여성이 경쟁할 수 있도록 돕는다. 좀 더 나이가 많은 성공한 여성들이 소녀 시절에 밟았던 경로를 연구한 보고서 「성공한 여성에 관한 연구See Jane Win」에 따르면, 남성들이 경쟁과 단체 활동에서 행동하는 방법을 여성들은 운동을 통해 배울 수 있으므로 스포츠 활동이 일종의 커리어 자산이 된다고 말한다. 이 책에 소개된 한 여성은 의대에서 우수한 학생들과 경쟁하면서 남자처럼 행동했던 경험 덕분에, 여전히 남성이 지배하는 직업 세계에서 성공할 수 있었다고 말한다. "저는 남자들과 한 팀이 되어 훈련을 받은 두 명의 여학생 중 하나였어요. 팀 활동을 성공적으로 마친 덕분에 별 어려움 없이 남자 의사들과 훈련받고 경쟁할 수 있었습니다."

또한 걸 프로젝트는 스포츠가 미래에 직업적 성공을 돕는 강한 성격을 길러준다고 생각했다. 강한 성격에는 부상을 두려워하지 않는 용기와 힘, 주도권, 적극성, 경쟁심, 자기 수양 등이 포함되었다. 물론 이런 성격이 소녀들에게 완전히 낯설지는 않지만, 과거에는 소년들에게 더 많이 장려하고 인정해주었다. 스포츠는 과거와 달리, 수동적이고 남들의 비위를 맞춰야 한다는 강박관념에서 벗어날 기회를 여자아이들에게 제공했다. 운동을 즐기는 소녀는 착하고 고분고분해야 한다는 압박을 극복할 수 있었다. 이제 소녀들은 여리지 않고 강하며, 겁이 아닌 용기를 내며, 공손하기보다적극적이며, 소심하지 않고 대담하며, 얌전하지 않고 활발해도 괜찮았다.

하지만 이런 말장난처럼 보이는 성격적 특성은 전적으로 소년들에게서만 빌려오지 않았다. 걸 프로젝트는 이런 새로운 자질을 소녀들의 전통적 미덕인 도덕적 순수함과 수준 높은 사회의식에 성공적으로 결합했다. 실제로 이런 새로운 조합 속에서 소녀들의 스포츠는 소년들과 대조적으로 바람직한 본보기를 제시한다. 남녀의 차이를 설명한 내용을 보면, 성별 격차는 더욱 커 보인다. 운동하는 여자아이들은 공부를 잘하지만, 남자아이들은 그렇지않다. 여자아이들은 성관계를 피하려고 운동하지만, 남자아이들은 성관계를 하려고 스포츠를 이용한다. 팀 스포츠에 대해 여자아이들은 유방암 퇴치와 같이 좀 더 이타적인 목표를 추구하는 수단으로 생각하지만, 남자아이들은 개인의 명예와 행운, 영광과 계약의 수단으로 여긴다. 여자아이들은 스포츠를 통해 협동심과 팀워크를 배우지만, 남자아이들은 폭력과 여성 혐오를 학습한다. 이와 유사하게 성을 신화화한 관점에서 보면, 여성들의 <u>프로스포츠</u>는 폭력과 여성 혐오, 부패 등으로 악취가 나는 남성 프로스포츠에 뿌리는 소독제와 같다. 미국 여성 축구팀의 후보 골키퍼인 사스키아 웨버는 이렇게 말한다. "우리 선수가 자금 세탁, 코카인 사용, 청탁, 매춘 등에 연루되었다는 소식을 신문에서 보지 못할 것입니다. 우리는 모두 귀감이자 특사가 되고 싶습니다."

딸아, 강한 것이 아름답단다

걸 프로젝트는 딸 교육을 다루는 책들에도 영감을 주었는데, 그런 책들의 제목만 봐도 내용의 많은 부분을 파악할 수 있다. 거의 모든 책이 성공, 힘, 자부심, <u>스포츠</u> 중 하나를 다룬다. 대표 사례를 들자면, 『어머니로서 딸의 성공을 돕는 방법How to Mother a Successful Daughter: A Practical Guide to Empowering Girls from Birth to Eighteen』, 『아버지로서 딸의 성공을 돕는 방법How to Father a Successful Daughter』, 『자신감 있는 딸로 기르기Cherishing Our Daughters: How Parents Can Raise Girls to Become Confident Women』, 『강하고 용기 있는 딸로 기르기Growing a Girl: Seven Strategies for Raising a Strong, Spirited Daughter』, 『강한 딸 기르기Raising Strong Daughters』, 『딸들을 위한 <u>스포츠 교육</u>Sports her way: Motivating Girls to Start and Stay with Sports』, 『<u>보고</u> 듣는 딸들Girls Seen and Heard:52 Life Lessons for Our Daughters』, 『딸과 함께 하는 운동Games Girls Play: Understanding and Guiding Young Female Athletes』, 『더 이상 개구리에게 키스하지 마라No More Frogs to

Kiss: 99 Ways to Give Economic Power to Girls』,『운동을 좋아하는 딸로 기르기Raising Our Athletic Daughters: How Sports Can Build Self-Esteem and Save Girls' Lives』,『딸이 사는 세상이 바뀐다Things Will Be Different for My Daughter: A Practical Guide to Building Her Self-Esteem』,『아버지와 딸 Dads and Their Daughters: Father-to-Father Strategies』,『딸들이 세상을 지배한다Any Girl Can Rule the World』 등이 있다.

소녀들의 교육 안내서 중에서 새로운 교육 원칙을 담은 가장 권위 있는 책은『걸스카우트 안내서Girl Scout Handbook』이다.『걸스카우트 안내서』는 거의 100년 동안 꾸준히 수정된 책이기 때문에 소녀들에게는 법전이나 다름없다. 이 책은 여자아이들이 성인으로서의 삶을 성공적으로 준비하는 방법에 관하여 세대별 생각을 체계적으로 정리하고 있기 때문에, 미국 주류사회에서 진보적인 소녀 교육법의 내용과 목적이 어떻게 변해왔는지를 이해할 수 있는 대단히 가치 있는 자료이다.

얼마 전에 나는 집 근처 구세군 가게에서 1955년 판『걸스카우트 안내서』를 발견했다. 표지가 녹색과 검은색 천으로 되어 있는 (권당 1달러짜리) 이 책은 전체 내용을 4가지 주제('예술 세계 탐험', '세계시민의식', '야외활동의 즐거움', '나와 우리 집') 로 분류하고 주제마다 공훈 배지를 그려놓았다. 1955년 판의 '나와 우리 집' 편에서는 가정주부, 요리사, 살림꾼, 재봉사, 대접 왕, 솜씨꾼에게 공훈 배지를 주었다.

1955년 판에서 소녀들을 위한 스포츠 활동은 자전거, 수영, 보트, 스케이팅, 승마, 스키, 테니스, 배드민턴, 탁구, 골프, 양궁, 볼링,

셔플보드(나무 또는 고무로 된 원반을 큐를 이용하여 삼각 점수판에 밀어넣는 것 – 옮긴이), 패들테니스(카누의 패들과 비슷한 라켓으로 스펀지 공을 치는 구기 – 옮긴이), 수상스키 등 대체로 개인의 여가용 활동에 국한되어 있었다. 물론 카누편에는 여러 사람이 참여하는 내용도 담겨 있었는데, 책에서는 신체 운동뿐만 아니라 예술 활동도 강조하려는 듯 이렇게 썼다. "노래 몇 개를 배워두는 것이 좋은데, 그 이유는 노래의 리듬이 노 젓기에 도움이 되기 때문이다."

이처럼 옛날에는 소녀들의 스포츠 교육이 실제로 운동을 한다기보다는 어떤 운동인지 파악하고 그 운동을 준비하는 방법에 주로 집중되었다. 여자아이들은 남자아이들이 하는 운동(야구, 농구, 미식축구, 아이스하키)의 경기규칙과 방법, 공격과 수비 편성방법을 자기들 운동과 비교하거나, 학교 체육 위원이나 경기 위원으로 활동하거나, 일일 자전거 여행에 필요한 영양가 높은 도시락을 준비하는 일 등의 과제와 씨름해야 했다.

그로부터 거의 50년 후에 나온 『걸스카우트 안내서』는 녹색 천으로 제본된 교과서 같았던 20세기 중반의 책과 달라 보인다. 실제로 오늘날의 『걸스카우트 안내서』는 한 권이 아니라 연령에 따라 다섯 권으로 나뉜다. 책에 담을 내용이 많아짐에 따라 공훈 배지의 종류와 수도 늘었다. 예를 들어, 1955년 판과 비교해서 오늘날의 스포츠는 좀 더 신체 운동과 단체 활동을 중요하게 생각한다. 여기에서는 지도자들이 '고난도 어드벤처 스포츠'라고 부르는 활동을 강조하는데, 이런 활동의 목표는 소녀들에게 '힘과 용기를 얻도록' 가르치는 것이다. 5~8세 대원들은 스포츠 준비 과정을 배운다. 8~11세를 대상으로 하는 『주니어 걸스카우트 배지 북』에는 하이킹, 카약, 암벽타기, 윈드서핑과 같은 개인 스포츠와 소프트볼, 축구, 라크로스 같은 필드 스포츠가 모두 포함되어 있다.

또한 오늘날의 『걸스카우트 안내서』는 스포츠에서만 23개의 직업을 포함해서 비전통적인 직업도 조사하고 탐구하며, 그런 직업과 관련된 기술을 습득하는 활동을 매우 강조한다. 주니어 대원은 매듭 묶기, 육아, 모범 시민, 공동체 의식과 같은 전통적인 영역뿐만 아니라 사업, 커리어, 금전 감각, 과학 탐정, 수학 박사와 같은 영역에서도 배지를 받을 수 있다. 12~14세를 대상으로 하는 『커데트Cadette 걸스카우트 안내서』의 특징은 시간을 관리하고 자신을 변호하며, 돈을 벌고 관리하고 만족스러운 커리어를 준비하는 방법 등 인생을 성공적으로 사는 방법을 가르친다는 점이다. 2001년 연례 보고서에는 이런 내용이 있다. "걸스카우트는 쿠키를 굽고 캠핑하는 것 이상의 활동을 한다. 오늘날은 여자아이들에게 스포츠 기술과 과학기술, 돈 관리 방법을 가르친다."

그러나 걸스카우트 활동은 여러 분야에서 실력을 쌓는 것 외에도 인격과 가치관을 형성하도록 돕는다. 소녀들의 능력을 개발하는 동안에도 핵심 가치들은 계속 유지된다. 거의 100년 전에 시작된 이후로 걸스카우트는 정직하고 공정한 태도, 남을 돕고 존중하는 마음과 더불어 시민의식, 자원봉사정신, 국제사회에 대한 이해력을 북돋워주었다. 그런데 오늘날 특정한 자질 하나를 유독 강조하고 자주 언급한다는 사실에 주목해야 한다. 그것은 바로 힘이다. 오늘날 걸스카우트 규칙에는 "용감하고 강해지기 위해 최선을 다한다"는 선언이 들어 있다. 또한 "대원들이 강하게 성장하도록 돕는다"라는 슬로건은 '걸스카우트의 주문'이 되었다.

성 밖으로 나온 공주

걸 프로젝트는 힘을 단지 성격적 특성의 하나로만 기르게 하지 않았다. 이 프로젝트에서는 미국 소녀들이 육체적으로 더욱 강하고 적극적이며 튼튼해지도록 신체 이미지를 새로 만들었다. 이런 이미지는 '당당한 표정: 여자 선수의 모습은 어떤가?Game Face: What Does a Female Athlete Look Like?'라는 제목의 한 사진 전시회에 잘 포착되어 있다. 이 전시회는 《샌프란시스코 크로니클San Francisco Chronicle》 스포츠 기자인 제인 고츠먼Jane Gottesman이 기획한 행사로, 전국 순회를 하기 전에 워싱턴 D.C.에 있는 스미스소니언 박물관Smithsonian Institute에 먼저 선을 보였다. 1990년대 중반에 고츠먼은 자신이 다니는 신문사의 스포츠면에 실린 수많은 여성의 사진을 따로 모으기 시작했다. 그녀는 날이 갈수록 여성의 단독 사진이 사라지는 것을 발견했다. 스포츠면에서 여자 선수의 사진은 종종 '에스코트 서비스' 광고들과 나란히 배치되었다. 또한 고츠먼은 스포츠 주간지인 《스포츠 일러스트레이티드Sports Illustrated》가 1993년부터 1994년까지 여자 선수를 특집으로 다룬 기사의 숫자를 세어보았다. 그녀는 매년 수영복 특집을 제외하고 여자 선수를 특집기사로 다룬 사례는 테니스 선수(모니카 셀레스Monica Seles)가 칼에 찔렸거나, 피겨 스케이팅 선수(낸시 케리

건Nancy Kerrigan)가 피습을 당했거나, 또 다른 테니스 선수(마리 피어스Mary Pierce)가 아버지에게 폭행을 당했을 때였다. 이런 그릇된 이미지를 전환하기로 마음먹은 고츠먼은 수년간 여자 선수들의 사진을 샅샅이 조사하고 정리했다. '당당한 표정'이라는 제목의 전시회와 제프리 비들Geoffrey Biddle과 공저한 전시회 안내 책자는 그러한 노력의 결실이었다.

나는 그 전시회가 시작된 지 얼마 되지 않았을 때 그곳을 방문했다. 사진 중 몇 장은 유명 선수들의 모습을 담았다. 여자축구 월드컵에서 상의를 벗고 근육질 팔을 들어 '예스' 모양으로 승리 세리모니를 해서 유명해진 브랜디 체스테인Brandi Chastain이 있었고, 올림픽 육상 단거리에서 금메달을 딴 그웬 토런스Gwen Torrence가 몸을 웅크리고 집중한 채 조각상처럼 정지한 자세로 출발 신호를 기다리던 사진도 있었으며, 두 테니스 선수, 크리스 에버트Chris Evert와 마르티나 나브라틸로바Martina Navratilova가 팔씨름을 겨룰 때 불룩 튀어나온 이두박근을 보여주던 사진이 있었다. 하지만 이 전시회에는 소녀들의 사진도 다수 있었다. 사진 속 여자아이들은 질주하고 날아오르고 몸을 구부리고 달리고 수영하고 다이빙하고 점프하고 있었다. 소녀들의 표정은 그들의 몸처럼 움직이고 있었다. 그들의 표정에는 매력적으로 입술을 내미는 모습 말고도 노력, 집중, 단호함, 기진맥진, 환희 등 스포츠에서 볼 수 있는 모든 정서가 담겨 있었다. 이들의 체격과 체형은 각양각색이지만, 하나같이 모두 강하다. 전시회 안내 책자 표지에 실린 상당히 충격적인 사진은 작고 다부진 체격의 소녀가 아디다스 점프슈트를 입고 머리 위로 거대한 통나무를 올리는 모습이었다. 아이는 미소도 짓지 않은 채 정면을 똑바로 응시하고 있었다. 소녀는 성안에 갇힌 공주가 아니라 성 자체였다.

소녀들의 새로운 신체 이미지는 전통적인 여성스러움이나 중성적인 페미니스트의 모습이 아니었다. 대신 그 두 가지를 하나로 통합해서 새로운 여성의 강한 이미지를 만들어냈다. 나이키 광고는 그런 정서를 영리하게 포착한다. 한 광고를 보면, 10세 혹은 11세 소녀가 상의에 악마 그림이 새겨진 하키 유니폼을 입고 있다. 아이가 하키 헬멧을 벗는다. 그녀는 카메라가 잡지 않고 있는 경기를 완전히 몰입한 채 바라보고 있다. 심판이 콜을 했거나 상대 팀이 득점을 했거나 빙상 위에 부상당한 선수가 있는지 모르겠다. 이 아이가 막 게임에서 빠졌는지 아니면 게임을 하러 곧 경기장 안으로 들어갈 것인지 명확하지 않지만, 상황이 어떻든 지금 이 아이는 감정이 고조된 채로 집중하고 있다.

이 소녀의 강렬한 표정은 광고 전체를 지배한다. 그런데 화면 오른쪽 상단 모서리에 아주 작은 글씨로 '나이키'와 '난 분홍색이 좋다'라는 세 단어가 휙 하고 지나간다. "난 분홍색이 좋다"고 말하는 하키 소녀는 지난날의 소녀와 오늘날의 소녀의 특징을 결합해서 '페미니스트의 여성성feminist femininity'이라고 부르는 이미지의 전형을 보여준다. 이 소녀는 소년들을 모방하거나 그들과 싸우려 하지 않는다. 소녀는 자신만의 최고의 경기를 하고 있다. 그런데 이 아이는 천생 소녀이다. 사실 이 아이는 가장 전통적인 방식으로 자신의 여성성을 표현한다. 소녀는 태어날 때부터 배정받는 여성 고유의 색깔을 좋아한다고 말한다. 8~9세 소녀를 대상으로 하는 또 다른 스포츠책은 힘과 여성성을 확실하게 통합하는 방법에 관해 이렇게 조언한다. "사람들이 너를 말괄량이라고 부르면, 그들에게 '아니에요. 전 스포츠를 좋아하는 강한 소녀예요'라고 말하렴."

문화를 지배하는 소녀들

걸 프로젝트는 크게 인정받지는 못했지만 놀라운 성공을 거두었고, 그 덕분에 추진력을 얻어 오늘날까지도 지지를 받는다. 이 프로젝트가 이룬 성과는 인상적이다. 걸 프로젝트는 소녀들의 스포츠 참여율과 성적을 높였다. 그리고 여성들의 학력 수준을 급격하게 올려서 고등교육 분야에서 여성이 다수가 되었다. 또한 과거에 여성이 진입할 수 없었던 분야에서 여성들이 경력을 쌓을 수 있도록 디딤돌을 제공했다. 소녀들이 독립적인 성인으로 살 수 있도록 준비시킨다는 목표를 사회가 지원하고 공감하도록 했다. 걸 프로젝트는 젊은 여성의 바람직한 자질과 미덕에 대한 사회적 합의의 내용을 바꾸었다. 그리고 젊은 여성의 초기 성인기 목표와 진로를 완전히 바꾸어놓았다.

애니메이션 〈심슨 가족〉의 영리한 여덟 살 소녀 리사 심슨부터 열여섯 살에 올림픽 피겨 스케이팅에서 금메달을 딴 세라 휴즈 Sarah Hughes까지 오늘날 거의 모든 영역에서 소녀들이 문화를 지배하고 있다는 증거를 찾아볼 수 있다. 그리고 이들의 놀라운 성취와 위대한 업적은 만화나 유명인에게만 국한되지 않는다. 지난 밸런타인데이에 우리 동네 지역신문은 한 뛰어난 10대 소녀에 관한 기사를 실었다. 특별한 날을 주제로 삼은 이 기사에서 흥미를 끌었던 부분은 발렌티나 발렌티나라는 소녀의 이름이었다. 하지만 기사에 따르면, 이 영리한 18세 소녀는 사랑이 듬뿍 담긴 이름에도 불구하고 로맨스에 치중된 밸런타인데이를 "대단히 기만적이고 감상적"이라며 경멸했다. 이 소녀는 밸런타인데이에 운동에 열중한다. 조정부에 들어가기 위해 여러 날 동안 새벽 5시에 코네티컷 강에 가는 것으로 하루를 시작한다. (발렌티나는 자신이 다니는 고등학교에 조정부가 없기 때문에 지역에서 운영하는 여성 조정부에 들어갔다. 또한 그녀는 매사추세츠 대학교 남자 조정부에서 명예 객원 키잡이도 맡고 있다.) 그녀는 아침마다 학교에서 프랑스어, 수학, 역사 과목의 AP 수업을 듣는다. 정오가 되면 앰허스트 칼리지로 가서 정치학 강의를 듣는다. (지난 학기에는 매사추세츠 대학교에서 이탈리아어 수업을 들었다.) 그녀는 교내 합창단의 일원이고 댄스 프로그램(12년간 발레를 했다)과 뮤지컬 공연에 참여하며, 앰허스트 커뮤니티 시어터 단원으로서 일본에 가기도 했다. 또한 그녀는 전문 매니저를 두고 있는 '얼터너티브 팝pop-alternative' 가수이기도 한데, 조만간 녹음도 할 계획이다. 하지만 이것이 다가 아니다. 발렌티나는 근처 커피전문점에서 주당 20시간 일하고 일주일에 3번 피트니스 센터에 간다. 그리고 그녀는 학생 350명을 선발해서 법률회사와 법원, 로스쿨 등을 일주일 동안 견학시키는 '전국 청소년 리더십 법률 포럼'에서 지금 막 돌아왔다. 다음에는 워싱턴에서 열리는

'전국 청소년 지도자 콘퍼런스'에 일주일간 다녀올 예정이다. 그녀는 이렇게 말한다. "저는 굉장히 계획적인 사람이에요. 할 일을 적은 노트와 일일 계획표를 늘 가지고 다닌답니다."

이제 연애를 좀 해볼 참인데

발렌티나의 사례처럼, 걸 프로젝트는 시종일관 성취에 초점을 맞추어왔다. 학교와 직장에서 일찍 성공하도록 돕는 시간표를 만들고 지원했다. 이 시간표에는 사회적·교육적 지원도 포함된다. 여기에는 명확한 사용법과 규칙이 있다. 걸 프로젝트의 목표는 공정성과 양성평등 그리고 공평한 경쟁의 장을 마련하는 것이다.

걸 프로젝트와 같은 지원체계의 장점은 명확하다. 소녀들의 재능과 비전통적인 야망을 지원하는 제도적·사회적 체계가 거의 없었던 과거에 여성들의 삶은 훨씬 힘들었다. 인생의 초기 단계에서 충분히 업적을 쌓은 여성이 거의 없었고, 심지어 능력이 탁월한 여성조차도 살면서 어려운 장애물을 극복해야 했다. 오늘날은 사회적·법적·제도적으로 강력한 보호제도와 지원체계가 있어서 개인의 성공을 방해하는 장애물이 줄어들거나 완전히 사라졌다. 걸 프로젝트 덕분에, 점점 더 많은 젊은 여성들이 자신의 재능과 잠재력을 충분히 발휘할 수 있게 되었다.

걸 프로젝트는 커리어 시간표를 새로 만들고 동시에 연애 시간표도 변경했다. 이 프로젝트를 성공적으로 마친 여성들은 지난날의 대졸 여성들보다 늦은 나이에 진정한 사랑을 한다. 이들이 인생의 동반자를 만나야겠다고 생각하고 결혼에 관심을 두는 시기는 대학에 입학했을 때가 아니다. 이들은 20대와 30대에 직장에 다니면서 교양 있고 지적인 독신 여성으로 살아간다. 이 여성들은 자신이 누구이고 미래의 동반자에게 무엇을 원하는지 명확히 알고 있다. 하지만 자신과 나이와 조건이 비슷한 남자들을 쉽게 만날 수 있는 대학 캠퍼스에서는 많은 시간을 보내지 않는다. 이들은 좀 더 다양한 직장인이 활동하는 세상으로 나간다.

그런데 일생을 함께하고 싶은 누군가를 만나고 싶은 생각이 들어 그 일에 집중하게 되면, 대학생과 직장 초년병으로서 연애할 때 받았던 사회적 지원을 받을 수 없다. 인생의 동반자를 찾는 과정은 종종 혼란스럽고 이해할 수 없으며 예상하지 못한 수많은 사건으로 꼬여버린다. 거기에는 공통된 기준이나 행동 양식이 전혀 없다. 모범 사례나 멘토도 거의 찾을 수 없고, 지시사항이나 사용 설명서도 없다. 또한 목표를 좀 더 쉽게 달성할 수 있도록 돕는 제도적 인프라도 없다.

이렇게 된 이유는 현재 연애 세계 자체가 심각한 변화를 겪고 있기 때문이다. 신세대 독신 여성이 인생의 동반자를 찾기에 아주 좋은 시기로 진입하려는 바로 그때, 과거에 대졸 여성들이 활용했던 연애결혼 제도가 사라지고 그 자리에 새로운 체계가 모습을 드러낸다.

4장

연애는 연애, 결혼은 결혼

우리, 연애할래?

수백 년 동안 서구 사회에서는 연애결혼 제도가 배우자 선택을 좌우했다. 인간 사회에서 연애결혼은 비교적 흔한 제도가 아니다. 과거는 물론 오늘날에도 대부분의 사회가 모종의 중매결혼 제도를 두고 있다. 대개 부모나 친척 등의 제삼자가 자녀의 배우자를 선택하고 결혼 조건을 협상할 때 중요한 역할을 담당한다. 그리고 전형적으로 부유한 집안일수록 부모와 친척의 영향력은 커진다.

서양의 연애결혼 제도가 독특한 점은 집안이나 권력의 이해관계와 상관없이 당사자인 젊은 남녀가 서로 애정을 느끼고 마음이 통하는가를 고려해서 결혼 여부를 자유롭게 결정하고 책임진다는 점이다. 이런 이유로 서양의 젊은이들은 배우자를 선택할 때 거치기 마련인 연애 과정을 대단히 중요하게 생각한다. 다른 결혼 제도에는 다양한 형태의 구혼과 구애방식이 있지만, 서양의 결혼 제도는 연애를 장려하고 체계화하려고 노력해왔다. 이 제도는 남녀가 만나서 서로 알아가고 상대방의 성격과 습관, 관심사를 파악하도록 일정한 기준과 관습 및 기회를 마련했다. 그리고 젊은이들이 따로 어울릴 수 있는 시간을 만들어주었다. 또한 남녀가 결혼 상대를 선택하기 전에 일정 기간 서로 만나 교제하도록 장려했다. 그래서 서양의 제도는 젊은이들을 위한 특별한 사교 모임을 주선하고 장소를 마련했다. 실제로 무도회, 집회, 카드놀이 파티, 카운티 순회 재판소뿐만 아니라 제인 오스틴의 독자에게는 친숙한 런던과 바스Bath의 사교 모임들은 18세기 영국에서 상류층 젊은이들의 교제를 장려하기 위해 의식적으로 고안된 획기적인 방법이었다. 클레어 토멀린Claire Tomalin이 쓴 오스틴의 전기를 보면 오스틴 자신은 무도회와 파티를 즐겼지만, 소설에서는 그런 사교 모임의 목적을 장난스럽게 조롱하고 있다. 예를 들어, 오스틴은 『오만과 편견』에서 "춤을 좋아하는 것은 사랑에 빠지는 확실한 방법이다"라고 썼다. 연애는 18세기부터 20세기 후반까지 계속 장려되었다. 연애는 20세기 들어 점점 청소년들의 또래 문화의 영향을 많이 받게 되었지만, 영국과 미국에서는 가족과 사회, 그리고 제도적으로 젊은이들의 교제를 지원하는 체계가 있었다.

연애결혼 제도는 그 역사가 대단히 오래되었음에도 최근 몇 십 년 사이에 연애와 성관계에 미치는 영향력을 많이 상실했다. 성 풍습과 성행동의 변화, 이혼율의 꾸준한 증가, 미혼 부모의 급증, 새로운 생식 기술과 중매제도에 대한 의존, 동거 남녀의 증가, 대학 중심의 교제 감소 등의 현상은 오랫동안 인정받았던 연애결혼 제도가 약해지고 있음을 보여주는 표시이다.

물론 평생 유지되는 결혼을 하고 싶은 젊은이들의 소망과 배우자와 애정 어린 우정을 나누고 싶다는 문화적 이상과 같은 연애 결혼의 몇 가지 특성은 여전히 놀랄 정도로 강하게 유지되고 있다. 실제로 이런 문화적 이상은 오늘날 젊은이들 사이에서 한층 수준이 높아졌다. 그래서 남녀 모두 '영혼의 동반자', 즉 성적·감정적·정신적으로 자기들의 필요와 욕구를 충족시켜주는 사람과 결혼하고 싶다고 말한다. 설사 그렇다 하더라도 기존 연애결혼 제도가 사회적으로 큰 변화를 겪었다는 사실은 거의 의심할 여지가 없다. 과거와는 전혀 다른 새로운 제도가 등장했으며 이것이 오랜 제도를 자리에서 밀어내고 있다.

잠깐, 결혼이 전부는 아니잖아

핵심 내용을 간추리면, 두 가지 짝짓기 체계의 특징은 이렇게 표현할 수 있다. 기존 연애결혼 제도는 주로 젊은 미혼 남녀에게 도움이 된다. 하지만 새로운 제도는 젊은 미혼 남녀뿐만 아니라 훨씬 다양한 독신 인구, 즉 노인과 동성애자, 이혼한 부부와 미혼 부모, 일부 별거부부까지도 적용될 수 있다.

기존 제도의 주된 목적은 결혼해서 평생 함께 살 배우자를 만나는 것이다. 그러나 새 제도는 결혼, 동거, 연속적 일부일처제, 가벼운 성관계 등 다양한 방식으로 파트너와 내밀한 관계를 맺는 것이 목적이다. 기존 제도에서 성관계와 자녀 양육은 결혼과 연계되거나 사회가 결혼에 기대하는 모습이다. 반면 새 제도에서는 성관계와 자녀 양육을 결혼과 분리해서 생각한다. 기존 제도는 법적 계약, 종교적 약속, 사람들 앞에서 주고받는 서약의 형태로 배우자에 대한 헌신을 다짐한다. 하지만 새 제도에서는 개인 사이의 사적 합의와 상호 동의에 따라 헌신의 수준이 달라진다.

요약하자면, 기존 제도는 결혼 지향적 체계marrying system이다. 이 체계의 주된 목적은 젊은 미혼 남녀가 자기에게 맞는 사람을 선택해서 결혼하고, 이상적으로는 평생 그 결혼을 유지하도록 지원하고 장려하는 것이다. 한편 새 제도는 '관계 지향적 체계relationships system'라고 부를 수 있다. 이 체계의 목적은 연령대가 다양하고 저마다 다른 인생 단계를 보내는 사람들이 헌신의 정도와 기간, 파트너에 대한 신의의 폭이 넓은 관계를 자유롭게 맺고 유지하는 것이다.

두 체계에서 사회의 관심 영역은 매우 다르다. 사회는 커플에게 아이가 있거나 아이를 가질 가능성이 있을 때는 계속 유지되는 혼인 관계에 관심을 둔다. 그러나 아이를 양육하지 않는 남녀의 성적인 관계에는 사회적 관심이 크지 않다. 이때는 주로 동반자 관계가 성숙하고 상호 합의에 기초하며 비폭력적인지 확인하는 데 주안점을 둔다. 그것 외에 성적 파트너를 선택하는 문제는 사적이고 개인의 선호와 관련된 것이므로 제삼자나 사회가 간섭하거나 개입할 일이 아니라고 생각한다. 따라서 두 체계는 사회 철학적 관점에서 근본적으로 다르다. 즉, 결혼 지향적 체계는 지극히 공동체 중심적이지만, 관계 지향적 체계는 철저히 자유주의적이다.

두 체계는 각각 목표와 대상이 다르기 때문에, 교제 방식 역시 다르다. 결혼 지향적 체계는 젊은 남녀가 사교적 환경에서 서로 만나 학교를 졸업하고 사회생활을 하는 중에 결혼을 약속하도록 유도한다. 반면에 관계 지향적 교제 방식은 계속 진화하고 있어서 명확하게 설명하기 어렵다. 그러나 적어도 이 제도의 핵심 특징 중 하나인 동거의 확산은 결혼을 생각하는 일부 젊은이들이 선택하는 교제 방식이다.

어쩌면 미래에 두 체계가 모종의 방식으로 결합할지도 모르겠다. 그러면 그때 두 체계는 라디오와 텔레비전 혹은 뉴욕증권소개소와 나스닥NASDAQ처럼 공생하는 사이가 될 것이다. 그러나 이런 친숙한 공생관계와 달리, 두 체계의 경계는 불분명하다. 어디에서 한 체계가 중단되고 다른 체계가 시작되는지 쉽게 파악되지 않는다. 사회에는 결혼을 선호하는 사람이 있고, 관계만 지향하는 사람이 있다. 또한 나이와 목표, 가지고 있는 기회에 따라 두 체계를 왔다 갔다 하는 사람도 있을 것이다.

하지만 어떤 체계도 독신 인구 중 일부 핵심 구성원들에게는 잘 들어맞지 않는다. 여기에서 말하는 핵심 구성원이란 걸 프로젝트를 성공적으로 수행한 후 결혼해서 자녀도 갖고 싶은 여성들이다. 이들의 야망과 욕구를 두 체계 모두 채워주지 못한다. 기존 체계의 일반적 현상인 조기 결혼은 이런 여성들의 새로운 시간표에 맞지 않고, 관계 지향적 체계에서처럼 짧게 유지되는 가벼운 관계를 반복하는 행위는 결혼을 원하는 여성의 욕구에 맞지 않거나 자신처럼 결혼을 생각하는 남자를 찾는 데 도움이 되지 못한다.

데이트, 누구나 할 수 있잖아

과거에는 활발하게 데이트하던 독신 인구가 주로 젊은 미혼 남녀였다. 이혼하는 부부가 적었으므로 오늘날보다 이혼한 독신의 숫자가 훨씬 적었다. 그때 독신 인구의 대부분은 배우자와 사별한 사람들이었는데, 이들은 데이트에 적극적이지 않았다. 그리고 게이와 레즈비언들은 보이지 않는 장소에 숨어서 데이트했다.

오늘날은 데이트하는 사람들의 유형이 바뀌었다. 이제 더 이상 데이트하는 사람들의 범위가 젊은 미혼 남녀로 한정되지 않는다. 우선 그들의 연령대가 높아졌다. 이는 전체 인구의 나이가 전반적으로 많아졌기 때문이다. 현재 미국인의 중위 연령은 35.3세로 역대 가장 높다. 또한 전체 인구 중 독신의 비율이 높아졌고, 독신들의 나이가 극단적으로 많거나 적은 쪽에 몰려 있지 않다. 사람들은 과거보다 오래 살고, 첫 결혼을 하기 전에 오래 독신으로 지내며, 결혼한 후에 다시 독신으로 돌아가기도 한다. 또한 결혼 대신 동거를 선택하는 사람들도 많아지고 있다. 결과적으로 성인기에 독신 기간은 더욱 길어지고, 결혼 기간은 더욱 짧아진다. 실제로 최근에 발표된 연구를 보면, 독신으로 사는 기간이 (정식으로 별거하거나 이혼하지 않고) 결혼을 유지하는 기간보다 더 길다고 한다. 1995년 현재 남자는 일생 중 45%를 약간 넘는 기간 동안 결혼 생활을 하는데, 이는 1970년의 58.4%보다 낮아진 수치이다. 같은 해에 여성의 경우는 일생의 41.2%를 결혼한 상태로 지내는데, 1970년에는 그 기간이 50.5%였다.

그러나 독신 인구의 나이가 많아졌다 하더라도 연애를 못할 정도는 아니다. 배우자와 사별한 사람들은 과거보다 더욱 건강해졌고, 비아그라와 각종 호르몬대체요법 덕분에 좀 더 섹시해졌다. 그래서 오늘날 혼자 사는 노인들이 데이트를 즐기는 인구의 한 부분을 차지하게 되었다. 서드에이지닷컴thirdage.com이나 실버매치메이커닷컴silvermatchmaker.com과 같은 데이트 사이트는 누군가와 교제하고 싶어 하는 노인이 늘어나고 있다는 사실을 증명한다. 15년간 보스턴에서 데이트 서비스 회사를 운영하는 마크 굿맨은 적어도 이런 현상을 잘 알고 있다. '포스트 클럽Post Club'의 공동 소유주이자 중매 전문가인 그가 《보스턴 글로브》에서 이야기한 것처럼, 중매 대상이 되는 사람들의 나이가 열 살이나 늘어났다. 그는 이렇게 말한다. "몇 년 전이었다면 쉰 살 여성이 사무실로 들어왔을 때, 저희는 긴장했을 겁니다. 지금은 그 나이가 예순까지 올라갔어요."

데이트를 즐기는 독신의 연령대가 높아짐과 동시에 구성도 다양해졌다. 여기에는 젊은 미혼 남녀뿐만 아니라 이혼한 남녀, 한 부모, 배우자와 사별한 노인들도 포함된다. 연령과 상관없이 게이와 레즈비언도 음지에서 나와 데이트 서비스를 이용한다. 데이트 인구의 구성과 연령이 다양해진 것은 아직 그 영향력을 완벽하게 평가받지 못했더라도 앞으로 커다란 변화를 가져올 사회문화적 사건이다. 오랫동안 사람들은 젊은 시절이 사랑하기 좋은 때라고 생각했다. 인생의 7단계를 표현한 셰익스피어의 유명한 독백에서 사랑에 빠진 남자가 "뜨거운 용광로처럼 한숨지으며 연인의 눈썹을 찬미하는 슬픈 노래를 짓고"라고 말할 때, 이 시기는 분명히 시간의 흐름상 아동기와 학령기를 거친 청소년기를 의미한다. 현대 사회학자들 역시 사랑이란 젊음의 특권이자 도전으로 여겼다. 예를 들어, 20세기 중반 한 저명한 사회학자는 자신의 글에서 낭만적 사랑이란 사춘기 '아이들'에게서 흔히 일어나는 현상이며, 부모들은 설득과 회유, 협박 등의 통제 수단을 동원해서 자녀들이 어린 시절 불장난과 나중에 있을 교제 단계에서 '적합한 사람과 만나도록' 설득한다고 썼다. 이와 마찬가지로, 20세기 유명한 사회심리학자 에릭 에릭슨Erik Erikson은 청년기의 발달 과제를 낭만적 사랑과 애착을 형성하는 것이라고 정의했다.

전통적으로 연애는 젊은이의 특권이자 영역이었으므로, 어린 연인들은 특별히 마음대로 행동할 수 있었다. 그들은 멋을 부리고 과시하듯 걸어 다녔고, 사람들이 보는 데에서 열정적으로 키스하거나 담벼락과 자기 몸에 연인의 이름을 새겼고, 사랑을 기념한다며 집요하게 같은 노래를 반복해서 틀거나 여러 노래를 모아 앨범을 제작했지만, 사람들은 그저 이 아이들이 열정적인 사랑에 빠졌구나 하고 관대하게 생각한다. 반면에 성인이 사랑의 열병에 걸린 행동을 하면, 사람들은 으레 그것을 볼썽사납게 여겼다. 종종 고전 문학에서도 좋은 시절을 한참 넘긴 연인들의 모습을 묘사할 때 젊은이들의 열정적이고 낭만적인 연애를 코믹하게 패러디해서 다소 우스꽝스럽게 표현한다.

낭만적인 연애처럼 결혼 역시 젊은이들에게 대단히 중요했다. 최근까지 결혼은 성인이 되는 통과의례였다. 결혼한다는 것은 성숙했다는 의미였다. 결혼 풍습은 첫 결혼과 이후의 결혼들을 명확하게 구분함으로써 성인이 되었다는 통과의례의 중요성을 알려주었다. 첫 결혼은 가정과 사회, 종교적으로 대단히 큰 행사였다. 나이 많은 커플의 결혼이나 특별히 재혼인 경우는 예식을 사적으로 조용하게 치르기 마련이다. 그리고 이는 서구 사회에서만 나타나는 독특한 현상이 아니다. 일반적으로 초혼은 재혼보다 더 큰 의미가 있고 사회적으로도 더 중요하게 여겨진다. 더구나 일부다처제 사회에는 여러 아내 중 '첫 번째 아내가 갖는 특권'이 있다. 즉, 첫 번째 아내는 사후에 남편 옆에 묻힐 권리를 포함해서 다른 아내들과 달리 고유의 권한을 갖는다. (하지만 오늘날의 연속적 일부일처제에서는 이런 전통이 이어지지 않는다.)

나이 많은 독신과 여러 번 연애하는 사람들이 늘어나면서 새롭게 등장한 관계 지향적 체계는 젊은이들의 연애 전통을 깨뜨린다. 새로운 체계에서는 과거에 젊은 미혼 남녀만 가졌던 연애할 권리를 모든 사람이 가진다. 실제로 여기에서는 사랑이란 젊은이뿐만 아니라 인생의 어느 단계에서 누구나 할 수 있다는 낙관적 가정을 세운다. 《뉴욕타임스》 일요일판의 '서약'이라는 칼럼은 나이든 베이비붐 세대의 감동적이고 호소력 높은 결혼 이야기를 소개한다. 한 이야기에서 눈부신 형광 오렌지색 실크 슈트를 입은 40대 신랑은 "자신의 마흔 살 신부가 흰색 빈티지 미니 드레스에 뾰족한 금색 하이힐을 신고 비치볼만 한 오간자(얇은 면, 레이온 등의 평직 옷감 - 옮긴이) 모자를 쓴 채 화물 승강기에서 내릴 때 클라리넷을 불었다." 오늘날 나이 든 커플의 절제된 결혼식은 확실히 공중전화처럼 과거의 이야기가 되었다.

이 칼럼에서 기억할 만한 또 다른 글은 질병과 사별 등 인생의 모든 풍랑을 겪은 후에 새로운 사랑을 발견한 80대 커플의 너무나 매력적인 이야기였다. 신부는 건강하고 지적이며, 그저 편안하기만 한 사랑을 추구하지 않는다. 결혼식 음식을 준비하던 사람이 감동해서 이렇게 말했다. "…자기 인생의 연인(까무잡잡하고 섹시한 80대 남자)과 결혼하는 사람을 보게 되다니 정말 기분이 좋습니다."

이런 추세를 반영하는 또 다른 문화적 증거로서 《모어More》라는 잡지를 살펴보자. 나이 든 베이비붐 세대 여성을 대상으로 하는 이 잡지에는 임플란트, 난소 호르몬 투약, 고관절 대체물, 남편 대체자 등에 관한 글이 담겨 있다. 이 잡지에 자주 등장하는 주제는 연애이며, 이런 점에서 젊은 여성들이 보는 《글래머Glamour》나 《제인Jane》과 별로 다르지 않다. 어떤 글에서 54세 여성은 20대가 일하고 피임하고 운동하는 방식 등을 알아보기 위해 그들과 일주일을 보낸다. 또 다른 글에는 40대 독신 남성 네 명이 젊음과 성숙미 중 어느 것을 더 선호하는지 알고 싶어서 28세부터 56세 여성 여덟 명의 사진을 비교하는 이야기가 나온다. 이들은 한목소리로 나이가 있는 쪽이 더 좋다고 말한다. 그리고 가장 어린 여자가 제일 낮은 점수를 받았다. 한 남자가 이 여자는 "나를 잡아먹을 것처럼 생겼어"라고 말한다. 다른 남자는 가장 나이가 많은 여자가 "진중하고 열정적이며 신뢰할 만하다"고 평가했다. 이 잡지는 거의 대부분 '인생 후반기에 찾아온 사랑의 기쁨'을 다룬다.

각 단계별 헌신의 사다리

연애는 결혼할 가능성이 높은 배우자를 선택하는 과정이다. 이 과정은 시간이 지남에 따라 사회적 관습 안에서 점점 정교하게 다듬어지면서 결혼을 향해 연속 진행하는 단계 혹은 사다리로 체계화되었다. 대강의 순서를 밝히자면, 이 사다리는 남녀가 한데 어울려 사교 활동을 하거나 가벼운 데이트로 시작한다. 다음 단계는 남녀가 커플이 되어 독점적인 연애 관계로 진입한다. 얼마 동안 연인으로 지낸 후에 결혼하기로 약속하고, 약혼 사실을 여러 사람에게 알린다. 이 사다리의 정점에 이르면 여러 사람이 모인 자리에서 그리고 가끔은 종교적 절차에 따라 결혼식을 올린다. 단계가 진행될수록 더욱 공개적인 과정이 된다. 또한 사회적으로 인정받고 제도적 지원도 늘어난다. 즉, 커플은 결혼을 향해 사다리를 타고 올라간다.

이 헌신의 사다리를 통해 남자친구의 의무가 확실하게 정해진다. 데이트하는 동안 남자의 역할은 매 단계에서 연애를 주도하는 것이다. 대화를 시작하고 전화를 걸며 데이트 비용을 대고, 여자친구로부터 애정을 먼저 얻은 후에 그녀의 가족과 친구의 인정을 받는다. 연애하는 동안 남자가 해야 할 중요한 일은 청혼이다. 일단 여자친구의 애정을 확인하고 그녀도 결혼 가능성을 생각하거나 자신의 청혼을 받아들일 것 같다는 합리적인 생각이 든다면, 이제 남자는 약혼반지와 같은 구혼의 징표를 보여주며 청혼해야 한다. 물론 이런 전통은 다양하게 변주될 수 있으므로 기습적으로 청혼하기보다 서로 이해하는 과정을 거치면서 서서히 결혼을 준비하기도 한다. 그러나 남자의 낭만적 행동은 예의나 전통을 지키기 위해서가 아니라 다른 여자 중에서 특별히 선택받았다는 느낌을 여자에게 주기 위해 필요하다.

또한 사다리의 각 단계에는 약속을 상징하는 의식들이 있는데, 이는 커플이 결혼을 생각할 때 특히 중요하다. 여기에서는 반지와 약혼이 의미가 있는데, 그 이유는 약혼반지를 건네고 나면 두 사람은 서로에게 열중하던 단계를 지나 좀 더 확실한 사이가 되기 때문이다. 더구나 이제는 둘의 관계를 공식화해서 주변에 결혼 의사를 알릴 수 있다. 그리고 제삼자인 가족과 가까운 친구 및 지인들에게 조언과 지원, 피드백을 요청할 수 있다. 이는 특히 연인들이 서로 합의하여 자유롭고 독립적으로 배우자를 선택하는 문화에서 중요하다. 제삼자는 커플이 결혼식을 올리기 전까지 지원하고 조언하며 간혹 경고하기도 한다. 더구나 이런 구혼 과정은 사랑에 빠져 있던 주관적 상태가 객관적으로 헌신을 표현하는 행동으로 전환되도록 계획되었다. 이렇게 하면 커플이 관계의 본질과 장래 목표를 혼동해서 서로에게 의사를 잘못 전하거나 둘 사이가 모호해질 가능성이 줄어든다.

물론 헌신을 상징적으로 표현했다고 해서 커플이 서로 충분히 합의했다는 의미는 아니며, 더구나 그것이 완벽한 결혼을 보장하는 것도 아니다. 이미 잘 알려진 사실이지만, 연인 사이에서는 한쪽이 고의로 다른 쪽을 기만하거나 의도적이지 않더라도 잘못된 소통이 일어나기도 하며 그저 한쪽의 희망 사항으로 끝나는 일도 흔히 일어난다. 하지만 이런 절차들이 '관계가 어디까지 진행 됐는지'를 객관적이고 모두가 인정하는 방식으로 평가해줌으로써 오해의 소지를 없애준다.

결혼 지향적 체계에서 서약의 사다리를 내려올 때 공식적으로 인정되는 두 가지 방법이 있다. 하나는 파혼이고, 다른 하나는 이혼이다. 두 가지 모두 사회에서 정한 규칙을 따라야 하는데, 당연히 결혼은 이혼제도라는 것을 통해 국가로부터 법적 규제도 받는다. 헌신의 단계와 마찬가지로 '헌신을 깨는' 것 역시 결혼 관계라는 맥락에 포함된다. 그러므로 파혼이 이혼보다 쉽다. 실제로 결혼 지향적 체계에서 약혼의 목적 중 하나가 배우자에게 헌신할 수 있겠는지를 시험해보는 것이므로 파혼이 아무리 유감스럽고 부끄러운 일이라 하더라도 예부터 사람들은 이를 결혼의 보호 장치로 여겼다. 파혼한 커플은 새롭게 다시 시작할 수 있다. 물론 커플이 파혼을 하면 생활에 지장을 받고 가슴도 아프겠지만, 대개는 지혜롭게 대처하고 '결국은 잘한 일'로 치부한다. 엘리너 루스벨트Eleanor Roosevelt는 자신의 책 『기초 예절Book of Common Sense Etiquette』에서 결혼과 관련된 사회 규범을 다음과 같이 멋지게 요약했다. "이혼으로 끝나는 불행한 결혼보다 파혼이 낫다."

헌신을 깨는 남자는 사회적 공감을 거의 얻지 못한다. 그의 지위는 일종의 수습생과 같아서 마음대로 관계를 포기하거나 떠날 수 있다. 약혼한 사람은 상대방의 가족과 가까운 친구들로부터 자신의 지위를 인정받고 부분적으로 그 집단의 일원이 되었다. 그런 상태에서 언제든 벗어날 수 있지만, 사회적으로 커다란 파문을 일으킨다. 결혼한 사람은 혼인제도라는 것을 통해 이미 법적·사회적·종교적으로 완벽하게 배우자의 지위를 획득했다. 따라서 이혼을 하게 되면 개인적으로 고통스럽기도 하지만, 정해진 절차를 따라야 하고 법적·사회적 비용도 부담해야 한다.

연애를 통해 배우자를 선택하는 체계에 문제가 없는 것은 아니다. 실제로 50~60년대에 있었던 연애가 효과가 있었는지 평가하기 위해 70~80년대의 이혼 통계를 살펴보면, 사람들이 자기에게 맞는 결혼 상대를 선택하는 데 연애의 도움을 받지 못했다는 상당히 암울한 결론을 얻는다. 하지만 그것 말고도 연애의 주된 문제는 연애가 신세대 독신 여성에게 거의 도움이 되지 않는다는 사실이다. 앞으로 살펴보겠지만, 신세대 독신 여성이 사회에 등장하기도 전에 대학 캠퍼스에서 연애가 사라져버렸다. 더구나 연애결혼 제도는 늦게 결혼하는 여성보다 10대나 20대 초반에 결혼하는 여성들에게 적합하다.

살다 보면 헤어지기도 하고 그런 거지

새로운 관계 지향적 체계는 연애결혼과 다르다. 새로운 체계는 평생 유지되는 결혼을 향해 사다리를 타고 올라가는 과정이 아니라 만남과 이별이 반복되는 관계이다. 그리고 이런 주기는 평생 반복된다. 오늘날은 이혼 가능성도 대단히 높기 때문에 결혼 역시 관계 주기의 일부가 되고 있다. 오늘날 이혼으로 끝나는 첫 결혼의 지속 기간은 평균 7~8년이다. 두 번째 결혼은 첫 결혼보다 이혼 가능성도 높고, 결혼 유지 기간도 짧다. 실제로 관계 주기에서 첫 결혼이 나중에 하는 결혼들보다 더 중요한 것은 아니지만, 사회적으로 특별한 의미는 있다. 어떤 사람들은 첫 결혼을 '어색함을 없애기 위한 결혼icebreaker' 혹은 패멀라 폴Pamela Paul이 자신의 책에서 처음 언급한 용어를 사용해서 '연습 결혼starter marriages'이라고 부른다.

관계 지향적 체계에서는 연애가 반드시 결혼으로 연결되지는 않는다. 연애 상대의 지위와 특권도 헌신의 사다리로 규정되지 않는다. 이들은 섹스 파트너나 남자친구, 동거인, 약혼자, 배우자 중 하나가 된다. 실제로 '파트너'와 '관계'라는 단어가 연애 상대를 구분하는 것을 의도적으로 모호하게 만든다. 은밀한 관계 중 상당수는 공개적 혹은 사회적 지원이 거의 필요하지 않다. 제삼자도 개입할 필요가 없다. 커플이 '관계를 유지하는 데' 필요한 것은 당사자 사이의 합의뿐이다.

일정한 주기가 있는 관계 지향적 체계는 이별을 불가피하고 늘 일어나는 사건으로 여긴다. 물론 이별은 개인적으로 고통스러운 일이지만, 관계가 반복되는 과정에서 필연적으로 일어나는 창조적 파괴이다. 여기에서 사회가 할 일은 성별 간 갈등과 무질서, 커플 사이에 발생하는 폭력을 최소화하기 위해 그런 창조적 파괴를 적절하게 관리하는 것이다. 그러므로 관계 지향적 체계에서는 이별을 현명하게 관리하고, 친구와 가족, 특히 이전 파트너와 낳은 아이들과 관계를 바람직하게 재설정하는 방법을 고안하는 것이 매우 중요하다. 『차였다!Dumped!』, 『바보도 할 수 있는 이별 극복 방법The Complete Idiot's Guide to Handling a Breakup』,『과거에서 벗어나기Exorcising Your Ex』,『실연 극복하기The Heartbreak Handbook』 등과 같이 최근에 쏟아지고 있는 자기계발서의 제목들을 보면, 이별을 관리하는 문제가 중요하게 다루어지고 있음을 알 수 있다.

하지만 이런 노력에도 불구하고 남녀 사이에 예의를 지키기가 늘 쉽지는 않다. 우선 좀 더 비공식적이고 쉽게 헤어질 수 있는 사이에서 남성은 여성에게 지속해서 공격성을 보일 가능성이 높다. 왜냐하면 여성에 대한 남성의 폭력은 그들의 소유욕과 질투에서 비롯되기 때문이다. 여성은 관계에서 벗어나려고 할 때 폭력을 당할 위험이 커진다. 다음으로 관계가 진행되는 동안 감정 소모가 일어난다. 짧게 지속되었거나 '성관계만을 위한' 가벼운 관계라 하더라도, 이별할 경우 감정을 다치기 마련이다. 자유로운 성관계가 보장되었지만, 여전히 여성은 남성보다 성적 파트너에게 감정적으로 특별한 '의미'를 둘 가능성이 높으며, 성관계를 진정한 사랑이나 심지어 결혼 약속으로 혼동하기도 한다. 한 조사에 따르면, 여성들은 '첫 경험'을 할 때부터 성관계에 '의미'를 부여하려고 한다. 이들은 관계 속에서 애정과 다정함, 헌신을 추구한다. 전국적으로 조사한 내용을 살펴보면, 첫 성 경험에서 '파트너에게 애정'을 느낀 경우는 남성은 25%에 불과했지만, 여성은 48%였다. 더구나 남성보다 여성이 성관계를 '사회적으로 인정받는 연인관계'와 연결할 가능성이 더 높다. 여성은 성적 결합을 사회적으로 인정받고 감정적으로 얽힌 관계의 선행 단계로 생각하는 경향이 있다.

문제는 여성들의 이런 기대가 종종 실망스러운 결과로 이어진다는 점이다. 배신과 이별에는 소모되는 감정이 많다. 여성에게 성적 파트너가 많고 이별이 잦을수록, 슬픔과 상실감, 분노와 억울함과 같은 상처가 발생하기 쉽고 모든 남성에 대한 증오와 냉소가 쌓이기 쉽다. 결과적으로 관계 지향적 체계라는 독특한 심리 지형에서 감정은 롤러코스터처럼 출렁인다. 즉, 성적으로 대단히 만족했다가 갑자기 기분이 추락한다. 서부 해안에 사는 어떤 여성은 짧지만 강렬하고 흥미진진했던 연애가 나쁘게 끝났을 때 느꼈던 실망감을 이렇게 표현했다. "저는 그 관계에 제 인생의 두 달을 허비했어요. 그 두 달 동안 저는 무엇을 했을까요? 데이트 두 번, 장시간 통화 한 번, 스스로 원했던 건지도 확실하지 않은 섹스 몇 번이 전부에요. 그리고 심한 두통만 얻었죠."

대학이 가장 좋은 결혼 시장이었던 시절

20세기에는 젊은이들의 교제가 거의 학교를 중심으로 이루어졌다. 젊은이들은 캠퍼스 안이나 그 주변에서 사교 생활을 했다. 그들은 반 친구나 반 친구가 소개해주는 사람과 데이트했다. 그리고 종종 학교 친구 중에서 미래의 배우자를 만났다. 게다가 결혼 시기는 졸업 시기와 밀접하게 관련이 있었다. 그래서 남녀 모두 10대 후반과 20대 초반에 대학을 다니는 동안 배우자를 선택하는 문제를 생각하기 시작했다.

20세기에는 더 많은 여성이 대학에 진학했고 더 많은 대학이 남녀공학으로 바뀌면서, 여성에게는 대학이라는 공간이 배우자감을 만날 수 있는 장소로 더욱 중요해졌다. 20세기 중반까지는 사람들이 겨우 스무 살 무렵에 결혼했으므로, 고등교육을 받는 사람들에게 대학은 가장 좋은 결혼 시장이었다. 대학은 나이와 학력 수준이 비슷한 미혼 남녀가 함께 어울릴 수 있는 공간이었다.

사실 어디에서도 대학처럼 비슷한 배경과 꿈을 가진 미혼 젊은 남녀가 한곳에 집중된 공간을 찾을 수 없다. 입학 과정을 거쳐 형성된 대학생 집단은 그 시절에는 인조잔디만큼이나 인위적이고 동질적이었다. 이와 마찬가지로 성비 역시 부자연스러울 정도로 높았다. (현실에서는 여자가 남자보다 약간 더 많았다.) 20세기 대부분의 기간 동안 대학에서는 남학생이 더 많았다.

캠퍼스 사교 생활은 남녀가 어울리는 사교 모임과 데이트가 중심이 되었는데, 일부는 사교 활동을 통해 결혼 상대를 찾을 수 있으리라 기대했다. 대학생들은 주로 남녀가 분리된 기숙사에 살았기 때문에, 식사를 함께 하고 가벼운 대화를 나누며 기숙사에서 우연히 마주치고 수업이 끝나는 시간이나 주말에 함께 놀러 다닐 기회가 규칙적으로 생기지 않았다. 따라서 강의실 밖에서 남녀가 어울리려면 오늘날보다 계획적으로 기회를 만들어야 했다. 캠퍼스 사교 생활의 대부분은 댄스와 파티, 스포츠 경기와 핀 수여식 pinning ceremonies(간호대학을 졸업하는 예비 간호사에게 핀을 달아주는 행사 – 옮긴이) 같은 행사를 통해 남녀를 커플로 묶어주는 일이었다. 남녀공학이 아닌 대학에서는 나름의 방식으로 커플이 되었다. 여대생들은 종종 근처 남자 대학교 학생들과 '짝을 지었다'. 예를 들어 1950년대 후반에 래드클리프 대학의 안내 책자에는 본교 여학생들에게 케임브리지에는 '남자가 부족하지 않다'고 확인시켜 주는 내용이 있었다. 1950년대와 60년대 초반에는 졸업할 즈음이면 자기에게 약혼자나 적어도 애인이 있을 것이라 기대한 여대생이 많았다. 성관계가 대학 연애 문화의 일부이기는 했지만, 보통은 결혼이라는 미래 계획과 연결되어 있다. 캠퍼스 연애에 관한 한 연구에 따르면, 약혼한 커플은 단순히 가볍게 데이트만 하는 사람들보다 성관계할 가능성이 두세 배 정도 높았다.

그러나 이런 캠퍼스 연애는 1960년대 중반 이후에 사라지기 시작했다. 성 혁명, 여성 운동, 피임약 개발, 핵가족화에 저항하는 반문화 운동 등 이 모든 사건이 대학생들의 연애 활동을 약화시켰다. 1980년대 중반 즈음에는 20세기 초기와 중기에 번성했고 고도로 체계적이었던 캠퍼스 연애가 매력과 일관성을 잃었다. 지금은 사라진 《마드모아젤Mademoiselle》이라는 잡지의 1986년도 기사는 이렇게 선언했다. "데이트는 전혀 재미있지도 않고, 상어가 우글거리는 바다에서 제대로 길을 안내하지도 못했다." 1990년대 후반에 컬럼비아 대학교 연구자 두 명은 586개 대학(교)에서 학생 9천 명 이상을 설문조사하고, 교직원과 학생회 간부들을 인터뷰한 결과를 토대로, 대학 생활에 관한 대규모 연구 보고서를 발표했다. 그들은 이런 결론을 내렸다. "전통적인 데이트는 대학 캠퍼스에서 거의 사라졌다. 전국의 대학생들은 우리에게 이렇게 말했다… '여기에 데이트 같은 것은 없어요.'"

캠퍼스 연애가 있던 자리에 공동체와 동료애를 중요하게 여기는 사교 방식이 등장했다. 컬럼비아 대학교 연구자들은 이를 가리켜 가벼운 성관계가 결합된 집단 데이트라고 설명한다. 대학생들은 파트너 없는 친구들과 어울리는데, 간혹 이들 중에 끈끈한 유대감이 형성된 커플이 만들어지기도 한다. 실제로 오늘날 대학생들은 형제자매와도 같은 또래 친구들, 즉 '가족 같은 친구들'로부터 안도감과 애착을 느낀다. 부모의 이혼을 겪으며 성장한 세대는 연인이 아닌 친구들과의 연대에서 안정과 위안을 찾는다.

섹스와 우정 사이에 애정을 느끼는 관계인 연애는 대부분 캠퍼스에서 사라져버렸다. 실제로 오늘날처럼 가벼운 섹스가 결합된 집단 우정은 낭만적 사랑과 결부된 깊고 내밀한 관계가 형성되지 못하게 막는다. 컬럼비아 대학교 연구진이 인터뷰했던 웰즐리 대학 학생들은 정치적 목표(성공해서 남성의 기득권에 저항하는 것)와 이성 관계를 맺고 싶은 개인적 소망 사이에 빚어지는 내적 갈등을 적절하게 관리해야 한다고 주장했다. 여성들이 이런 긴장 관계를 해소하는 가장 쉬운 방법은 "성관계에서 억지로 로맨스와 감정을 쥐어짜내는 것"이라고 컬럼비아 대학교 연구진은 결론짓는다. 시카고 대학교에서 학생들을 상담하는 한 심리학자에 따르면, 성관계를 하지 않는 커플 역시 흔하다고 한다. 신세대 남녀는 성관계를 하지 않고도 한 침대를 쓰거나 성관계를 통해 관계가 시작되더라도 나중에는 편안하고 '친한 전 동거인'으로 바뀐다. 레즈비언들은 열정적인 연애를 하지만, 남녀 대학생들 사이에서는 이것이 몹시 드문 현상이 되고 있다고 이 심리학자는 말한다.

의심할 여지없이 이런 새로운 캠퍼스 사교는 여성들의 새로운 인생 시간표를 반영한다. 대학에서 미래의 배우자를 만나리라는 기대는 고사하고 결혼할 생각으로 대학에 들어오는 여성(혹은 남성)은 오늘날 극소수에 불과하다. 집단 데이트는 시간을 많이 투자해서 개인 목표와 커리어 목표를 추구하지 못하도록 막는 강한 감정적 유대관계와 너무 일찍 헌신을 요구하는 관계에 묶이지 않도록 도와주고, 가벼운 섹스를 포함하면서 우정을 즐기는 방법을 제공한다. 실제로 내가 인터뷰했던 여성 중 일부는 대학에 다니는 동안 너무 진지하게 연애하다 보면 스트레스가 쌓이고 정신이 산란해진다고 말했다.

우리 일단 살아볼까

결혼이 기존 체계를 대표한다면, 새로운 관계 지향적 제도를 대표하는 결합 방식은 동거이다. 지난 40년 동안 사회 변두리에서 지저분하게 여겨지던 문화가 이제는 부끄럽지 않은 주류가 되었다. 1960년과 2000년 사이에 미국에서 결혼하지 않은 이성 커플의 수는 50만 명에서 490만 명으로 증가했다. 여기에 부응하여, 동거에 대한 사회의 인식에도 변화가 생겼다. 과거에는 많은 사람이 비난했지만 이제는 다수가 인정하는 쪽으로 바뀌었다. 갤럽 조사에 따르면, 오늘날 미국인의 반 이상(52%)이 동거를 도덕적으로 별 문제가 없는 라이프 스타일로 생각한다.

동거는 특별히 젊은이들 사이에서 인기가 많다. 오늘날 다수의 젊은 여성이 결혼보다 동거를 먼저 선택한다. 25~39세 미혼 여성의 반 이상은 동거 경험이 있고, 이들 중 25% 정도는 현재도 동거 중이다. 그러나 동거의 형태가 모두 똑같지는 않다. 사실 동거는 다양한 목표와 헌신의 정도를 포괄하는 이성 간의 내밀한 결합이다. 이성 간 동거에는 적어도 여섯 가지 유형이 있는데, 그중 네 가지가 젊은이들 사이에서 특히 일반적이다.

첫 번째 유형은 의도적으로 분명하게 결혼을 배제한다. 이때 커플은 결혼 대신 동거를 선택한 것이다. 이는 특별히 결혼제도를 신뢰하지 않는 사람들에게 적합한 유형이다. 동거가 일반적인 스칸디나비아에서는 동거만으로도 결혼했을 때 누리는 모든 사회적 혜택이 발생한다. 더구나 스칸디나비아뿐만 아니라 다른 유럽 나라에서도 이런 식의 동거가 오랫동안 안정적으로 유지되었고, 동거하는 커플은 아이를 기를 수도 있다. 여러 면에서 동거는 결혼과 구분되지 않는다. 그러나 미국에서는 스칸디나비아식 동거가 상당히 드물다. 미국인들의 동거 기간은 길지 않다. 즉, 동거의 반 이상이 결혼으로 이어지고, 그렇지 않은 경우에는 5년을 넘기지 않는다. 동거하는 커플의 10%만 5년 이상 그 관계를 유지한다.

동거의 또 다른 유형은 결혼을 전제로 한 관계이다. 커플은 '약혼반지를 주고받고 결혼식 날짜를 잡기' 때문에, 이들의 동거는 약혼 과정의 한 부분이다. 실제로 이들은 결혼해서 함께 살 집을 마련하거나, 결혼식 전까지 임시 셋집을 얻는 번거로움을 피하고 싶거나, 퇴근 후에 결혼식 준비를 함께 할 시간을 마련하기 위해 동거를 시작한다. (부모가 결혼식을 준비해주던 과거와 달리, 오늘날은 커플들이 직접 결혼을 계획하고 비용을 마련하는 경우가 많다.)

앞의 두 유형은 커플이 이미 미래를 함께할 사람을 선택했다.

그러나 세 번째 유형은 다르다. 이 유형은 편의상 하는 동거이다. 커플은 미래 계획을 위해서라기보다 현재 상황에서 서로가 필요하기 때문에 함께 산다. 사실 미래 지향적이지 않다는 점이 세 번째 유형의 전형적인 특징이다. 이런 커플은 생활비를 분담하기 위해, 특별히 물가가 너무 비싼 도시에서 직장을 다니는 경우에 동거를 선택한다. 이런 논리에 따라, "항상 같이 있는데, 왜 두 집 살림을 하겠어요?"라고 이들은 말한다. 간혹 둘 중 하나가 거주할 집이 없을 때도 함께 산다.

편의상 동거를 시작하는 또 다른 이유는 단지 그것이 혼자 사는 방식의 대안이기 때문이다. 외로움이 한집에 사는 강력한 이유가 된다. 또한 동거는 개인적·직업적 목표를 달성할 때까지 결혼을 미루는 일종의 인생 전략으로 기능한다. 이때 커플은 자신들의 미래 계획을 타협하거나 조정할 필요 없이 비용도 절약하면서 성적 안정감과 가정이 주는 위안도 일부 얻는다.

놀랄 일도 아니지만, 이런 식의 동거 중 상당수는 이미 자멸의 가능성을 내포한다. 커플 중 한 사람 혹은 둘 다 '관계가 잘 유지되지 않으면, 헤어질 수 있다'는 생각으로 동거를 시작한다. 이런 생각은 새로운 관계 주기와 좀 더 비공식적이고 사적이며 "서로 합의했지만 헤어질 자유가 있는" 조건과 완벽하게 일치한다. 그래서 커플이 서로에게 헌신하는 수준과 관계에 쏟는 감정의 정도가 정확히 서로 같은 동안에는 둘의 관계가 잘 유지된다.

동거의 네 번째 유형은 '교제 중 동거cohabitation-as-courtship'이다. 이때 커플은 나중에 결혼할 가능성을 생각하고 있을지 모른다.

이들은 함께 살아보면서 결혼 생활을 시험해보려고 한다. 이렇게 사전에 궁합을 맞춰보려는 시도는 전혀 새로운 것이 아니다. 이는 연애의 대표적인 특징 중 하나이며, 오늘날은 동거로 이름만 바뀌었을 뿐이다.

교제의 한 과정으로 동거가 점점 중요해지는 이유는 몇 가지가 있다. 첫째, 사람들은 종종 상대방을 제대로 파악하기도 전에 열정적인 성관계를 맺는다. 성관계를 하는 사이가 된 후에는 파트너의 성격과 관심사, 습관과 일상에 익숙해져야 한다. 이들은 동거를 통해 미래 배우자가 자신과 잘 맞을지에 대해 중요하지만 얻기 어려운 정보를 수집할 수 있다고 생각한다. 더구나 몇몇 여성이 내게 설명한 것처럼, 데이트하면서 혹은 기분 좋은 섹스 때문에 상대의 이미지를 이상화할지도 모른다. 어쩌면 아침에 남자친구가 일어났을 때 그가 면도와 샤워도 하지 않고 커피도 마시지 않았을 때의 모습이 보고 싶을 것이다. 만약 섹시하지 않은 남자친구의 아침 상태를 보고도 여전히 그가 사랑스럽다면, 결혼해서도 계속 사랑할 수 있을 것 같다고 여자들은 말한다.

둘째, 교제 중 동거는 일하는 독신 여성의 부족한 시간을 해결해주기도 한다. 캠퍼스 연애는 시간과 장소에 구애받지 않았다. 하지만 지금은 연애하려면 바쁜 직장 생활과 개인 일정을 쥐어짜서 시간을 확보해야 한다. 도시에 살면서 대학원이나 전문대학원, 직장에 다니는 젊은이들은 데이트할 만한 적당한 상대를 찾을 시간이 없다. 이들 중 일부는 개인 광고를 내어 지역을 한정해서 파트너를 찾기도 하는데, 그 이유는 출퇴근할 때 혼잡한 고속도로에서 낭비할 시간이 없기 때문이다. 그리고 파트너를 찾고 싶을 때 종종 직장 스케줄이 꼬이기도 한다. 한집에 살면 규칙적으로 함께 지낼 시간이 확보되고, 이동 시간을 계산하거나 복잡하게 계획을 세워 데이트하지 않아도 된다. 젊은 여성 하나가 내게 이렇게 말한 적이 있다. "남자친구와 저는 활동하는 시간대가 완전히 달라요. 그는 의대생이고, 저는 방송국에 다니거든요. 저희가 함께 살지 않으면 서로 얼굴도 보기 어려워요."

마지막으로 교제 중 동거는 흔히 이혼을 피하는 방법으로 간주된다. 사실 동거가 결혼이 유지되도록 돕는다는 널리 알려진 견해를 뒷받침하는 사회학적 증거는 없으며, 오히려 결혼 전에 동거한 커플은 결혼 후에 이혼할 위험이 크다는 일부 반대 증거가 있다. 그러나 이혼 혁명기에 성장했고 자신은 살면서 이혼하고 싶지 않은 오늘날의 젊은이들에게 이혼을 피할 수 있다는 가능성은 흔하고 강력한 동거의 이유가 된다. 20~29세 남녀의 62%는 결혼 전에 동거하는 것이 나중에 이혼을 피하는 좋은 방법이라고 생각하며, 43%는 먼저 동거를 해본 상대와 결혼하겠다고 응답했다. 그리고 물론 동거하는 커플이 서로 궁합이 맞지 않는다는 사실을 발견하면, 굳이 불행한 결혼생활을 유지하거나 이혼할 필요 없이 언제든 헤어질 수 있다.

꼭 남자가 청혼할 필요는 없지

관계 지향적 체계에서 남자들은 연애를 주도해야 한다는 책임을 별로 무겁게 느끼지 않는다. 오늘날은 여성들이 먼저 자유롭게 전화를 걸고, 데이트를 신청하며, 성관계를 제안하기도 한다. 이런 변화는 전통적으로 남성이 주도했던 청혼까지 확대된다. 물론 여전히 남성들이 주로 청혼하지만, 반드시 그래야 한다는 의무는 없다. 사실 청혼에 대한 부담은 헌신적인 관계를 원하는 쪽이 지게 된다. 그리고 여성이 자주 이런 부담을 느낀다. 새로운 관계 지향적 체계에서 "나랑 결혼해줄래?"라는 남성의 고전적 청혼 방식은 "우리 무슨 관계야?"라고 묻는 여성의 질문으로 대체되고 있다. 실제로 오늘날 여성들 사이에서 흔하게 논의되는 '관계를 둘러싼 이슈들' 중 하나는 '언제 결혼 이야기를 꺼내야 하는가'이다.

모든 청혼이 그렇지만, 여성 역시 불확실하고 위험한 상황에서 결혼을 제안한다. 만약 여자와 달리 남자는 더 높은 헌신의 단계로 '나아가기'를 거부한다면, 여자는 상황을 받아들이고 그 관계를 끝내야 할 것이다. 먼저 떠나는 것은 머물기로 어렵게 마음먹는 것보다 종종 더 힘들 수 있다. 그리고 때로는 청혼한 다음에 어느 쪽이든 명확한 답을 남자로부터 얻지 못하기도 한다. 가슴 아픈 사연이지만, 뉴욕에 사는 어떤 여성은 해결하지 못한 결혼 문제를 결국 매듭짓지 못했다. 《월스트리트 저널》에 실린 한 '러브 스토리'는 8년간 남자친구와 행복하게 동거 중인 마흔두 살 전문직 여성의 이야기이다. 따뜻하고 행복한 가정에서 성장한 여자는 결혼을 원했지만, 부모의 이혼에 상처를 받았던 남자는 결혼 자체를 두려워했다. 기사의 내용은 이렇다. 어느 밤에 커플이 소파에 앉아 망고 셔벗을 먹다가 여자가 남자를 바라보며 이렇게 물었다. "밥, 당신은 왜 결혼할 생각이 없는 거야?" 그러자 남자는 "여자의 무릎에 자기 머리를 올려놓고는 아무 대답도 하지 않았다."(이런 행동은 '아직 준비되지 않았다'는 의미이다.) 다음 날 여자는 자기가 연구소장으로 근무하는 피듀시어리 트러스트Fiduciary Trust가 있는 세계무역센터 2번 건물에 평소대로 출근했는데, 그것이 남자가 본 그녀의 마지막 모습이었다. 남자는 기자에게 이렇게 말했다고 한다. "지금이라면 그녀와 바로 결혼할 겁니다."

그래서 언제까지 결혼을 미룰 건데?

새로운 관계 지향적 체계는 기존 체계보다 많은 사람에게 명확한 장점을 제공한다. 새로운 체계는 좀 더 다양하고 포괄적이므로 마치 카페테리아처럼 마음에 드는 관계 유형을 선택할 수 있다. 선택의 폭은 넓어졌고, 비전통적 관계에 따라 다니던 사회적 낙인은 훨씬 줄어들었다. 결혼 지향적 체계는 성과 결혼에 관한 설교로 가득하다. 예를 들어, 사람들은 여성의 혼전 성관계를 비난하고, 이혼을 못마땅하게 생각하며, 동성애와 동거를 사회 통념에서 벗어난 행위로 간주했고, 미혼모에게 낙인을 찍었다. 하지만 관계 지향적 체계는 그런 행위들을 싸잡아 도덕적으로 비난하지 않는다. 독신은 사회적·도덕적 비난을 두려워하지 않고 결혼 지향적 체계에 존재했던 사회적 규제를 받지 않으면서, 자신의 계획과 욕구에 맞게 관계를 조정할 수 있다. 이렇게 유연하고 평등하며 비난에서 자유로운 연애 생활은 결혼 경험이 있고 나이가 많은 사람들뿐만 아니라 법적으로 결혼할 수 없는 게이와 레즈비언들에게 특히 유용하다.

또한 알고 보면 관계 지향적 체계는 남성, 특별히 학력이 높고 부유한 남성이 자신의 성적·낭만적 욕구를 채우기에 편리한 제도이다. 영겁의 시간까지는 아니더라도 대대로 젊은 남성의 목표는 동침하고 싶은 젊고 괜찮은 여성을 얻는 것이었다. 휴 헤프너는 대졸 남성이 괜찮은 대졸 여성을 유혹하는 방법을 알고 싶어 한다는 아이디어에 착안하여 '플레이보이'라는 이름의 오락 제국을 건설했다. 과거에 남성들은 여자에게 구애하고 자신의 능력을 증명하고 여자의 애정을 얻으려는 특별한 노력을 기울이지 않으면, 괜찮은 여성을 설득해서 성관계하기까지 여러 장애물에 직면했었다. 오늘날 독신 남성들은 대졸 여성을 침대로 데려가기 위해 별다른 조언이 필요하지 않다. 지금은 자기와 관계를 맺을 의사가 있고, 자신을 놓고 다른 여자와 경쟁하며, 자신을 돌봐주고 돈을 아끼지 않으며, 자신에게 과하게 요구하지 않으면서, 매력적이고 자기와 조건이 비슷한 여성들이 주변에 많다. 그리고 이 남자들은 자신이 책임질 일이 있다면, 그것은 여자를 성적으로 만족시키는 것 외에는 아무것도 없다고 생각한다.

더구나 동거는 가능한 오랫동안 선택을 미루고 싶은 남자에게 아주 좋은 대안이다. 남자는 무모한 행동을 하지 않고도 결혼이 주는 이점을 많이 얻을 수 있다. 즉, 남자는 모험을 하거나 위험을 감수하거나 헌신할 필요가 없다. 여자의 부모님이나 가족, 친구들의 검열을 통과하기는커녕 그들을 만날 필요도 없다. 게다가 여자에게 동거하자는 제안조차 하지 않아도 된다. 그저 할 일은 여자의 집에서 많은 시간을 보내고 자기 옷과 스포츠 장비, 세면도구 같은 것을 여자 집에 두고는 굳이 두 집 살림할 필요가 있냐며 큰 소리로 얘기하면 된다. 그리고 물론 연애 관계가 끝나면, 여자에게 자신의 물건을 정리하는 일을 맡길 수도 있다. 실제로 크게 성공한 젊은 남성들이 연애에서 어려움을 겪지 않은 이유는 동거의 장점을 잘 활용하기 때문이다.

신세대 독신 여성 역시 성인기 초기에는 관계 지향적 체계의 장점과 자유를 만끽한다. 하지만 인생의 어느 시기에 이르러 인생의 동반자를 찾는 데 관심이 생기면, 새로운 체계의 장점 중 일부가 사라진다. 실제로 이들은 자신이 새롭고 낯설며 종종 불리한 영역에 들어가고 있음을 발견하게 된다. 이것이 바로 안내자 없이 미지의 세계를 눈을 가린 채 더듬거리며 가는 여성의 모습을 칙릿이 자주 묘사하는 이유이다. 여자는 가파른 절벽과 막다른 골목, 외진 협곡으로 가득한 험한 모험에 나선다.

아마도 여성들이 특권을 상실했다는 사실을 가장 확실하게 보여주는 표시는 결혼하고 싶다는 이들의 소망에 사회가 공감하지 않는다는 점이다. 성관계는 걸 프로젝트를 완수한 여성들이 성적 욕구를 충족하도록 사회가 인정한 방법이다. 그런데 공식적으로 알려진 여성들의 사회적 성공담과 다르게, 신세대 독신 여성이 결혼하고 싶다고 고백하고 남편감을 찾는 데 어려움이 있다고 분명하게 표현하는 데에는 무언가 이유가 있다.

교육 수준이 높은 젊은 여성은 나약하지 않고 자립할 수 있는 사람이다. 즉, 연애하는 동안 징징거리며 헌신을 들먹이지 않고 섹스를 즐긴다. 이들은 규칙을 따르는 사람들이 아니라 자기들만의 규칙을 '만드는' 사람들이다. 그러므로 결혼하고 싶다는 의사 표현은 어쩐지 사회적 합의를 침해한 것 같다. 어쨌든 사회는 걸 프로젝트를 통해 여성들이 결혼에서 벗어나 독립적으로 살 수 있도록 격려하고 투자했으므로, 결혼과 가족이라는 목표를 이루지 못했다고 불평하는 여성은 어쩐지 배신자처럼 보인다. 사회는 여성들이 학교와 직장에서 성공하도록 폭넓은 지지를 보냈지만, 영원한 사랑을 갈망하는 이들의 노력에는 거의 공감하지 않는다.

여기 좋은 예가 하나 있다. 1998년에 《보스턴 글로브》는 표지 기사로 레슬리 부어스라는 독신 여성이 낭만적 모험을 나서는 실제 이야기를 7일에 걸쳐 연재했다. 당시에 이 아이디어는 탁월해 보였다. 어쨌든 보스턴은 젊은 전문직 독신들이 잔뜩 사는 도시이고, '앨리 맥빌Ally McBeal'이라는 괴짜 몽상가가 등장하는 유명 드라마의 배경이 되는 곳이었기 때문이다. 맥빌과 비슷한 조건의 여성이 현실에 왜 없겠는가? 이제 레슬리 부어스의 이야기로 들어가보자. 그녀는 "1990년대에 보스턴에 사는 여성으로, 키는 대략 174센티미터이고 몸무게는 56kg 정도이다. 짙은 금발의 곱슬머리를 풀어헤쳤고, 하트 모양의 얼굴에 동그랗고 푸른 눈을 가졌으며, 한 차례 가슴 아픈 일을 경험했다." 사귀는 사람도 없이 갓 서른이 된 레슬리는 내년에 이루고 싶은 제일 첫 번째 계획이 결혼이었다. 《보스턴 글로브》 기자는 레슬리 주변을 따라다니며, 그녀가 두 남자와 각각 데이트하고 헤어진 다음 컬럼비아 의대를 졸업할 예정인 로스를 만나는 과정을 취재했다. 일곱 번째 연재 글에서 레슬리는 로스와 함께 살기 위해 그리고 자신이 다니는 첨단 기술회사의 맨해튼 사무소에서 일하기 위해 뉴욕으로 이사해야겠다고 마음먹는다. 연재 기사는 레슬리가 로스에게 두 사람의 미래에 관해 머뭇거리며 질문하는 이야기로 끝을 맺는다. 이 마지막 글에서 레슬리는 기자에게 이렇게 말한다. "어느 날 밤에 저는 로스에게 이렇게 말했어요. '당신도 알겠지만, 커플들은 대개 아이들에게 무슨 이름을 지어줄지, 어떤 집에 살고 싶은지를 이야기해.'" 그러자 로스가 웃으며 말했다. "지금 무슨 말을 하고 싶은 거야?"

신문에서 젊은 여성이 결혼 상대를 찾는 이야기를 읽은 독자들은 놀랄 정도로 반감을 일으켰다. 구독자들의 불만에 대한 후속 조치로서 《보스턴 글로브》의 옴부즈맨은 이렇게 보도했다. "200분 이상 의견을 주셨는데… 《보스턴 글로브》 독자들은 40대 1로 해당 연재 기사를 비난했고, 더욱 심하게는 당황스럽고, 짜증스럽고, 심지어 분노마저 일으킨 기사에 대한 반감을 다음과 같은 말로 분명하게 표현한 독자들도 있었다. '멍청하다', '7일이 아니라 7년 같았다.', '이런 헛소리가 생활에 지장을 줄 정도는 아니라는 듯이 지금 이 이야기는 신문을 통해 질병처럼 확산되고 있다.'" 관례대로 《보스턴 글로브》의 편집자들은 그 기사를 옹호했다. 그렉 무어 편집장은 이렇게 설명했다. "레슬리는 문제의 해결책을 찾아 고심하고 있습니다. 막 서른이 되었고 사랑을 갈구하며, 솔직해지려고 노력하고 있습니다. 이런 문제들은 나이가 많든 적든 모두 겪는 일입니다." 하지만 옴부즈맨은 《보스턴 글로브》의 분노한 독자들 편이었다. 그는 이렇게 썼다. "여성들이 겪는 모든 어려움을 고려할 때, 이 연재 기사처럼 여성의 투쟁과 도전을 데이트에 집착하고 자신에게만 관심 있는 서른 살 여성의 모습으로 축소하는 것은 여성들을 틀에 박힌 한심한 인물로 위축시키는 또 하나의 사례이다. 기사에 대한 평가 점수는 D이다."

지금은 여자 인생에서 최고의 업적이 '젊은 나이의 결혼'이던 시절에서 한참 벗어났다. 그리고 이것이 여성의 발전을 보여준다는 데에 많은 사람이 동의한다. 하지만 결혼 상대를 찾는 일이 언제부터 자기밖에 모르는 한심한 일이 되었을까? 사회가 특권을 가진 젊은 여성들의 내적·외적 삶의 모든 영역에 깊이 관심을 가졌었기 때문에, 결혼하고 싶은 여성의 소망에 사회가 공감하지 못하는 모습은 상당히 충격적이다. 그리고 사회는 성생활과 성적 만족의 추구, 바람직한 성적 태도 등에 관해 여성들을 지도하고 가르치기 위해 많은 일을 해왔다. 사회에서 많은 특권을 받고 성공한 여성들은 훌륭한 결혼을 하고 싶다는 소망에 대해 사회의 지원과 공감을 얻지 못하며, 사회는 이들이 결혼할 상대를 찾는 데 실망하고 실패하기를 기대하고 있다. 한 젊은 여성이 내게 이렇게 말했다. "사회가 우리에게서 모든 희망을 빼앗아버렸어요."

5장

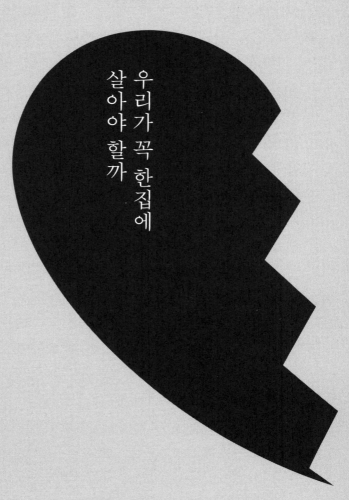

우리가 꼭 한집에 살아야 할까

잠깐, 동거를 하자고?

짓궂은 사회 공학자 집단이 사랑을 갈구하는 신세대 독신 여성을 불확실하고 혼란한 상황에 빠뜨리려고 의도적으로 계획했다면, 교제 중 동거만큼 효과적인 방법도 없을 것이다. 오늘날 동거는 대단히 모호한 결합 방식이며, 그 의미는 인생의 단계마다 달라질 수 있다. 동거는 연애와 바쁜 직장 생활을 결합하여 시간을 효율적으로 쓰는 방법일 수도 있고, 영양가 없는 관계에 애정을 쏟으며 시간을 낭비하는 방법일 수도 있다. 동거의 반 이상은 결혼으로 이어지지만 나머지는 대부분 몇 년 내에 헤어지므로 동거 관계는 완전히 상반된 결과를 낳는다. 즉, 함께 결혼식장으로 가느냐 아니면 각자 길을 가느냐로 나뉜다.

물론 전통적인 연애에서도 같은 결과가 일어날 수 있다. 연애의 목적은 서로 잘 맞는지 시험해보고, 오랫동안 서로에게 헌신할 수 있는지 그 가능성을 탐색하는 것이다. 배우자를 찾는 동안에는 결과에 확신이 없고, 시간을 비효율적으로 사용하며, 일부 관계는 결혼으로 이어지지 않는(그리고 간혹 이어지면 안 되는) 일이 발생한다.

그러나 전통적인 연애와 교제 중 동거의 핵심적인 차이점은 전통적 방식에서 배우자를 선택할 때는 미래 관계의 불확실성을 어느 정도 줄여주는 공식적 규범과 사회적 관습이 주변에 항상 있었다는 점이다. 또한 연애 행동에 관해 누구나 인정하는 경험과 의견, 지혜가 풍부했다. 연애하는 동안에는 관계가 진전되었음을 혹은 그렇지 않았음을 보여주는 단계들이 있다. 그리고 물론 교제가 결혼하겠다는 결심으로 이어지면, 사람들 앞에서 그 사실을 발표하고 기념하는 행사를 치르며 서약을 주고받고 법적 계약을 맺곤 했다.

현재로서는 교제 중 동거와 비교할 만한 것이 없다. 그것은 최근에야 주류가 되었으므로 아직은 명확하고 널리 공유되는 규범과 관습이 생겨나지 못했다. (물론 동거에 관한 법적 견해와 입법 행위가 증가하고 있기는 하지만, 이는 오늘날처럼 연애의 기능을 하는 동거 문화와는 별 관련이 없다.) 더구나 교제 중 동거는 연애 행위와 한집에 사는 생활방식이 융합되는 것이므로 커플이 언제부터 공식적으로 동거하는 동반자 관계가 되었는지 기준점으로 삼을 만한 것이 없다. 동거하겠다는 커플의 결정은 사적으로 이루어진다. 때로 커플들은 신중하게 판단해서 혹은 목적이 있어서 동거를 결정하지만, 무심코 시작하는 사람들도 대단히 많다. 이들은 함께 사는 문제를 진지하게 논의하거나 동거의 의미나 목적, 예상 기간 등에 대해 서로 합의하지 않고, 이삿짐센터를 예약하는 것 외에는 별

다른 준비도 하지 않은 채 동거를 시작한다. 그 결과, 교제 중 동거는 혼란과 오해, 잘못된 가정을 낳을 수 있다. 커플이 함께 살기를 결정하기는 어렵지 않으며, 그와 동시에 두 사람의 관계에 관하여 서로 다른 기대를 품기도 쉽다.

널리 알려진 규범과 관습, 누구나 인정하는 경험과 교훈이 없기 때문에 여성 개개인은 자신만의 원칙을 채택하고 언제 왜 동거할지를 스스로 판단해야 한다. 아직 결혼할 준비가 되지 않은 비교적 어린 여성들의 경우는 교제 중 동거가 이들의 욕구를 충족시키면서 인생 시간표도 맞출 수 있을 것이다. 그 시기에 동거는 시간과 비용을 효율적으로 사용할 수 있게 해준다. 이들은 자기의 자유를 포기하지 않고도 일과 사랑을 결합할 수 있다. 만약 커리어를 추구하거나 학위를 하나 더 하고 싶다면, 기회가 이끄는 곳으로 갈 준비를 해야 한다. 이는 종종 연인과 헤어져서 다른 곳으로 이동해야 한다는 것을 의미한다. 서부 해안에 사는 어느 30대 여자 변호사는 20대였을 때 대학을 졸업하자마자 1년 반 동안 연애했던 경험을 떠올리며 이렇게 말했다. "우린 사랑에 빠졌어요. 하지만 '그런 관계'를 맺을 때는 아니었어요. 우린 각자의 길을 갔어요."

하지만 결혼을 생각하는 여성에게 교제 중 동거의 장점은 분명하지 않을 수 있다. 심사숙고할 시간이 부족해지기 때문이다. 즉, '영양가 없는' 동거 관계에 1년을 허비하면, 성공적으로 인생의 동반자를 찾는 데 투자할 수 있는 시간이 그만큼 줄어든다. 그리고 인생에서 이 시기의 1년은 남편감을 찾기에 상당히 좋은 시절이다. 그리고 동거 기간이 너무 길어지면, 경제학자들이 흔히 말하는 기회비용이 발생하기 시작한다. 즉, '준비되지 않은 남자Mr. Not Ready'나 '어쩌면 준비된 남자Mr. Maybe' 혹은 '언젠가 준비될 남자 Mr. Someday'가 마음을 정하기를 기다리는 동안 여자는 준비를 마치지만, 정작 결혼할 생각이 있는 남자를 만날 기회는 잃고 만다. 초기부터 여자는 관계를 어디까지 끌고 갈지, 얼마나 빨리 매끄럽게 바라던 목표에 도달할지, 어떤 조건으로 관계를 설정할지 등을 결정해야 한다. 만약 둘 사이가 결혼으로 이어질 것 같지 않다면, 늦기 전에 관계를 정리하고 새 출발 해야 한다. 문제는 교제 중 동거의 모호한 성격 때문에 관계를 평가하고 그 결과에 맞게 행동해야 할 여성들의 능력이 약해진다는 것이다. 이런 상황에서 여자는 관계가 결혼을 향한다고 생각하지만, 파트너는 그저 동거하는 현재 생활에 만족하고 있을 가능성이 매우 크다.

에밀리와 션은 어떻게 헤어졌나

에밀리는 매력적인 담갈색 눈을 가진 다큐멘터리 영화 제작자로, 차분하면서 유머 감각도 뛰어나다. 그녀는 서른 살에 처음으로 동거를 시작했다. 그녀는 한 친구의 저녁 모임에서 나중에 남자친구가 되는 션을 만났다. 당시 에밀리는 직장도 구하고 어쩌면 사랑도 찾기 위해 나라의 절반 이상을 이동해서 어느 매력적인 대학 도시로 막 이사한 참이었다. 이사 덕분에 그녀는 낙천적인 생각과 희망을 품게 되었다. 그것은 새로운 삶이 시작되는 것을 의미했다. 에밀리는 새로운 사람들을 만나고 경력을 쌓으며 좀 더 안정되고 어른스러운 삶을 살게 될 기회라고 여겼다.

　10대와 20대 초반에 에밀리는 자유로운 영혼이었다. 대학에 입학하기 전에 여러 해 동안 전국을 여행했고, 일단 대학에 들어갔을 때는 열심히 공부해서 우등생이 되었다. 그녀는 우수한 성적으로 대학을 졸업했고 이후 몇 년 동안은 시카고에서 직장을 다녔으며 중간에 60일 동안 유럽에 머무르기도 했다. 여기 새로운 도시로 이사하기 직전 해에는 (6주에서 8주 정도) 가볍게 세 번 정도 남자들을 만났었다. 하지만 에밀리는 오래 유지되는 관계를 원했고, 지금 시작하는 새로운 생활이 그것을 얻을 기회가 되리라 생각했다.

　여러 친구를 통해 에밀리는 션이 똑똑하고(그는 《뉴욕타임스》의 십자말풀이를 30분 만에 해치울 수 있다), 재능 있는 목공 장인이라는 이야기를 들었다. 그는 일반 목공품과 주문제작을 받는 공예품을 모두 취급했다. 누군가 그녀에게 션이 만들었다는 아름다운 탁자 하나를 보여주었다. 인상적인 작품이었다. 그녀는 저녁 식사 자리에서 션과 대화를 나누었고, 즉시 서로 끌린다는 것을 느꼈다. 이후 몇 주 동안 션이 에밀리를 쫓아다녔다. 에밀리는 그의 지칠 줄 모르는 관심에 마음이 우쭐해졌다. 과거에 짧은 만남을 여러 번 경험했던 터라, 에밀리는 이렇게 생각했다. '어머, 이 남자는 끈질기네.'

　에밀리와 션은 1월에 처음 만나서 4월에는 함께 살기 시작했다. 당시 에밀리는 소도시의 매력에 한창 빠져 있을 때여서 집을 교외에 얻었다. 그러나 곧 생각이 바뀌었다. 도시에서 주로 생활했던 에밀리는 밤마다 무서웠다. 그녀는 자신이 얼마나 외로운지 깨달았다. 션과 함께 있을 때면 안심이 되었다. 그리고 공교롭게도 션은 살 집이 필요했다. 그는 집을 알아보는 동안 임시로 형과 함께 살고 있었다. 두 사람이 함께 산다면, 에밀리는 좀 더 안전하다고 느낄 것이고 션은 좀 더 편안하게 쉴 수 있을 것이다. 에밀리는 생활비를 분담하면서 전도유망한 새로운 관계에서 비롯될 기쁨을 공유할 누군가가 생긴 것에 감사했다.

두 사람이 동거하던 첫해에는 "커다란 모험을 하는 느낌"이 들었다. 에밀리는 삶이 진행되는 방식이 마음에 들었다. 이미 다큐멘터리 제작자로 일하고 있었고, 자신이 아끼는 몇몇 사람들과 돈독한 관계도 유지하고 있었다. 또한 그녀는 고상한 학자 부부인 션의 부모님을 만나 그와의 교제를 인정받았다. 하지만 두 사람의 직장 상황은 별로 만족스럽지 못했다. 에밀리는 하는 일이 좋았지만 벌이가 충분하지 않았고, 션도 목공일을 하며 많은 돈을 벌기가 어려웠다. 두 사람은 함께 이사하는 문제를 의논하기 시작했다. 션의 기술은 장소에 구애받지 않으므로 둘은 에밀리가 좋은 직장을 구할 수 있는 지역으로 이사해야 한다고 의견을 모았다. 그래서 그녀는 차분히 일자리를 알아보기 시작했다.

몇 달 후, 션은 부모님 소유의 임대용 집에 몇 가지 일을 해주러 부모님 댁에 갔다. 그가 떠나고 며칠 후에 에밀리는 중서부 지역에 있는 한 TV 방송국으로부터 면접을 보러 오라는 연락을 받았다. 에밀리로서는 션도 없이 두 사람이 함께 살 지역을 알아보는 것이 탐탁지 않았지만, 그가 자식의 도리를 다하러 수백 킬로미터 떨어진 곳에 가 있었으므로 어쩔 수 없이 그녀 혼자서 면접 장소에 갔다. 그녀는 며칠에 걸쳐 면접심사를 받았고, 새로운 도시를 둘러보았으며, 회사가 제시한 계약 조건들을 따져보았다. 그러는 동안 지금까지 진행된 상황을 알려주고자 선에게 계속 전화를 걸었다. 하지만 통화가 어려웠고 어쩌다 가까스로 전화가 연결되면, 둘의 통화를 들을 수 있는 부모님이 곁에 있는 상황에서 에밀리는 두 사람의 미래를 두고 열띤 논쟁을 벌이고 싶지 않았다. 일주일 간 부모님 댁에 있기로 했던 선의 일정이 한 주 더 연장되었고, 가끔 그에게서는 거리감마저 느껴졌다. 하지만 당시에 에밀리는 그런 생각을 길게 할 겨를이 없었다. 얼마 지나지 않아 두 사람은 다음과 같은 질문에 결론을 내리지 못한 채 집으로 돌아왔다. 두 사람은 에밀리가 받은 일자리 제의를 새로운 지역으로 가는 티켓으로 사용해야 할까? 선은 그것이 괜찮은 생각이지만, 자기가 새로운 지역에서 고객을 확보하는 데 시간이 얼마나 걸릴지 모르겠다고 말했다.

그때 에밀리는 선과의 관계에 대하여 미묘하지만 중요한 심경 변화를 일으켰다. 그녀는 선이 자기 사업을 할 수 있을 때까지 지원하겠다고 약속했다. 당시 에밀리는 그것이 단순히 남자친구에게 돈을 빌려주는 정도를 의미한다고 생각하지 않았다. 선에게 굳이 말하지는 않았지만, 그것은 미래의 남편에게 하는 일종의 투자였다. 에밀리에게는 동거 자체가 목적이 아니었다. 어느 정도는 결혼으로 가는 과정이었다. 선은 그녀의 제안을 받아들였고 에밀리도 일자리 제의를 수락했기에, 두 사람은 급히 짐을 싸서 새로운 도시로 이사했다.

이사한 이듬해에는 스트레스가 많았다. 에밀리는 직장에서 보내는 시간이 많았고, 처리하기 버거운 일들도 많았다. 처음에 션은 일거리도 친구도 거의 없었다. 하지만 에밀리에게 그는 정서적으로 의지할 수 있는 사람이었다. 그는 한 번에 몇 시간씩 에밀리의 '직장 내 고충'을 들어주었다. 그는 그녀를 격려하고 달래고 함께 작전을 짰다. 이사하고 나서 2년이 지났을 때 둘은 함께 집을 사기로 했다. 션이 불규칙하게 일하기는 했지만, 부모님의 도움으로 그럭저럭 계약금은 낼 수 있었다. 션은 집을 구할 때 어떤 점이 중요한지 잘 알았으므로, 두 사람은 괜찮은 집을 살 수 있었다. 그 집에는 션의 작업 공간이 있었으므로, 그가 일이 없을 때는 집을 꾸미면서 시간을 보냈다. 또한 그는 동업자의 도움을 받아 제재용 톱도 샀다. 이제 션의 회사는 장비를 완전히 갖추고 시작할 준비를 마쳤다.

그러던 어느 날 난데없이 에밀리는 800킬로미터 이상 떨어진 도시에서 전국 방송 프로그램을 제작하는 일을 맡지 않겠냐는 제의를 받았다. 물론 타이밍이 전혀 좋지 않았지만, 에밀리에게 그 일은 커리어의 정점에 해당하는 것이었다. 고작 집 때문에 그렇게 멋진 일을 왜 포기하겠는가? 그래서 션이 혼자 남아서 집과 작업장, 제재용 톱 등 기초 시설과 도구들을 계속 사용하기로 했다. 에밀리는 성공했다는 기분을 느끼고, 기회를 놓친 후 후회하는 일이 없도록 새로운 일을 맡기로 했다. 게다가 새로 맡을 프로그램은 폐지될 확률이 높았으므로, 만약 실패하면 다시 돌아올 생각이었다.

에밀리가 수락했던 새로운 일은 결국 그녀에게 큰 실망을 안

겨주었다. 그녀의 상관은 비합리적으로 일을 시키는 사람이었고, 늘 마감 압박이 있었으며, 근무 시간도 길었다. 그래도 에밀리는 자신이 쌓은 평판을 훼손하지 않기 위해 적어도 6개월은 버텨야 한다고 생각했다. 그리고 끝까지 최선을 다한 후에 그 보상으로 션이 있는 두 사람의 집으로 돌아갈 수 있기를 고대했다. 에밀리는 난생처음으로 결혼해서 가족을 이루고 싶었고, 두 사람의 집이 완벽한 출발점처럼 보였다. 에밀리가 그리는 미래 완벽한 가정의 모습은 션이 자신과 아이를 부양할 수 있을 만큼 성공하는 것이었다. 그녀는 거의 4년 동안 가계를 책임지느라 열심히 일했으니 이제 쉴 자격이 있다고 느꼈다. 더구나 그녀는 그렇게 힘들게 사느라 점점 지치고 있었다. 그러는 동안 집에 홀로 있던 션은 상실감을 느끼고 있었다. 에밀리는 먼 거리에서 션을 격려하고 그가 마음을 다잡도록 애썼지만, 결국 두 사람은 집을 팔고 에밀리의 근무처가 있는 지역에 가서 함께 살기로 했다.

션이 오고 나서 그의 사업은 그럭저럭 잘되었다. 그는 주택 관련 지식이 있었기에 공인중개사 자격증을 취득했고, 목수로서 고객을 찾는 동시에 신속하게 거래 두 건을 성사시켰다. 에밀리는 마음이 놓였다. 생계를 책임지는 부담을 좀 더 공평하게 나눌 수 있는 것도 좋았다. 그러나 그때 에밀리는 직장에서 뜻밖의 장애에 부딪혔다. 맡고 있던 프로그램이 폐지된 것이다. 션을 만난 이후 처음으로 그녀는 실직자가 되었다. 하지만 어쩌면 잘된 일인지도 모르겠다고 그녀는 생각했다. 그녀는 곧 서른다섯이 된다. 이제 그녀는 한가하게 공원을 산책하고 자녀와 함께 있는 엄마들을 관찰

할 수 있을 것이다. 에밀리는 이렇게 말했다. "저는 늘 '저 여자는 남편이 생계를 책임지고 있구나'라고 생각하면서, 션이 저와 아이를 위해 그렇게 해줄 수 있을지 확실하지 않았기 때문에 부러움을 느끼곤 했어요." 하지만 에밀리는 션과의 관계에 확신이 있었고, 그만두기에는 너무 많이 투자한 상태였다. 아이가 있으면 없을 때보다 훨씬 스트레스가 많고 피곤하겠지만, 그녀는 워킹맘으로 사는 미래에 운명을 맡기기로 했다. 그래서 션에게 결혼해서 아이를 가질 때가 되었다고 말했다.

이 이야기의 결론은 션이 갑자기 달아나버렸다는 것이다. 좀 더 자세히 말하자면, 사정은 이랬다. 에밀리가 결혼 문제를 꺼낸 직후에, 션은 자신이 리모델링했던 집을 보러 왔던 여자 손님과 짧게 바람을 피웠다. 이는 '헤어질 변명거리'가 필요했던 남자에게 안성맞춤인 기회였다. 그는 매력적인 목수였고, 그 여자 손님은 삶이 지루했다. 션은 즉시 에밀리에게 다른 여자와 사랑에 빠졌다고 말했다. 두 사람은 (사흘간 세 번씩) 긴급 상담치료를 받았지만, 때는 이미 늦었다. 그는 상담사에게 에밀리와 헤어지고 싶다고 말했다. 두 사람은 가재도구를 나누었는데, 에밀리는 션이 만든 작은 탁자를 가져갔다. 이로써 함께한 지 5년 만에 두 사람의 관계는 끝이 났다.

그 이후에 에밀리는 시간을 갖고 멀찌감치 물러서서 '션'과의 경험을 돌아보았다. 그녀가 보기에 션과의 관계는 자연스럽게 결혼으로 이어질 사이였다. 그리고 두 사람이 헌신이라는 사다리에 올라와 있다고 생각할 만한 충분한 이유도 있었다. 둘은 이사와 이

직을 하고, 집을 사고팔면서 함께 지내는 연습을 오랫동안 해왔다. 서로 성적으로 만족했고 정서적으로 지지했다. 션은 그녀가 직업적 야망을 실현할 수 있도록 도와주었고, 에밀리는 그의 사업이 안정되도록 시간과 돈을 투자했다. 에밀리는 이렇게 말했다. "그는 낡은 집을 고쳐 이윤을 내는 사람이었지만, 남에게 도움을 주는 사람이기도 했어요. 저는 그런 안정감과 가정생활 그리고 보호받는 느낌이 좋았습니다."

하지만 그와 동시에 지금 에밀리는 두 사람의 장래 목표가 서로 얼마나 달랐는지 확인했다. 그녀는 두 사람의 다음 단계가 결혼과 자녀로 이어지는 것이 논리적으로 그럴듯하다고 상상했었지만, 션은 의존하던 사이에서 책임지는 단계로 도약하는 일이 거창하고 두려우며 궁극적으로 불가능하다고 보았다. 하지만 두 사람은 각자의 기대와 목표에 관해 본격적으로 대화를 나누어본 적이 없었기 때문에 둘의 생각이 완전히 다르다는 사실이 표면에 드러나지 않았다. 그녀는 이렇게 말했다. "저희 관계는 주로 일에 집중되었어요. 우리는 '각자 일'에 빠져 있었고, 서로 직업적 야망을 지원해주는 방식으로 관계가 형성되었지요." 이전에 에밀리는 결혼 서약에 관해 그다지 많이 생각하지 않았지만, 이제는 그 가치를 잘 알게 되었다. 그러면서 이렇게 말했다. "우리는 어떤 것에 관해서도 결코 서약한 적이 없어요."

무언가 신호들이 있었지만, 당시에는 그 의미를 충분히 이해하지 못했음을 에밀리는 이제 깨달았다. 션이 부모님 댁에 가서 쌀쌀맞게 전화를 받았을 때 그것이 하나의 신호였다. 션은 나중에 상담을 받을 때 자신이 그때 주눅이 들었다고 털어놓았다. (타지에 있는 회사에서 일자리 제의를 받았다는 것은 종종 관계가 끝나는 계기가 된다.) 하지만 결국 션은 (관계를 확신한다기보다 이별을 유예하기 위해) 그냥 머무르기로 마음먹었다. 또 다른 신호는 션의 여동생 선물을 사면서 에밀리가 적잖은 돈을 부담했을 때 있었다. 며칠 후에 션은 무심결에 "카드에 내 이름만 썼어"라고 말했다. 에밀리는 그가 자기 이름을 뺀 것에 발끈했지만, 그녀도 션에게 자기 이름을 넣어달라고 부탁한 적이 없었다.

에밀리의 이야기는 결혼을 생각하는 여성이 동거할 때 발생하는 부정적인 측면을 보여준다. 그녀는 결혼 적령기에 5년을 동거에 투자했다. 관계가 끝났을 때 그녀는 사귀는 사람도 없이 서른다섯이 되었고, 서른이었을 때보다 괜찮은 남자를 찾기가 더욱 어려워졌다. 거기다 다시 데이트하고 싶고 할 수 있다는 확신이 들기 전까지 감정을 추스르는 데 1년을 보내야 했다. 에밀리는 션과 함께 살기 시작했을 때 둘 사이를 하나의 '관계'로 생각했었다. 그러나 시간이 가면서 그녀의 목표가 변했다. 그녀는 결혼하고 싶어졌다. 이것이 션에 대한 생각을 바꾸었다. 그녀의 마음속에서 션은 같이 사는 남자친구에서 남편감으로 자리가 바뀌었다. 그녀는 션이 남편감으로 완벽하게 변모하려면 시간이 걸리리라 예상은 했지만, 자신이 이미 그 일을 돕고 있었다. 하지만 에밀리도 깨달았듯이, 이것은 션과 공유했던 기대나 목표가 아니었다.

동거가 결혼으로 이어지는 길처럼 보이기는 확실히 쉽다. 둘 사이에는 비슷한 점이 있고, 동거하는 커플의 50% 이상은 결혼하기도 한다. 하지만 교제 중 동거라는 새로운 관습은 결혼을 생각하는 여성의 기대대로 전개되지는 않는다.

물론 이것이 동거에만 나타나는 독특한 현상은 아니다. 연애하는 두 남녀가 한집에 살지 않는 경우에도 관계는 틀어질 수 있다. 그러나 교제 중 동거의 눈에 띄는 점은 여성이 동거 중에 관계가 나빠지고 있음을 '알거나 인정하기'가 어렵다는 것이다. 그러므로 교제 중 동거의 특징이 무엇이고, 관계의 본질과 전망에 관해 자신이 얼마나 쉽게 판단력이 흐려지는지 알고 있어야 한다.

결혼을 원한다면 동거는 위험해

동거는 친밀한 사이에서도 개인의 독립성이 유지되는 형태이며, 어떤 면에서 동거 커플은 확실히 그렇게 한다. 최근 연구는 동거하는 커플이 결혼한 부부라기보다 그냥 함께 지내는 독신들처럼 행동한다고 지적한다. 인구통계학자이자 손꼽히는 동거 연구 전문가 린다 웨이트Linda Waite에 따르면, 동거하는 커플은 친구와 가족관계, 그리고 경제생활에서 결혼한 부부보다 독립적이다. 또한 이들은 함께 사는 파트너가 자신에게 충실해주기를 기대한다고 말하면서 다른 사람과 성관계를 하기도 한다. 따라서 당연히 이들은 현재 파트너에게 충실할 때에도 신의를 지키는 문제에 덜 예민하다. 웨이트는 이렇게 말한다. "동거하는 사람들은 한 팀으로 움직이지 않습니다. 그저 한 버스에 함께 타고 있을 뿐이죠."

그러나 동거는 커플의 독립성을 유지하는 동시에 결혼을 희망하는 여성의 경우에는 묘한 방식으로 관계에 얽매이면서 위험에 빠지기도 한다. 우선 여성은 동거 관계에 감정적으로 휘말리는 경향이 있다. 그녀는 친밀한 관계를 관리하고 파트너를 정서적으로 보살펴야 한다는 책임감을 느끼는데, 이는 결혼이나 동거할 때 나타나는 현상으로 보인다. 여자는 안락한 보금자리를 만들기 위해 희생을 마다하지 않는다. 여자는 남자의 치과 예약을 기억하고, 사야 할 옷과 수건을 골라준다. 남자가 키우는 개와도 유대를 형성하고, 둘이 함께 키울 강아지를 사기도 한다. 남자의 전 여자친구나 전처에 대해서도 알고 있다. 두 사람이 주말이나 여름휴가를 함께 보낼 때는 남자의 아이들을 돌보기도 한다.

뉴욕에서 e-비즈니스 컨설턴트로 일하는 스물아홉 살의 레베카는 동거하는 남자친구가 중요한 눈 수술을 받았을 때 굉장한 역할을 했다. 그녀는 인터넷으로 전문의를 검색해서 그 의사들을 일일이 만나보고, 남자친구에게 '연명 치료'에 서명하는 문제를 조언했으며 (레베카는 남자친구가 심장 마비나 뇌 손상 가능성을 두려워하거나 낙담할까 봐 연명치료에 서명하지 말라고 말했다.), 그가 수술을 받는 동안 그의 가족과 예전 여자친구에게 소식을 알리고, 그가 병원에서 회복하는 동안 집에서 멀리 떨어진 호텔에서 며칠을 보냈다. 레베카 같은 여성은 사랑하는 사람을 도우면 관계에서 보상받는 느낌이 들었다. 이제 남자친구는 시력을 되찾았고, 레베카는 그가 성공적으로 회복하는 데 자신이 했던 역할을 자랑스럽게 생각한다. 하지만 여성이 자진해서 부양책임을 맡을 때는 확실하지 않은 관계에 지나치게 감정을 개입시키게 된다.

동거 중인 여성은 파트너와 경제적으로 얽히는 것에 개의치 않는다. 은행계좌와 증권계좌는 따로 관리한다 하더라도, 유동 자산을 합치지 않고도 자산을 관리하는 일에 깊이 개입할 수 있다. 여자는 남자의 재산을 정리하고 관리하는 일을 나서서 돕는다. 청소년 때부터 주식 시장에 '뛰어들어' 자신만의 건강한 포트폴리오를 가지고 있던 어느 투자상담사는 남자친구가 돈 관리를 제대로 하지 못한다는 사실을 알고는 깜짝 놀랐다. 이 남자는 컨설턴트로서 많은 돈을 벌고 있었지만, 소득이 일정하지 않았다. 큰돈을 받을 때도 있지만, 어떻게 저축하고 투자할지 몰랐다. 그래서 그의 돈은 들어오자마자 거의 모두 사라졌다. 그녀는 남자친구에게 개인연금 계좌를 개설해주고 주식투자 프로그램을 설치해주었는데, 아마도 남자는 이것들을 이제는 끝난 3년간의 관계에서 남은 기념품으로 간직하고 있을 것이다.

또한 여자는 남자가 경제적·직업적 어려움을 겪은 후에 '자립'할 수 있도록 재정적으로 지원하기도 한다. 그녀는 남자가 사업을 시작하거나 빚을 갚도록 돈을 빌려준다. 또는 에밀리처럼 남자친구를 부양하거나 그가 직장을 구하거나 학위를 딸 때까지 집세를 전부 부담하기도 한다. 재정적으로 얽히는 흔한 사례는 집을 사는 것이다. 일부 커플들에게는 함께 집을 사는 행위가 결혼하기 바로 전 단계에 하는 일이지만, 결혼을 생각하지 않고 집을 사는 커플들도 있다. 어느 쪽이든 커플이 함께 주택담보대출을 받는다는 것은, 서로 경제적으로 얽히고 상환금도 함께 부담한다는 뜻이다.

그러므로 결혼하고 싶은 여자에게 동거는 위험하다. 이리저리 얽힌 관계 때문에 여자는 둘 사이가 바람직하지 않은 방향으로 간다는 각종 신호를 파악해서 거기에 맞게 행동하기가 더욱 어려워진다. 시간을 아끼는 대신, 이미 투자한 감정을 보호하고자 삐걱거리는 관계에 더 많은 시간을 투자할지도 모른다. 더구나 일단 관계에 휘말리면, 그것이 너무나 유혹적이어서 여자는 남자도 똑같이 관계에 얽매여 그녀의 지속적인 보호에 의존한다는 사실을 알지 못한다. 여자는 자신의 생각에 반대되는 모든 증거를 무시하고 용서하고 해명한다. 그래서 어려움에 처했던 남자친구가 다른 곳에서 자신의 필요를 충족시키겠다고 마음을 먹으면 여자는 충격을 받는다.

하지만 훨씬 더 근본적인 문제가 있다. 이것은 동거의 본성 때문에 발생한다. 동거가 결혼과 비슷한 점이 많다고 하더라도, 이 둘은 매우 다르다. 사실 동거를 정의하는 요소 중 일부는 정확히 결혼과 상반된다. 동거는 사적으로 맺은 약속이지만, 결혼은 여러 사람 앞에서 기념하는 행사이다. 동거는 상호 합의에 근거하지만, 결혼은 법적 계약에 근거하고 많은 경우에 종교적 언약이기도 하다. 동거는 비공식적으로 시작되고 심지어 우연히 일어나기도 하지만, 결혼은 모든 공식적 의식과 절차를 거쳐 시작된다. 동거는 두 성인 사이에 일어나지만, 결혼은 두 가족의 결합이다. 동거는 구속력이 없고 기간도 정해지지 않은 약속이지만, 결혼은 서로 헌신하는 관계이며 언제까지 유지될지를 명확하게 선언한다.

제정신인 사람이라면 결혼식에서 자신이 무엇을 하고 무엇을 약속하는지 잘 알고 있다. 결혼에는 커플끼리 서로 약속하고,

그 약속을 사람들 앞에서 공표하고 기념하는 다양하고 중복된 절차들이 있다. 하지만 동거는 그렇지 않다. 결혼과 달리 동거는 시작할 때 거주지 변경만 하면 된다. 실제로 동거는 그 관계의 의미를 파트너가 원하는 대로 정할 수 있으므로, 커플이 각자 정한 동거의 의미가 크게 달라질 수 있다. 관계에 기대하는 내용이 남녀가 서로 다를 수 있다.

그래서 결혼을 생각하는 여자가 동거에 합의할 때 자신의 희망사항을 이야기하지 않고 시작하는 경우가 자주 생긴다. 실제로 이런 무언의 거래에서 동거하는 커플은 미래를 그렇게 멀리까지 내다보지 않는다. 이들은 현재 상황을 보고 동거를 결정한다. 여성은 결혼 문제를 의논하는 시점이 남자들에게는 커다란 갈림길이라는 이야기를 자주 들었다. 그리고 물론 독신 여성이 첫 번째 혹은 두 번째 데이트에서 여동생의 결혼이나 자신의 장래 결혼 계획을 이야기할 때는 필사적이라는 인상을 준다. 하지만 오늘날은 결혼 이야기를 금기시하는 것이 동거하는 관계까지 확대되었다. 그래서 교제 중 동거는 결혼 문제를 전혀 거론하지 않고 결혼을 시험해보는 하나의 방법이 된다.

신부가 될 수 있을 줄 알았는데

어느 학자는 커플 사이에 헌신의 정도가 서로 다를 때 덜 헌신하는 쪽이 관계에서 더 큰 권력을 가진다고 말했다. 더구나 덜 헌신하는 쪽은 미래 계획을 가능한 모호하고 임시적인 상태로 유지하려고 한다. 교제 중 동거가 임시 관계임을 강조하기 위해 사용하는 흔한 방법은 다음과 같이 조건문을 사용하는 것이다.

"내가 직장을 구하거나 승진하면, 그때 결혼 문제를 의논하자."

"우리가 집을 사게 되면, 결혼을 생각해볼 수 있을 거야."

또 다른 방법은 결혼이 종착지이긴 하지만 아직은 먼 이야기라고 말하는 것이다. 6년간 여자친구와 동거한 어떤 남자가 "우리는 결혼을 향해 계속 가고 있다"고 말하는 식이다.

동거 커플에 관한 한 연구에 따르면, 이런 식으로 불확실한 상황이 계속되면 헌신과 관련된 모든 정보에 굉장히 민감하게 반응하고 경계하게 된다고 한다. 즉, 발생하는 모든 사건을 헌신을 높이는 쪽이냐 낮추는 쪽이냐로 해석하려는 경향이 있다는 것이다. 하지만 그런 정보는 종종 모호하고 해독하기 어렵다. 동거할 때는 남자가 하는 몸짓과 우연히 내뱉는 말, 그리고 일어나는 사건이 품고 있는 불명확한 의미들을 남자의 의도를 생각하면서 재구성하고 해석해야 한다. 남자친구가 "이번 기념일을 정말로 '특별하게' 만들어줄게"라고 말할 때 그게 정말로 무슨 의미일까? 반지를 의미하나? 의미가 모호할 때는 남자의 말을 오해하기 쉽다. 한 젊은 여성이 내게 이야기하기를, 자신이 남자친구와 동거를 시작했을 당시에는 별생각 없이 이렇게 말했다고 한다. "어머, 우리가 계속 이런 식으로 나가면, 정말 결혼할지도 모르겠어." 그러면 남자친구는 '흠' 혹은 어쩌면 '으응'이라고 반응했다. 그녀는 그 대답을 '예스'로 받아들였다. 3년 후에 남자친구가 다른 사람을 만나고 싶다고 말했을 때 그녀는 크게 상처받았다. 여자가 신부가 된다고 생각하는 동안, 남자는 다른 여자를 찾고 있었다.

여자는 '남편'을 생각하지만, 남자는 '남자친구'를 생각한다

내가 지난 3년간 젊은 독신들을 대상으로 일대일 인터뷰와 주제별 집단 토론을 한 결과, 동거가 상징하는 헌신에 관하여 남녀의 견해가 다르다. 여성은 헌신을 하나의 연속체로 인식해서 높고 낮은 정도가 친밀한 관계에 반영된다고 생각한다. 결혼은 헌신의 끝에 위치하고, 동거와 같은 다른 관계는 중간 어느 지점에 자리 잡는다는 것이다. 더구나 여성은 헌신을 이야기할 때 그것이 발전하고 있는 것처럼 이야기하는 경향이 있다. 이들은 "우리 관계가 어디를 향해 가지?" 혹은 "우리가 가는 방향" 혹은 "우리가 어디쯤 있는지" 등을 이야기한다. 이런 식으로 여성은 헌신의 정도와 방향을 가늠한다. 즉, 여성이 보기에 관계는 더욱 가까워지고 헌신이 커지는 '쪽으로 나아가거나', 진전이 없거나 '잘못된 방향으로 가고' 있다.

여성은 헌신을 서서히 진화하는(혹은 퇴화하는) 과정이라고 보기 때문에, 동거하는 남자친구의 행동과 말(억양), 몸짓, 표정 그리고 심지어 침묵 등 미묘하고 복잡한 표현을 해석하는데 익숙하다. 오늘 그의 태도가 어제나 지난달과 같은가? 그의 감정이 최근에 변했나? 또한 관계를 진화라는 관점으로 해석하려는 경향은 남

자친구가 남편이 될 준비를 하고 있다는 희망을 품게 한다. 여자는 동거를 통해서 그가 결혼에 적합한지, 결혼을 편안하게 생각하는지 등을 (심지어 그가 결혼으로 진행되는 관계를 두려워하고 있다 하더라도) 배울 것이라고 믿는다.

헌신에 관한 남자의 관점은 이진법과 비슷하다. 남자에게 헌신이란 상태의 문제이고, 여기에는 결혼하지 않은 상태와 결혼한 상태, 이렇게 두 가지만 있다. 여자와 달리 남자는 정도라는 미묘한 개념이 아닌 상태의 차이를 인식한다. '결혼하지 않은 상태'에서 '결혼한 상태'로 옮아가는 것은 단순히 현재 있는 자리에서 조금 옆으로 이동한 것이 아니다. 그것은 커다란 도약이다. 그리고 남자는 둘 중 한 사람의 집에 물건을 옮겨놓는 날에 곧바로 이런 도약을 감행하지 않는다. 상태가 바뀌는 일은 오직 혼인 서약을 하는 날에만 일어난다. 남자가 도약할 때까지 그는 '결혼하지 않은 상태'에 남아 있다. 결과적으로 남자에게 동거란 독신을 유지하는 하나의 방법일 뿐이다. 이들의 관점에서 볼 때, 여자친구와 동거한다고 해도 심리적으로, 그리고 심지어 도덕적으로 자신은 한눈팔 자유가 있다.

남자가 결혼에 수반되는 헌신을 상태로 인식하기 때문에 그들은 '결혼하지 않은 상태'에서 '결혼한 상태로' 위치가 바뀌었음을 표시하는 공식적이고 법적인 사건과 행사, 절차를 심각하게 받아들인다. 여자가 결혼으로 가는 과정으로 생각하는 비공식적이고 친밀하고 사적인 몸짓과 합의에 남자는 별 무게를 두지 않는다. 이는 약혼이라는 관례를 치르는 이유가 된다. 약혼은 단순히 여자에게 줄 반지를 준비하는 것만 의미하지 않는다. 그것은 남자에게 상태 변화를 의미한다. 공식적으로 약혼한 남자는 자신을 결혼한 상태로 인식하기 시작한다. 이와 마찬가지로, 일반적으로 결혼이 신부에게 맞춰진 행사라고 생각하지만, 사실 신랑에게 심리적·사회적으로 훨씬 더 중요하다. 그것은 새로운 헌신과 상태로 도약한다는 것을 의미하는 사건이다.

이런 남녀의 차이를 생각해보면, 동거가 결혼을 준비하는 여자에게 왜 그렇게 오해와 곤란을 일으키는지 쉽게 파악된다. 여자는 투자한 시간과 애정을 결혼을 통해 보상받으리라는 생각으로 동거를 결정할 가능성이 높다. 결과적으로 여자는 향후 결혼생활에서 서로의 역할을 미리 정리한다는 마음으로 아내로서 돌보고 지지하는 역할을 담당한다. 하지만 남자는 동거를 '번 만큼 쓰는 관계pay-as-you-go relationship'라고 인식한다. 그는 앞으로 어떻게 될지는 생각하지 않으며, 그에게 가장 중요한 것은 수지타산이 맞는지 확인하는 일이다. 결국 남자가 동거한다고 해서 '결혼하지 않은 상태'에서 '결혼한 상태'로 위치가 변하는 공식적이고 법적 단계를 받아들인 것이 아니다. 따라서 이들은 동거하는 여자친구와 결혼할 의무가 없다고 생각한다. 이런 이유로 남자는 동거하는 여자친구가 결혼이라는 주제를 꺼낼 때 놀라고 두려워하고 혼란스러워하며, 그 주제를 계약 조건을 바꾸기 위한 '압박'으로 인식한다. 반대로 여자는 동거하는 남자친구가 결혼 문제를 의논하기를 망설일 때 자신이 크게 속았다고 느낀다. 여자가 생각하기에, 동거는 결혼으로 향하는 과정의 일부이고, 언젠가는 거기에 도달해야 한다. 하지만 남자가 보기에 동거는 독신 남성이 여자친구와 함께 사는 상태이며, 이미 거기에 도달한 것이다.

결국 남자에게 유리한 동거

교제 중 동거가 결혼을 생각하는 여자에게 불리한 반면, 남자에게는 괜찮은 거래일 수 있다. 남자는 남편으로서 짊어져야 할 책임을 지지 않고도 아내가 주는 혜택을 누릴 수 있다. 여자가 들이는 시간과 노력, 지원 덕분에 남자는 가정이 주는 편안함과 신체적 건강, 정서적 웰빙을 누린다. 더구나 다른 입주 도우미들과 달리 동거하는 여자친구는 무상으로 일을 해주고, 성관계도 자유롭게 맺을 수 있다.

남자는 이 점을 잘 알고 있다. 국가 결혼 프로젝트에서 젊은 독신 남성을 대상으로 수행한 연구를 보면, 동거는 관계가 깨지더라도 이혼 때와 같은 경제적 부담을 지지 않고 결혼의 이점을 누릴 수 있는 방법이라고 생각하는 남성들이 많았다. 이혼할 때 아내에게 부부 재산의 반을 주도록 법률로 정하는 주에 살고 있는 남성들은 특히 자신들이 부담해야 하는 이혼 비용을 몹시 잘 알고 있다. 이들에게 동거는 재정적으로 훨씬 덜 위험하면서 결혼처럼 가정의 안락함을 제공한다.

사실 어머니에서 여자친구로 자신을 보살피는 주체가 바뀌는 동거 생활에 잘 적응하는 남자도 더러 있다. 지난날 처음에는 아버지에게, 나중에는 남편에게 의존했던 사람은 젊은 여성들이었다. 오늘날은 상황이 바뀌었다. 자신의 집처럼 편하게 지내다가 동거 관계가 깨지면 다시 원래 집으로 돌아가는 쪽은 이제 젊은 남성이다.

그래서 남자는 어머니의 맹목적인 사랑을 받다 여자친구의 조건 없는 사랑으로 옮겨간 후, 관계가 틀어지면 다시 어머니의 품으로 돌아간다. 2000년에 18~24세 인구 중 부모와 함께 사는 남성은 56%인 750만 명이었지만, 여성은 43%인 560만 명이었다. 25~34세의 경우 부모 중 한 사람과 함께 사는 남성의 숫자(220만 명)는 여성(100만 명)의 두 배 이상이었다. 젊은 층의 주거 패턴을 조사한 최근 연구에 따르면, 부모님 집은 딸보다 아들에게 더 적합하다. 부모는 성인이 된 아들의 사회생활을 덜 통제하고, 아들이 가사 일을 도와줄 거라는 기대를 상대적으로 덜 한다. 확실히 부모들은 아들을 위해서 '하는 일'은 즐기지만, 딸들에게는 자기들을 위해서 무언가를 '해주었으면' 하고 기대한다.

요리하고 청소하고 스스로 자기 공간을 관리할 줄 아는 남자들조차도 일단 가사를 분담할 여자친구를 만나면, 집안일을 하지 않았던 과거로 돌아가버린다. 여성의 보살핌에 의존하던 습관은 보살핌을 받을 수 있기만 하면 반복되는 것 같다. 내가 아는 여교사 하나가 이런 패턴을 설명해주는 이야기를 들려주었다. 그녀는 자기 반 6학년 학생들을 팀으로 나누어 청소를 시켰다. 팀마다 해야 할 일을 알려주고, 가장 청소를 잘한 팀에게는 상을 주기로 했다. 예전에는 동성끼리 팀을 만들었는데, 이번 학기에는 혼성으로 구성했다.

그러자 남학생들이 해야 할 일을 하지 않는다며 여학생들이 불평하기 시작했고, 내용을 조사한 이 교사는 그것이 합당한 불만이었음을 확인했다. 동성끼리 있을 때는 청소를 잘했던 남학생이 여학생과 한 팀을 이루자 게으름을 부렸던 것이다.

수많은 연구에서 지적하듯, 집안일을 분담할 때 남편들은 해야 할 역할을 제대로 하지 않는다고 한다. 하지만 최근에는 남편들이 가사와 육아에 쓰는 시간이 증가하고 있다. 이들의 행동이 개선되는 속도는 더디지만, 방향은 바람직하다. 아내가 직장에 다니는 경우 생활비와 자녀양육비를 부부가 분담할 수 있고, 결혼은 동거보다 오랫동안 서로에게 헌신하는 관계이므로, 남편들은 가사와 육아 분담에 열의를 보인다. 그런 상황에서는 부양책임을 두고 부부가 적절한 합의점을 도출하는 것이 어렵지 않다. 그러나 동거는 사회적으로나 법적으로 덜 확실한 관계이므로 여자는 남자 곁을 떠나는 것 말고는 그의 행동을 변화시키기 어렵다.

책임감이 강하고 남을 잘 보살피는 여성을 정확하게 찾아내는 남자들도 있다. 그와 반대로 남편감을 찾고 싶은 유능한 여성은 자신이 돌봐야 하는 의존적인 남자를 만난다. 중서부 지역에서 마케팅 책임자로 일하는 어떤 여성은 전 동거남에 대해 "정말 아이 같은 남자였어요"라고 말했다. "그는 언제 무슨 일을 할지 제가 일일이 말해주기를 바랐죠. 저는 그의 성공과 실패에 책임감을 느꼈고, 그도 제게 책임을 지웠는데 그건 불공평했어요."

종종 여성은 동거가 본질적으로 결혼보다 평등하다고 생각한다. 어떤 여성은 결혼하면 전통적인 성 역할의 함정에 빠질 위험이 있다고 말한다. 동거할 때는 좀 더 '역할이 자유롭다'는 것이다. 그러나 이런 견해가 이론적으로는 그럴듯해 보이더라도 현실에서 실현되기는 어렵다. 몇 가지 측면에서 교제 중 동거는 1950년대 전통 결혼만큼이나 불평등할지 모른다.

연애할 때 동거하지 마라

블레어는 스스로 설정한 수많은 개인적·직업적 목표를 스물일곱에 완수했다. 대학을 조기 졸업했고 8개월 동안 유럽 배낭여행을 다녀왔으며 돈이 바닥날 때까지 미국 전역을 여행했다. MBA를 취득한 후, 마케팅 분야의 여러 직장을 거쳐 현재는 남서부 지역에 있는 한 통신회사에서 회계 책임자로 일한다. 그녀는 20대 대부분을 혼자 살았다. 지금까지 3명의 남자와 각각 6~8개월 정도 사귀었다. 한동안은 유행을 좇는 해안가 도시에 살았는데, 그곳 남자들은 자기에게 별 관심이 없었다고 블레어는 말한다. "그들은 금발에 키가 크고 가슴 확대 수술을 한 여자를 원하더라고요." 지금 직장이 있는 인구 70만 도시로 이사 왔을 때, 그녀는 좀 더 예의 바른 남자들을 만날 수 있었다. 이곳 남자들은 돈이나 연예인 같은 외모에 덜 관심을 두었다. 그녀는 활발하게 사회생활을 했고 데이트도 많이 했다.

1년쯤 전에 블레어는 경제개발을 주제로 하는 콘퍼런스에서 멘토링 기업의 설립자이자 회장인 잭을 만났다. 블레어는 당시 상황을 이렇게 회상했다. "처음 만났을 때, 저는 그가 좀 건방지다는 인상을 받았어요. 하지만 그렇게 젊은 나이에 자기 회사를 경영하려면 그런 모습이 되겠거니 하고 생각했죠." 하지만 나중에 그녀는 잭이 건방진 첫인상과는 반대로 다정하고 똑똑하며, 열정적으로 커리어를 추구했던 예전 데이트 상대들과 달리 자신감은 있지만 느긋한 성격임을 발견했다. "그는 속이 정말 따뜻한 사람이에요"라고 블레어는 말했다.

블레어와 잭은 데이트를 시작했고, 내가 처음 그녀를 인터뷰했을 당시에는 이미 7개월째 연애하는 중이었다. 블레어는 잭을 '영혼의 짝'이라고 생각했다. 두 사람이 미래 계획을 의논하면서 자연스럽게 결혼 이야기가 흘러나왔다고 블레어는 회상한다. "저희 둘 다 30대 초반에 아이를 낳고 싶었기에 시간을 역순으로 계산해봤어요. 그러려면 조만간 결혼해야 한다는 것을 알았죠." 블레어가 말하길, 두 사람이 "결혼을 긍정적인 방향으로 생각할 수 있었던" 또 다른 요인으로는 둘이 함께 살고 있지 않았기 때문이라고 한다. 그녀는 이렇게 말했다. "결혼을 생각하기 시작하니 따로 사는 게 번거롭더라고요."

몇 달 후에 나는 블레어에게 다시 연락해보았다. 블레어 커플은 약혼했고 이듬해 봄에 결혼식을 올릴 계획이라고 했다. 잭은 11월에 반지를 골라놓았지만, 값을 모두 치를 때까지 비밀로 해두었다. 어느 날 그는 일찍 퇴근해서 수백 킬로미터 떨어진 곳에 사는 블레어 부모님 집으로 비행기를 타고 가서 결혼 허락을 받았다. 블레어는 조만간 약혼할 것을 알고 있었지만, 정확히 언제 공식화될지 몰랐다. 새해 첫날과 밸런타인데이가 지나갔다. 밸런타인데이가 있던 그 다음 주 어느 저녁에 잭은 그녀를 해안가 식당으로 데려갔다. 그는 웨이터에게 디저트를 포장해달라고 부탁했다. 두 사람은 디저트 상자 두 개를 들고 해변으로 갔다. 한 상자에는 치즈케이크, 다른 상자에는 줄기에 반지를 매단 장미 한 송이가 들어 있었다.

블레어와 잭은 식을 올리기 전에 동거하기로 했다. 그때까지 블레어는 따로 사는 것이 함께 사는 것보다 결혼을 준비하는 데 더 낫다고 말했다. 각자의 공간을 유지하는 생활이 쉽거나 편리하지는 않다. 하지만 따로 사는 편이 결혼 문제에 관해 올바른 결정을 내리는 데 도움이 된다고 블레어는 생각했다. 동거를 선택하기는 어렵지 않지만, 그래서 문제가 된다. 힘들이지 않고 선택하면, 남자가 자기와 맞지 않는데도 어울린다고 오해하기 쉽다. 이 커플은 지역 교회에서 예비부부 수업도 듣기 시작했다. 블레어는 이렇게 말한다. "저희 둘 다 종교인은 아니에요. 하지만 교회에서만 그런 교육을 하더라고요. 저희는 정말로 결혼 준비 교육을 받고 싶었는데, 그 과정에서는 함께 이야기를 나누기 전에 각자의 공간에서 읽은 내용을 먼저 생각해보게 했어요." 블레어는 함께하는 인생을 기대하고 준비하는 시간이 좋았다. 이 커플은 결혼이 가져올 일생일대의 변화에 대비하고 있다.

인생 초기 단계에서 에밀리와 블레어는 매우 비슷하다. 둘 다 대학을 졸업하고 여행을 다녀온 후 책임이 막중한 직장에 다니면서 전문가로서 경력을 쌓았다. 또한 결혼하고 싶은 남자를 만나기 전에 짧게 몇몇 사람과 사귀었다는 점에서 연애 경험도 비슷하다.

하지만 바로 이때 둘의 이야기가 달라진다. 두 여성은 인생의 동반자를 찾아야 하는 중요한 시기에 진지한 관계를 맺는다. 에밀리는 서른에 교제 중 동거를 시작했다. 블레어는 스물일곱에 동거하지 않고 연애를 시작했다. 에밀리는 남자친구가 결혼에 적합한지 혹은 관심이 있는지 알고 싶어서 5년이라는 중요한 시간을 투자했다. 블레어는 남자친구가 '영혼의 짝'인지 그리고 가까운 미래에 결혼과 아이라는 목표를 공유할 수 있는지 확인하는 데 1년도 걸리지 않았다. 블레어는 편리한 동거 생활을 포기함으로써 잭의 성격과 행실, 의도를 정확히 파악할 때까지 관계에 얽매이지 않을 수 있었다. 중요한 점은 블레어가 관계의 '자연스러운' 단계로서 남자친구와 결혼 문제를 의논했고, 두 사람이 아이를 갖고 싶은 시기까지 함께 '계산'해보았다는 사실이다. 확실히 블레어 커플은 가족계획에 대한 생각이 서로 같았다.

블레어와 잭이 나눈 결혼 관련 대화는 진지하게 교제하는 커플 사이에서 볼 수 있는 신중한 행동의 일부이다. 두 사람은 따로 생활함으로써 앞으로 함께 사는 문제를 의논할 수 있었다. 이는 어쩌면 함께 살고 있었다면 불필요해 보였을 일이다. 사실 동거는 결혼생활 중 일어나는 중요한 문제(자녀와 돈, 직장 문제)를 상의하지 못하게 막는다. 또한 블레어는 귀중한 시간을 낭비하지 않아도 되었다. 잭과 문제가 생기거나 헤어지더라도 좀 더 잘 맞는 남자를 찾을 시간이 충분했다. 훨씬 더 중요한 사실은 블레어가 자신의 목표를 대단히 잘 알고 있었고, 그 목표를 분명하고 신중하게 표현했다는 것이다. 덕분에 그녀는 잭을 만나기 전부터 동거에 관한 자신만의 원칙을 명확히 세웠다. 그래서 블레어는 잭을 만난 이후에 다음과 같은 질문에 대한 자기 답을 이미 알고 있었다. "우리가 꼭 한집에 살아야 할까?"

6장

연애 시장에서 살아남기

연애할 시간, 연애를 위한 시간이 없다

신세대 독신 여성은 적절한 결혼 상대를 어떻게 찾을지 고민하지 않는 동안 어느새 20대 중반이 된다. 대학 때 가볍게 만나 연애한 경험이 배우자를 선택하기 위한 준비 과정은 아니다. 성관계를 하거나 함께 즐겼던 남자 중 괜찮은 사람도 있었지만, 결혼으로 이어지는 진지한 관계를 충분히 경험한 것은 아니었다. 북동부 지역의 작은 인문대학에 다니는 학생 하나는 이렇게 말했다. "시간이 아무리 많이 흘러도 여기에서 제가 누군가를 만나는 모습을 상상할 수 없어요… 저는 (결혼할) 남자를 확실히 알아볼 수 있을 만큼 경험을 충분히 한 것 같지 않아요… 실제로 누군가를 발견하기 전에 아주 많은 사람을 만나봐야 한다고 생각해요."

대학이 인생의 동반자를 만나기에 좋은 장소가 아닌 것처럼, 대학을 졸업한 이후도 적당한 시기가 아니다. 20대 초반에 신세대 독신 여성은 남편감을 찾기 전에 완수해야 할 다른 일들이 있다. 공대를 졸업한 스물세 살 여성 하나는 정말 멋진 남자가 나타나도

"신경 쓰지 않겠으며, 다른 일들로 바쁘기 때문에 지금 당장은 남자친구를 진지하게 사귀고 싶지 않다"고 말한다. 현재 그녀는 평생 함께할 남자보다는 그냥 가볍게 즐기는 남자에 더 관심이 있다. 지금으로서는 "자신을 안아주거나", "자신에게 매력 있다고 말하거나", "하이킹 같은 취미를 함께 즐길" 누군가를 만나고 싶을 것이다. 좀 더 진지한 관계를 생각하기에는 너무 이르다. 또 다른 젊은 여성은 인터넷에 "저는 '당신은 멋지고, 난 당신이 좋으니까 다른 사람과는 데이트하고 싶지 않아' 식의 관계를 찾고 있어요"라고 쓰고 있다.

하지만 현재 상황에 대한 인식 외에도, 신세대 독신 여성은 짝짓기 세계가 얼마나 급변하는지 그리고 그런 변화가 장차 배우자를 찾는 능력에 어떤 영향을 미치는지 항상 깨닫지 못한다. 이는 놀랄 일이 아니다. 날씨와 달리 짝짓기 체계가 변하는 모습은 심야 뉴스에서 예측할 수 있는 문제가 아니다. 더구나 성장하면서 교육을 받는 동안 이들은 처음에 커리어를 추구하는 것부터 나중에 결혼에 이르는 과정을 이해하고 준비하는 데 어떤 도움도 받지 못했다. 도움이 되는 조언이나 사회적 지원, 현실적 모범 사례가 전혀 없었다.

그와 같은 지식이 없으면, 지금 짝짓기 체계가 자신의 욕구와 일치하고 스스로 설정한 연애 목표가 무엇이든지 그것을 달성하는 데 도움을 줄 것이라고 가정하기 쉽다. 하지만 일단 20대 중반이 되어 결혼할 사람을 찾는 문제를 좀 더 진지하게 생각하기 시작하면, 그런 가정이 자기 경험과 맞지 않는다는 것을 알게 될 것이다. 그즈음이면 인생의 동반자에게 바라지 않는 것이 무엇인지는 파악했을지 모르지만, 바라는 것이 무엇인지 알 방법은 아직 찾지 못했다.

그동안에 신세대 독신 여성의 소셜 네트워크와 기회, 시간관도 모두 바뀌었다. 대학에 다니거나 갓 졸업했을 때 거의 모든 주변 사람들이 결혼하지 않았고 이따금 애인을 두었다. 이들은 정착은커녕 인생의 동반자를 찾고 있지도 않았다. 하지만 지금 그들은 애인이 있거나 결혼을 했다. 대학에 다니거나 갓 졸업했을 때 신세대 독신 여성은 자신과 나이와 학력, 사회경제적 배경이 비슷한 미혼 남성들을 쉽게 만났다. 이제는 미혼 남성 집단의 구성이 좀더 다양해졌고, 인생 목표도 서로 다르며, 거주하는 지역의 범위도 넓다. 대학생이거나 갓 졸업한 학생이었을 때는 커리어를 우선시하고 결혼과 아이를 나중으로 미룰 시간이 충분했다. 이제는 결혼과 아이라는 목표를 달성하기 위해 쓸 수 있는 시간이 많지 않다. 그러므로 신세대 독신 여성은 하루하루를 낭비해서는 안 된다.

나이가 스물여섯 혹은 스물일곱이 되면, 신세대 독신 여성은 스물한 살(혹은 심지어 스물다섯) 때와는 아주 다른 사회적·정서적·지리적 영역에 있는 자신을 발견하게 된다. 이들은 인생에서 매우 중요한 단계에 이르렀다. 연인을 찾을 시간은 있지만, 다른 일에 많은 시간을 허비하지 말아야 한다. 한가하게 할 일을 미루지 않는 것도 중요하다. 그러나 이렇게 하려면, 자신이 속한 범위를 명확히 이해해야 한다. 즉, 자신의 현재 위치와 가고 싶은 방향, 자신을 막는 방해물을 피하는 방법을 잘 알아야 한다.

독신 여성의 위상

오늘날 짝짓기 지형에서 신세대 독신 여성이 어떤 위치에 있는지 파악하기 위해 아래 그림을 자세히 보자. 아래 그림은 인구조사 자료를 바탕으로 연령별 대졸 독신 여성의 비율을 보여주는 그래프이다. 그래프의 아래쪽은 나이를 나타내며, 그 범위는 22세부터 41세이다. 연령별 독신 여성의 비율은 그래프 왼쪽에 표시되어 있는데, 위로 올라갈수록 높은 비율을 의미한다.

24세 대졸 여성 중 기혼자의 비율은 4분의 1을 약간 넘는 25%이다. 아마도 이들 대부분은 초혼일 것이다. 확실히 알지는 못

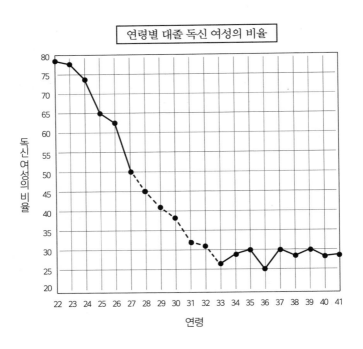

연령별 대졸 독신 여성의 비율

하지만, 이들 대부분은 대학이나 대학원에 다니는 동안 혹은 졸업하자마자 아마도 대학교 인맥이나 학교 활동을 통해 배우자를 만났을 확률이 높다. 이들은 남녀공학 대학을 다녔거나 대학 친구의 소개로 배우자를 만났을 것이다. 그리고 이들의 연애는 학교와 관련된 사교 활동을 통해 발전했을 가능성이 대단히 높다.

1960년에는 24세 대졸 여성 중 기혼자 비율이 53%로 지금의 두 배이다. 25세의 경우는 그 비율이 72%로 훌쩍 뛴다. 하지만 오늘날의 비율도 무시할 정도는 아니다. 낡은 연애방식이 빛이 바래긴 했지만, 여성의 입장에서 대학을 통해 형성되는 배우자 후보군 mating pool은 좁은 지역에 모여 있어 만나기 편하고, 학력과 신분이 이미 검증된 남자들이었다. 그래서 옛 결혼 시간표를 따르고 싶은 대졸 여성이라면 이런 후보군을 활용할 수 있다.

그러나 확실히 대학에 다니는 동안 캠퍼스 내 배우자 후보군의 장점을 활용하는 데 관심을 두는 대졸 여성의 비율은 점점 줄어든다. 그래프에서 볼 수 있듯이, 24세에는 대졸 여성의 거의 75%가 결혼하지 않았다. 24~34세 사이에는 독신 여성의 비율이 줄어들다가 이후에는 수평을 유지한다. 그래프의 오른쪽 아래를 보면, 독신 여성의 비율이 대략 28% 부근에서 일정한 것을 알 수 있다. 하지만 이렇게 변화가 없는 양상이 오해를 일으킨다. 왜냐하면 독신 여성의 숫자가 안정되었다는 의미처럼 보이기 때문이다. 하지만 그 이면의 상황은 상당히 역동적이다.

우리는 35~41세 혹은 그보다 나이가 많은 여성 중 일부는 전에 결혼했지만, 지금은 이혼한 상태라는 것을 안다. 이 때문에 독신 여성의 비율이 증가한다. 그러므로 실제로는 결혼을 한 번도 하지 않은 여성의 비율이 늘어난 것이 아니다. 그리고 조금씩 차이는 있지만, 대체로 28% 주변에서 수평을 유지한다. 이것의 의미는 명확하다. 일부 여성이 이혼해서 독신 범주에 들어가는 것처럼, 그와 비슷한 숫자만큼 결혼해서 독신을 벗어나는 여성들도 있다는 뜻이다. 결과적으로 35~41세에서도 처음으로 결혼하는 사람들이 발생한다. 실제로 독신 여성 28% 중에서 반 정도만 결혼 경험이 없는 사람들이다.

더구나 독신 여성이 짝짓기 지형에서 모두 같은 지점에 있는 것은 아니다. 그들의 위치는 나이와 목표, 배우자 후보군의 활용 가능성에 따라 달라진다. 여기에는 양다리 걸치는 여성과 탐색하는 여성, 이렇게 적어도 두 가지 유형이 있다.

양다리 걸치는 여성

양다리 걸치는 여성은 대략 스물둘 혹은 스물일곱 살일 것이다. 이들은 조혼 제도와 관계 지향적 제도에 한 다리씩 걸치고 둘 사이를 왔다 갔다 한다. 이들은 대학 인맥을 통해 배우자감을 찾을 시간이 충분하다. 그와 동시에 졸업해서 도시로 이주하면, 새로운 유형의 남자들을 만날 수 있다. 짝짓기 지형에서 이들은 좋은 배우자를 만날 수 있는 위치에 있다. 솔직히 말해서, 조건이 너무나 좋아서 오히려 부주의한 방법을 선택할지도 모른다. 이들은 자신이 사는 곳이나 시간표에 신경 쓰지 않고 장기 목표에 집착하지 않아도 된다. 더구나 한창 젊은 나이이므로 수많은 남자를 유혹할 수 있다. 이들의 짝짓기 목표는 유동적이고 개방적이다. 이들에게 짝짓기 게임이란 그저 즐기고 다양한 파트너를 만나보면서 진지한 연애는 나중으로 미루는 것이다. 결혼을 궁극적 목표로 삼고 있다 하더라도, 이들에게 결혼이란 첫 사회보장연금을 받는 시기만큼이나 멀게 느껴진다. 사실 이들은 확실히 결혼으로 이어지지 않는 관계를 찾으려 할 것이다.《워싱턴 포스트》에 기고한 어느 여성이 이렇게 이야기한 것처럼 말이다. "저는 결혼할 생각이 없어요. 이제 스물두 살이거든요! 전 단지 함께 즐기고 밤에 잘 자라는 키스를 해주며 어쩌면 아침에 제 옆에서 눈을 뜰 누군가를 만나고 싶어요." 20대 초반의 다른 여성은 그녀가 찾고 있던 관계를 "친한 친구이면서 가끔 함께 자는 사이"에 비유했다. 만약 인생의 동반자를 찾는 일이 긴급한 관심사가 아니라면, 시간도 마찬가지이다. 양다리 걸치는 여성은 많이 남은 시간이 주는 호사를 누린다. 그리고 대학을 졸업한 첫해에는 직장일에만 전념하지 않아도 될 정도로 직장에서 맡은 직책이 높지 않다. 그래서 이들은 아마도 파티와 클럽을 찾을 여유와 에너지가 있고, 술집에서 제공하는 특별 할인 시간대도 이용할 수 있으며, 주말마다 혹은 퇴근 후에 친구들과 어울릴 수 있다.

양다리 걸치는 여성은 함께 어울리거나 밤샘 파티를 즐기고 우정도 나눌 수 있는 비슷한 조건의 독신 남성을 찾을 수 있다. 사랑 없는 섹스와 섹스 없는 사랑, 혹은 심지어 짧게 사랑과 섹스만 하는 관계를 찾기가 어렵지 않다. 스물여덟 살 여성 하나가 전에 내게 이렇게 말했다. "한 사람을 통해서만 모든 욕구를 채우다니 말도 안 돼요. 저희 세대는 다양해요. 이 사람과는 섹스를, 저 사람과는 클럽에 가서 시간을 보내고, 또 다른 사람과 진지한 생각과 감정을 나눌 수 있답니다." 실제로 이렇게 헌신의 수준이 낮은 짝 짓기 목표는 비슷한 연령대의 남자들에게도 똑같이 찾아볼 수 있다. 남자들 역시 독립해서 인생 경험을 하고 경제적으로 안정된 후에야 오래 유지되는 연애에 집중한다. 20대는 우정이 연애를 대신한다. 혹은 정치적 은유를 빌려 표현하면, 연합confederacy이라는 좀 더 온건한 목표 때문에 통합union을 향한 열망을 포기한다.

전략 수정

스물여덟 즈음이면 독신 여성은 난생처음으로 자신이 미혼 여성 중 소수에 속하는 것을 알게 된다(28세 대졸 여성 중 독신의 비율은 45%이다). 이제 짝짓기 지형에서 이들이 차지하는 위치가 달라진다. 이 나이에는 걸 프로젝트에서 설정한 학교와 직업의 마지막 단계에 도달했을 것이다. 학사 학위를 받았고 어쩌면 석사 학위도 한두 개 땄을 것이며, 세계여행을 하고 지역사회에서 봉사활동을 하며, 직장에서 영향력을 행사하고 경제적 독립도 이루었다. 10여 년 동안 자유롭게 성생활을 즐겼고, 한두 사람과 만났다 헤어졌으며, 자신이 파트너에게 무엇을 바라는지 매우 잘 알고 있다. 이제는 그동안 미루어두었거나 최근에 생긴 결혼과 아이라는 목표를 추진할 준비를 할 것이다.

그러나 이제는 대학에서 형성된 배우자 후보군을 활용하기에 시간이 많이 지났다. 학연은 느슨해졌을 것이고, 설사 강하게 남아 있더라도 과거보다 만날 수 있는 독신 남성이 많이 줄었을 것이다. 자기와 함께 대학에 다녔던 남자 중 일부는 이미 결혼했다. 짝을 찾기 위해 대학 인맥을 활용하기에는 이미 나이가 들어버렸다. 학연에 의지해서 그 장점을 이용하기가 훨씬 어려워졌다. 이제 양다리 걸치기를 그만두어야 한다.

더구나 이들은 예전처럼 어리지 않다. 자기보다 어린 여자들이 이미 자기 영역에 와 있다. 이런 이유로 그리고 이제는 결혼에 집중하기로 했으므로, 이들은 여전히 결혼과 상관없이 관계에만 관심이 있는 어린 여성들보다 좀 더 상황이 어려워졌다. 그래서 이들은 결혼해야겠다고 생각하는 바로 그 순간에 대학 인맥과 관계만 원하는 남자들을 활용할 수 있는 위치에서 주변부로 밀려나게 된다. 이것이 1장에서 소개한 크리스티나가 서른이 되었을 때 경험한 상황이다. 바로 이때가 크리스티나와 같은 여성들이 괜찮은 남자가 남아 있을까 하고 궁금해하는 시점이다.

영화 〈내 남자친구의 결혼식My Best Friend's Wedding〉은 이런 변화를 겪고 있는 독신 여성의 모습을 보여준다. 뉴욕에서 성공한 식당 비평가이자 작가인 줄리안 포터(줄리아 로버츠 분)는 사랑이나 결혼과 같이 여성들이 전통적으로 우선시하는 가치들을 항상 경멸해왔다. 그녀는 결혼식도 싫어해서 예식장에 가지 않는다. 20대에 여러 남자와 관계를 맺었지만, 자신이 사랑하는 사람은 오직 하나, '베스트 프렌드'인 마이클 오닐(더모트 멀로니 분)이다. 마이클과 줄리안은 브라운 대학교를 다니면서 한 달간 '뜨거운' 사이였지만, 이후에는 직장을 잃고 부모님이 돌아가시고 연인과 헤어지는 등 모든 일을 함께 겪는 친구가 되었다. 둘은 9년 동안 영혼의 짝처럼 지냈다. 사실 그들은 스물여덟이 될 때까지 서로 결혼하지 못하면, 둘이 결혼하자는 약속을 해둔 상태였다. 그러나 최근 줄리안은 자신의 북 투어 때문에 너무 바빴던 나머지 한동안 마이클과 연락하지 못했다. 그녀는 마이클이 남긴 긴급한 음성 메시지를 듣고 나서야 비로소 얼마 남지 않은 스물여덟 번째 생일과 둘의 약속을 떠올렸다.

영화를 본 사람이라면 알겠지만, 마이클의 연락을 받은 줄리안은 예상하지 못한 소식을 듣는다. 마이클이 오는 주말에 결혼한다는 것이었다. 그의 예비 신부, 키미(카메론 디아즈 분)는 스무 살에 예쁘고 똑똑하며 돈도 많다. 마이클은 키미가 자신과는 "전혀 맞지 않지만", 자기도 어쩔 수 없다고 말한다. 이전에는 한 번도 느껴보지 못한 감정이라면서. 줄리안은 충격을 받았고 속상했으며 질투가 났다. 마이클이 이런 식으로 자신을 배신할 줄 몰랐다. 두 사람은 서로 하고 싶은 일은 뭐든 하는 자유로운 사이였다. 그녀는 자기가 원하기만 하면 둘이 결혼하자는 계획을 마이클이 실행할 것이라고 늘 기대했었다. 이제는 그 계획을 접어야 한다. 더구나 그녀는 마이클이 가장 아끼는 사람이 자신이라고 늘 믿고 있었다. 하지만 지금은 강력한 경쟁자가 생겼다.

줄리안은 마이클이 결혼을 취소하게 하려고 비밀스럽게 작전을 세우고 온갖 비열한 방법을 동원한다. 하지만 전혀 효과가 없다. 오히려 마이클과 키미가 서로 사랑을 확인하는 데 도움만 될 뿐이다. 결혼식은 예정대로 진행되고, 줄리안은 신부 들러리로 참석한다. 결혼식 피로연에서 줄리안은 혼자 남겨지지만, 곧 그녀의 게이 '베스트 프렌드'인 조지(루퍼트 에버릿 분)가 도착해서 낙담한 그녀를 무도장으로 데려간다. 그리고 이런 말로 그녀를 위로한다. "어쩌면 결혼은 못 할 거야. 섹스도 못 할 거고. 하지만 맹세코 춤은 계속 출 거야."

전문직 독신 여성이 일과 사랑 사이에서 선택을 강요받는 상황은 할리우드 영화가 전통적으로 다루어 온 주제 중 하나이다. 이런 영화 속 공식에 따르면, 여자는 한꺼번에 둘 다 가지지 못한다. 예를 들어, 영화 〈브로드캐스트 뉴스Broadcast News〉에서 홀리 헌터가 연기한 A형 텔레비전 제작자인 제인 크레이그는 일 때문에 사랑을 포기한다. 마지막 장면에서 결혼할 뻔했던 두 남자와 재회했을 때, 그녀는 자신이 선택한 결과를 마주해야 했다. 제인이 결혼이라는 꿈을 포기하는 동안 두 남자는 모두 만족한 결혼 생활을 한다. 그녀는 누군가와 데이트를 하지만, 영화는 제인이 늘 외롭고 혼자일 것이라는 암시를 준다.

〈내 남자친구의 결혼식〉은 이런 할리우드 전통을 무너뜨린다. 이 영화에서는 고전적인 방식으로 직장과 결혼 사이에 선택을 강요하지 않는다. 이 영화는 똑똑하고 매력적이고 야망 있으며 이론적으로는 서로 닮았지만 짝짓기 지형에서는 위치가 서로 다른 두 여성의 이야기이다. 키미는 스무 살이고, 대학 3학년 때 마이클을 만난다. 원래 그녀는 사랑에 빠져 결혼할 계획이 아니었다. 실제로 키미는 줄리안에게 "저도 당신이랑 비슷했어요"라고 말한다. 하지만 그녀는 사랑하는 남자와 결혼하고, 그와 함께하기 위해서 경력을 쌓으려는 계획을 미루기로 했다. 그 순간 그녀는 조혼 제도에서 흔히 볼 수 있는 결혼을 택하는 어린 여자가 된다.

줄리안의 상황은 다르다. 그녀는 키미보다 여덟 살이 많고, 직장에서 성공하기 위해 사랑을 미루었으며, 영혼의 동반자를 찾는 문제를 거의 생각하지 않았다. 그녀는 대학교 때 사귄 친구와 결혼한다는 계획이 있었지만, 그 기회를 잃었다. 그녀는 준비만 되면 자기는 언제나 결혼할 수 있다고 생각했지만, 지금은 자신이 원할 때 결혼할 수 없다는 사실을 깨달았다.

영화는 키미와 줄리안이 각자 선택한 결과에 대한 책임을 두 사람에게 맡긴다. 키미는 자신을 사랑하는 '좋은 남자' 마이클과 결혼한다. 하지만 여전히 직업적 야망을 미루었다는 사실을 받아들여야 한다. 실제로 그녀에게는 결혼과 관련해서 해결되지 못한 커다란 문제들이 몇 가지 남아 있다. 키미가 영원히 경력을 쌓는 계획을 보류할 것인가? 마이클이 자신은 좋지만 급여가 낮은 일 대신, 싫지만 키미 아버지 회사의 고위직에서 일하는 것을 택할 것인가? 영화 끝에서 키미가 자신과 "전혀 맞지 않는" 사람이라는 것을 확인하는 마이클을 보고 관객들은 궁금해할 것이다. 만약 마이클의 생각이 옳다면 어떻게 될까?

줄리안은 외로운 독신녀로 남지 않을 확률이 높다. 앞으로 그녀의 연애 생활에 무슨 일이 벌어질지 모르지만, 어쨌든 그녀에게는 여전히 절친한 게이 친구가 있다. 조지는 어린 여자 때문에 줄리안을 떠나지는 않을 것이다. 그와 함께 있으면, '항상 춤을 출 수 있을 것'이다. 그리고 마이클을 완전히 잃은 것도 아니다. 그는 신혼여행에서 돌아오면 줄리안에게 전화를 걸 것이다. 그러나 마이클이 키미와 결혼함으로써, 줄리안은 그녀가 사랑했던 단 한 사람에게 선택받을 기회를 잃었다. 나중에 줄리안이 결혼할 사람을 찾고 싶더라도, 대학에서 만났던 첫사랑과 비슷한 남자를 찾기는 쉽지 않을 것이다.

탐색하는 여성

스물여덟을 넘긴 신세대 독신 여성은 관계 지향적 체계에 확고하게 자리 잡는다. 여기에서 이들의 짝짓기 목표는 적어도 두 가지 중 하나가 될 것이다. 첫 번째는 계속 새로운 관계를 추구하거나 기존 관계를 유지하는 것이다. 이런 짝짓기 목표는 관계 지향적 체계가 제공할 수 있는 것과 잘 맞는다. 20대 후반이나 30대 초반에 이들은 가벼운 성관계와 단기간 지속되는 관계 혹은 동거에 관심을 두는 남자들을 찾을 수 있다. 이들은 관계 지향적 체계에서 '관계를 선호하는 여성relationships girl'으로 불릴 것이다.

텔레비전 드라마 〈섹스 앤 더 시티〉의 등장인물들이 여기에 잘 들어맞는다. 네 번째 시즌이 끝나갈 무렵이면, 어쨌든 주인공 네 명 모두 관계 지향적 체계에 정착한다. 네 사람 중 전통을 고수하던 인물인 샬럿은 짧은 결혼 생활을 마치고, 독신 여성이 되어 다시 데이트를 즐긴다. 캐리는 남자친구 에이든에게 청혼을 받지만 거절하고, 애인이었던 미스터 빅을 서부로 떠나보낸다. 미란다는 전 남자친구의 아이를 낳지만, 그녀가 결혼했는지는 알 수 없다. 그리고 몇몇 일화에서 자신이 혹시 일부일처 관계에 빠진 것이 아닐까 의심했던 사만다는 자유분방한 성생활을 재개한다.

두 번째 짝짓기 목표는 결혼과 아이이다. 결혼을 생각하는 여성은 나이가 들 때까지 이 목표를 유예한 덕분에, 결혼을 신중하게 생각하면서 오래 기다렸을 때 생기는 장점 중 일부를 얻을 수 있다. 이들은 더욱 성숙하고 경제적으로 안정되었으며, 자신과 교육 수준이 비슷하지만 20대 초중반에 일찍 결혼한 다른 여성보다 인생 경험이 더욱 많다. 실제로 일부 학자가 이론으로 만든 것처럼, 이런 여성은 더욱 현명하게 파트너를 선택하고, 결혼을 오래 유지할 가능성이 높으며, 홀로 자식을 키울 능력도 더욱 많다. 그러나 이런 여성들은 결혼을 생각할 때 곤경에 빠진다. 이것이 극복할 수 없는 문제는 아니지만, 결혼을 생각한다면 시간을 투자하는 방법과 선택에 대단히 주의해야 한다.

결혼하고 싶은 욕구를 채우려면, 이들은 어쩌면 괜찮은 배우자를 찾으려는 노력을 의식적으로 해야 할 것이다. 그리하여 이들은 탐색하는 여성이 된다. 탐색하는 사람이란 나이와 짝짓기 목표, 남아 있는 시간으로 정의된다. 이들은 20대 후반 혹은 그 이상이며, 목표는 결혼과 아이이고, 가능한 한 빨리 그 목표를 이루고 싶은 여성들이다.

하지만 이들의 짝짓기 목표와 짝짓기 지형에서 이들의 위치가 완벽하게 일치하지는 않는다. 이들은 어머니 세대와 달리 대학 인맥이 중심이 되는 체계에서 결혼을 생각하지 않았고, 〈섹스 앤 더 시티〉의 캐리와 달리 관계 지향적 체계에서 결혼이 전제되지 않는 관계를 선호하지 않는다. 이들은 마치 광란의 파티 현장에 있는 '아미시Amish'(현대 기술 문명을 거부하는 종교 단체 – 옮긴이) 여성과 같다. 이들의 짝짓기 목표는 주변 사람들과 너무나 다르다.

이들은 관계 지향적 체계에서 다른 여성보다 야심 찬 목표를 가지고 있으므로, 그것을 달성하는 데 시간이 더 걸리는 것도 당연하다. 무엇보다 먼저 이들은 자신이 사랑하고 자신을 아껴줄 남자를 찾아야 한다. 그다음에 이 남자가 아이를 낳고 함께 기르겠다는 자신의 열망을 공유하는지 확인해야 한다. 더욱 중요한 것은 이 남자가 결혼할 의사가 있고 준비도 되어 있어야 한다.

하지만 남편과 아버지가 될 만한 남자를 찾을 때, 남자 중에는 이들과 목표가 다른 사람도 반드시 포함되어 있다. 모든 남자가 결혼과 아이에게 관심이 있는 것은 아니다. 남자들 중에는 성관계만 원하거나, 함께 살면서 일부일처제 수준의 헌신을 (적어도 여자 쪽에서) 원하거나, 기간 제한 없이 같이 살면서 '앞으로 어떻게 될지 두고 보는' 사람이 있을 것이다. 또한 자기가 원하는 것이 무엇인지 모르는 남자도 있다. 가슴 아픈 이혼이나 이별에서 회복 중인 남자도 있고, 누군가가 상처 입은 자아를 격려하고 성적 만족감을 주며 아이가 있다면 자기 아이를 보살펴주기를 바라는 남자도 있다. 결과적으로 탐색하는 여성에게 중요한 과제는 이런 남자들을 걸러내고 분류하는 것이다. 자신과 생각이 다른 남자들은 남편 후보에서 제외해야 한다. 그리고 이 일을 신속하게 해야 한다.

게다가 탐색하는 여성은 짝짓기 시장에서 자기 말고도 걸 프로젝트를 이수한 여성들이 많다는 사실을 알게 될 것이다. 거기에는 자기처럼 20대 후반 혹은 그 이상의 나이에 성공한 직장인으로서 남편감을 찾고 있는 다른 여성들이 있다. 그런데 거기에는 자신과 조건은 비슷하지만, 결혼에는 관심이 없는 여성들도 있다. 일부 독신 남성은 결혼보다 덜 부담스러운 관계를 선호하기 때문에, 결혼을 생각하지 않는 여성들이 더 많은 남성 후보군을 가지게 된다. 또한 탐색하는 여성과 학력 수준 및 직업 성취도가 비슷하지만, 몇 살 더 어리면서 결혼과 아이를 원하는 여성들도 있다.

마지막으로 짝짓기 시장에는 또 다른 두 종류의 여성이 있다. 하나는 탐색하는 여성과 나이가 비슷하거나 더 어리고 학력 수준이 높지만, 커리어에 크게 신경 쓰지 않는다. 다른 하나는 탐색하는 여성과 나이가 비슷하거나 더 어리지만, 학력 수준이 높지 않은 여성들이다. 탐색하는 여성은 종종 이런 여성들과 자신이 같은 짝짓기 시장에 있다는 것을 알고는 놀란다. 비록 자신은 중요한 시기에 (성생활 관리가 아닌) 사랑과 결혼에 관한 안내를 거의 받지 못했지만, (걸 파워를 잘 보여주는) 성취감과 씩씩한 정신, 대담한 결단력의 가치에 대해서는 많이 배웠다. 좋은 학벌과 직장이 이들을 합격이 보장되는 안정권 학교safety schools에 가서 유아교육을 전공한 여자들과 구분해주었다. 하지만 이것이 짝짓기 시장에서 남자들도 같은 생각을 한다는 의미는 아니다. 탐색하는 여성도 발견했듯이, 직장에서 성공했다고 해서 반드시 연애 시장에서도 유리한 것은 아니다.

커리어를 중요하게 생각하는 전문직 남성(탐색하는 여성과 학벌 및 직업적 성취가 비슷한 남성)이 모두 똑같이 직업적 야망을 품은 여자와 결혼하고 싶어하는 것은 아니다. 그렇다고 오늘날 젊은 독신 남성은 장차 아내가 될 사람이 직장에 나가지 않기를 바란다는 의미는 아니다. 오히려 그 반대이다. 국가 결혼 프로젝트에 따르면, 젊은 남성들은 미래의 아내가 어린아이를 돌보느라 잠시 직장을 그만두더라도 밖에서 돈을 벌어 와서 가계에 보탬이 되고 자신만의 경력개발 계획과 취미를 가지기를 바란다. 하지만 커리어를 중시하는 전문직 남성 중 일부는 아내가 학벌이 좋고 훌륭한 직장에 다니지만, 자신보다 직업적 야망이 작기를 바란다. 이런 남자들은 일이 덜 힘들거나 승진 속도가 더딘 직장에 만족하는 아내를 만난다면, 인생이 좀 더 편안하고 자신의 경력개발도 어려움 없이 추진할 수 있다. 그래서 모든 조건이 같다면, 심장전문의는 같은 심장전문의보다는 제약회사에서 탄력적으로 근무하는 생화학자와 결혼하고 싶을 것이다.

결혼과 아이가 목표인 괜찮은 남자를 찾기 어렵다는 점 외에도 탐색하는 여성은 시간도 의식해야 한다. 결혼으로 이어지지 않을 관계에 시간을 낭비할 수 없다. 그렇다고 생체시계biological clock에 두려움이나 압박을 느끼라는 의미는 아니다. 그와 반대로, 결혼을 생각하는 여성이 자신의 시간을 보호하고 보존하는 방법을 알고 있다면, 배우자를 찾는 과정에서 좀 더 통제력과 자신감을 가질 수 있다. 다행스럽게도 이들이 탐색 중 시간을 확인할 방법이 있다면, 결혼이라는 목표를 공유할 가능성이 없는 남자를 가려낼 수 있을 것이다.

하지만 현재 관계 지향적 체계는 과거 결혼 지향적 체계에서 독신 여성이 이용할 수 있었던 사회적 지원과 자산을 거의 제공하지 못한다. 즉, 관계 지향적 체계는 탐색하는 여성에게 유용한 정보를 제공하지 못하고, 남자를 소개해주는 인맥도 형성하지 못한다. 물론 탐색하는 여성의 주변에도 남자를 소개해줄 친구와 동료가 있지만, 나이가 들수록 이런 인맥의 폭은 좁아진다. 친구나 동료는 멀리 이사하거나 이직한다. 그리고 종교 단체와 같이 검증된 남자들이 있을 것으로 예상되는 각종 사회단체에 기대는 것도 별 도움이 되지 않는다. 많은 종파가 부부와 자녀를 주로 섬긴다. 종종 젊은 독신 남녀는 종교 단체 회원으로 인정받지 못하거나 그들이 결혼 상대를 찾고 있다는 사실이 사람들에게 잊히기도 한다. 간단히 말해서 오늘날 신세대 독신 여성의 시간표나 목표에 맞는 연애 체계는 없다.

결과적으로 탐색하는 여성은 스스로 과정을 주도해야 한다. 미래 배우자의 자격조건을 만들고 거기에 맞게 남자들을 심사해야 한다. 더구나 심사할 대상은 가끔 이해하기 어려울 정도로 다양한 목표를 가졌고, 여기저기 흩어져 있는 독신 남성 후보군이다. 탐색하는 여성은 정보가 있는 제삼자를 통하지 않고 혼자서 정보를 수집해야 한다. 가족과 친구, 동료와 같이 친숙한 집단에 속하지 않은 사람들에게서 전문적인 조언을 구해야 한다. 그와 동시에 자기 자신을 긍정해야 한다. 자신을 연애에 필사적인 독신자가 아니라 《뉴욕타임스》의 '서약'이라는 칼럼에 등장하는 성공적인 탐색자로 여겨야 한다.

관계 지향적 세상에서 '서약'하는 여성들

《뉴욕타임스》일요일판에 '서약'이라는 제목으로 칼럼을 연재하고, 실제 사람들의 러브스토리를 엮은 책『사랑이 내게 가르쳐준 것들Love Lessons』의 저자인 로이스 스미스 브래디Lois Smith Brady보다 탐색하는 여성의 모습을 낭만적이고 희망적으로 그린 사람은 없다. 브래디는 10년 넘게 상류층 커플의 결혼 이야기를 칼럼에 소개했다. 결혼에 이르는 과정을 딱딱하고 장황하게 설명해서 지루해지는 결혼식 이야기를 그녀는 상상력과 통찰력을 바탕으로 대단히 설득력 있고 인상적으로 바꾸어놓았다. 사실 '서약'은 결혼생활이나 결혼식에 관한 이야기가 아니다. 그것은 사랑을 찾는 이야기이다. 그녀의 글을 읽어보면, 사랑을 찾는 일은 오래 걸리고 힘들지만, 결국 성공한다.

'서약'에는 80세 신부가 등장하기도 하지만, 대체로 칼럼 속 여성들은 찾아 나서는 여성과 유사하다. 그들은 보통 신부들보다 나이가 많고 지적이며, 활기차고 인습을 타파하려 하고 집중력이 뛰어나며, 주관이 뚜렷하고 재치와 활력이 넘친다. 일부는 자유로운 영혼의 소유자나 예술가 혹은 모험가이지만, 대부분은 학벌이 좋고 커리어도 훌륭한 여성들이다. 하지만 직업과 상관없이, '서약'에 등장하는 여성들에게는 공통점이 있다. 이들은 지독히도 독립적이고 심지가 굳다. 실제로 이들은 결혼할 때에도 자신이 결혼

제도와 복고적 관습에 굴복하는 것은 아닌지 걱정한다. 메건 멀리(29세)가 제프리 후싱가(33세)와 결혼할 때, 그녀는 남편에게서 자신을 '아내'라고 부르지 않겠다는 약속을 받아냈다. 샤스타 젠슨(30세)은 "자신만의 공간과 자유를 인정해주고… 자신을 절대 실망시키지 않는" 그렉 왜고너(29세)라는 개인 트레이너를 만날 때까지 결혼보다는 관계를 선호하는 여성이었다.

그런데 이런 여성 중 상당수는 직업은 훌륭하지만, 사랑을 찾는 데는 애를 먹는다. 어떤 사람은 직장일이 너무 바빠서 짝을 찾지 못하고, 어떤 사람은 나쁘게 끝난 이별과 이혼, 외로움, 배우자와의 사별 등으로 고통을 겪는다. 유명 백화점인 버그도프 굿맨Bergdorf Goodman에서 도나 카란Donna Karan 매장을 15년간 관리했지만, 연애에는 어려움을 겪는 45세 웬디 저커와이즈처럼, 어떤 여성들은 연애 참사를 여러 번 경험하기도 했다. 웬디 편에는 이렇게 쓰여 있었다. "끔찍한 데이트와 상처 입은 마음은 콜로라도에 부는 눈보라처럼 그녀에게 일상적인 일이었다. 그녀는 매년 몇 번씩 이런 경험을 했다." 또 다른 부류로는 갓 이혼한 39세 수전 프래그놀리처럼 슬픔에 잠긴 사람들인데, 수전은 직장 상사와 아이들 앞에서 울음을 참고 무너지지 않으려 날마다 몸부림친다. 또는 어머니가 암에 걸린 탓에 샌프란시스코에서 뉴욕으로 돌아온 열혈 브루클린 사람, 하이디 스미스(37세) 같은 사람도 있다. 그녀는 어머니를 여읜 후 슬픔과 고독에 잠겨 실직했으며, 앞으로 무슨 일을 해야 할지 몰라 혼란스러워하는 자신을 발견했다. "저는 화장품 가게에 가서 이렇게 말할 거예요. '내 인생의 기초는 무너졌지만,

얼굴에 바를 기초 화장품은 살 거예요.'"

하지만 '서약'에 나오는 여성들은 예상하지 못한 순간에 전시회, 음악회, 서점, 지하철 혹은 카트만두에 있는 소아과 병동에서 사랑을 찾는다. 하지만 일단 찾았다고 해서 사랑이 언제나 결혼으로 매끄럽게 혹은 직접 연결되지는 않는다. 중간에 극복해야 할 장애물과 두려움, 우여곡절이 등장한다. '서약'에 나오는 커플들은 시행착오를 거쳐야 한다. 어떤 이는 마지막 사랑을 만나 재혼하게 될 때까지 이혼이라는 고통스러운 시간을 견딘다. 또 다른 이는 서로 멀리 떨어져 있으므로 함께 지낼 시간을 애써 만들어야 한다. 과거처럼 가슴 아픈 경험을 반복하는 실수를 할까 봐 두려워하는 사람이 있고, 간혹 너무 겁이 나서 결혼을 취소하는 사람도 있다. 예를 들어 어떤 커플은 마지막 순간에 결혼식을 취소하지만, 피로연과 멕시코 여행은 그대로 진행한다. (나중에 이 커플은 멕시코 해변에서 약식으로 조용히 결혼한다.)

이야기의 초점을 결혼식이 아닌 성공적으로 사랑을 찾는 과정으로 바꿈으로써, 브래디는 전통적인 결혼 이야기의 형태를 바꾸었을 뿐만 아니라 '서약'의 독자층도 넓혔다. 그녀의 칼럼은 사교계 명사나 잘난 체하는 사람들의 결혼 이야기를 소개하려고 계획된 것이 아니다. 이 칼럼은 오랫동안 이상형을 찾아다니는 이야기에 공감하는 독신 여성들에게 초점을 맞춘다. 이들은 '서약'에서 자신과 비슷한 사람들, 즉 똑똑하고 세련되었으며 영원한 사랑을 찾지만 진전이 없는 여성들의 이야기를 발견한다. 이런 독자들에게 결혼으로 가는 멀고 험한 길은 익숙하다.

브래디는 관계 지향적 체계에서 일어나는 사랑과 결혼을 비현실적으로 서술하고 있는데, 그 이유는 그녀가 사랑은 나이와 상관없이 일어날 수 있다고 믿기 때문이다. 실제로 그녀가 말하기를, 나이가 많을수록 사랑에 빠지면 젊어진다고 한다. 『사랑이 내게 가르쳐준 것들』에 나오는 어떤 남자가 그녀에게 이렇게 말한 것처럼 말이다. 그것은 밥 딜런의 가사와 비슷하다. "그때는 훨씬 나이가 많았어요. 지금은 그때보다 젊어졌죠." 게다가 브래디에 따르면, 사랑은 나름의 논리와 시간관이 있다. 사랑을 서두르거나 사랑이 생기게 하려고 여자가 할 수 있는 것이 아무것도 없다. "누군가 제게 사랑에 관해 물을 때마다… 저는 늘 그런 감정을 기다리라고 말해요. 기다리고, 기다리고, 기다리라고. 불교 신자가 플라이 낚시를 하는 것처럼 인내심을 가지고 기다려야 해요."

'서약'은 관계 지향적 체계에서 배우자를 찾는다는 낭만적 생각에 감탄스러울 정도로 충실하지만, 사회학적 현실에서는 그렇지 않다. 실제로 사랑을 찾는 과정을 묘사한 내용 중 상당수는 증거와 경험에 비춰볼 때 사실과 다르다. 배우자를 찾는 일은 여자가 나이 드는 것만큼이나 어렵다. 아니 더 어렵다. 프린스턴 대학교에서 예측한 결과를 보면, 과거에도 그랬지만 배우자를 찾는 어려움은 나이가 많을수록 커진다. 하지만 늦은 나이에 사랑을 찾는 사람도 있다. 또한 사랑이 자기를 찾아온다는 생각은 믿을 만한 것이 못 된다. 물론 그런 일이 일어나기는 한다. 하지만 관계 지향적 사회에서 결혼을 생각하는 여성이 그것을 믿는 것은 현명한 일이 아니다. 그리고 인내심을 가지고 기다리는 전략은 아이를 낳고 싶은

30대 여성에게 추천할 만한 방법이 아니다. 일반적으로 배우자를 찾아 나서는 여성들은 브래디의 책에서 어떤 남자가 "'우리'라는 길로 안내하는 완행열차"라고 소개했던 그 기차에 오를 시간이 없다. 이들은 자신의 시간을 보존하고 관리하는 방법을 찾아야 한다. 관계 지향적 사회에서 남편감을 찾고 있는 신세대 독신 여성은 남자들에게 속도와 시간을 설정하도록 맡길 수 없다. 그것을 허락하면, 더 늦기 전에 결혼하겠다는 목표를 달성하기 어려워진다. 배우자를 탐색하는 여성들은 최선을 다해 스스로 찾아 나서야 한다.

7장

사랑을 찾는 새로운 기술

그 남자 그 여자의 연애기술

혼자 힘으로 사랑을 찾아야 할 때 신세대 독신 여성은 직장에서 사용하는 도구와 기술에 의존한다. 직장에서 형성한 습관과 원칙은 본질적으로 탐색과 잘 맞는다. 회사는 시간과 비용을 적게 들여 최대의 효과를 얻는 것을 목표로 삼는데, 신세대 독신 여성의 시간표와 짝짓기 시장에서도 그런 효율성이 필요하다. 실제로 짝짓기 시장에서 대중적으로 잘 알려진 세 가지 탐색 방법은 한 가지 공통점이 있다. 이 방법들은 배우자를 찾아 나서는 여성이 부족하고 귀한 자원인 시간을 최대한 활용하도록 도와준다.

『그 남자 그 여자의 연애기술The Rules』은 남녀 관계에 관하여 수다스럽게 이야기를 늘어놓는 여성 취향의 책이지만, 실제로는 현실적인 경영서이다. 이런 부류의 수많은 책과 마찬가지로, 이 책의 내용도 시간 관리 철학에 근거한다. 책의 핵심 원칙은 결혼하고 싶은 여성들은 빅토리아 시대 여성들이 성관계를 생각했던 방식으로 시간을 다루어야 한다는 것이다. 즉, 그들은 아무렇게 혹은 즉흥적으로 시간을 버리면 안 된다. 권력과 이익의 수단으로 시간을 사용해야 한다.

1995년에 출간된 『그 남자 그 여자의 연애기술』은 갑자기 유명해지더니 뜻밖에 베스트셀러가 되었다. 당시는 둘 다 기혼 여성이었던 엘런 페인Ellen Fein(나중에 이혼했다)과 셰리 슈나이더Sherrie Schneider가 함께 저술한 이 책은 남편감을 찾기 위한 효과적인 수단으로 옛날부터 전해 오는 방법을 제안했다. 여성들은 앞다퉈 이 책을 샀다. 책은 2백만 부가 팔렸고, 27개 언어로 번역되었다. 이 책의 놀라운 인기에 힘입어 후속편으로 『결혼에 성공한 여자의 35가지 법칙The Rules II』(1997)과 『결혼 법칙The Rules for Marriage』(2001) 등 책 두 권과, 이 책의 내용을 다루는 웹사이트와 세미나, 독서 모임이 등장했다. 《타임》 서평란에 누군가 "이것은 그냥 책이 아니라 하나의 운동이다"라고 썼다.

하지만 『그 남자 그 여자의 연애기술』은 등장하자마자 조롱과 비난이 폭주했다. 많은 여성이 책에서 제시하고 있는 무자비할 정도로 엄격한 원칙들에 반대했다. 예를 들어, 7번 원칙은 "수요일 이후에는 토요일 밤에 데이트하자는 남자의 제안을 거절하라"이고, 11번 원칙은 "항상 당신이 먼저 데이트를 끝내라"이며, 14번 원칙은 "첫 데이트에서는 가벼운 키스 이외에 아무것도 하지 마라"이다. 이런 원칙들은 교묘하고 인위적이고 반페미니스트적으로 보였다. 그래서 사람들은 "진부하다", "바보 같다", "형편없다", "구시대적이다" 등의 형용사를 동원하여 이 책을 비난했다. 가혹한 비평가 중 일부는 남성이었다. 코미디언 빌 마어Bill Maher

는 자신이 진행하는 심야 토크쇼, '폴리티컬리 인코렉트Politically Incorrect'에서 이 책과 게스트로 나온 두 저자를 조롱했다. 다른 남성들은 밀고 당기기를 하지 않는 착한 여성에게 남자들이 호감을 느낀다고 말하면서, 여성들에게 비싸게 굴어야 한다고 주장하는 이 책을 비웃었다. 하지만 사업 수완이 있는 남자들은『그 남자 그 여자의 연애기술』을 남성의 관점에서 패러디한 책을 출판했다. 이런 책들로는『잠자리 기술The Rules for Getting Laid』,『결혼하지 않고 원하는 여자를 얻는 방법The Code: Getting What You Want From Women without Marrying Them!』,『여자를 유혹하는 기술The Guide: The Essential Resource for Picking up Girls』등이 있다.

하지만 그런 논란 덕분에『그 남자 그 여자의 연애기술』은 더 많은 여성의 관심을 끌었고, 많은 사람이 이 책을 읽었다(일부는 비밀리에 사서 읽었다). 이 책의 인기는 무시하지 못할 수준이었고, 반발이 있다고 해서 그냥 사라질 책이 아니었다. 대단히 많은 똑똑한 여성이 성공적으로 남편감을 찾게 해주겠다는 약속에 강한 흥미를 느꼈다. 한 여성이 다른 여성들을 대신해서 인터넷에 이런 리뷰를 남겼다. "글로리아 스타이넘과 나오미 울프Naomi Wolf(미국의 진보적 사회비평가이자 페미니스트 운동가 – 옮긴이)의 말을 인용하기를 즐기는 여성으로서 (이 책을 읽었다는 사실을) 인정하기 쉽지 않지만, 나는 로맨틱한 사람이고 마흔이 되기 전에 결혼하고 싶다."

『그 남자 그 여자의 연애기술』은 이 책에 담긴 조언들이 오랜 세월에 걸쳐 효과가 입증되었으나, 할머니 세대와 달리 오늘날의 여성들은 그 사실을 잊었다고 주장한다. 그러나 조상의 지혜라는 견해에 수긍하더라도, 사실 이 책은 당대의 시대상을 완벽하게 반영하고 있는 철저하게 현대적인 책이다. 이 책은 신세대 독신 여성과 그들이 사랑을 찾는 과정에서 전개되는 상황과 전적으로 일치한다.

자유를 포기하고 싶지 않지만
빈집에 들어가기도 싫어

우선 『그 남자 그 여자의 연애기술』은 교육 수준이 높은 독신 여성이라도 데이트 조언을 받은 적이 없음을 증명하는 최초의 책 중 하나이다. 전통적으로 연애와 데이트를 주제로 다뤘던 책들은 10대와 대학생을 대상으로 쓰였다. 그래서 책에 실린 질의응답은 통금이나 옷에 다는 장식용 꽃 같은 고민에 집중되었다. 하지만 신세대 독신 여성이 증가함에 따라 새로운 데이트 시장이 열렸다. 이 여성들은 나이가 있고 독립적이고 경험도 많지만, 정체성을 찾고 인생을 맡기기 위해 결혼이나 남성에 의존하지 않는다. 이 책에 다음과 같이 기록된 것처럼 말이다. "당신은 대단히 성공한 사람이다. 직장과 친구, 취미가 안정적이고 효율적이며 스스로 거기에 만족한다. 그리고 당신은 남자가 곁에 있든 없든 잘 살 수 있다. 당신은 남자가 채워주고 보살피고 생명을 주기를 기다리는 빈 꽃병이 아니다." 이 여성들은 사랑 경험이 없는 것이 아니다. 사실 『그 남자 그 여자의 연애기술』이 묘사한 모습이 정확하다면, 이들의 문제는 오히려 그 반대이다. 이들은 경험을 너무 많이 해서 세상 물정을 잘 안다. 그래서 관계에서 오는 피로감의 여러 증상들(헐뜯기, 시샘, 반감, 응어리, 외로움)로 고통받는다.

그와 동시에 《뉴욕타임스》에 연애 칼럼을 쓰는 로이스 브래디와 『그 남자 그 여자의 연애기술』의 두 저자는 나이가 들고 지적인 여성들이 여전히 결혼하고 싶어 한다는 사실을 잘 알고 있었다. 그래서 『그 남자 그 여자의 연애기술』은 그런 여성들에게 양해도 구하지 않고, 결혼을 공개적인 이슈로 끄집어낸다. 이 책은 이렇게 묻는다. 고통과 외로움이 지긋지긋하지 않은가? '사랑 없는 결합' 대신 정말로 오래 유지되는 진짜 결혼을 원하지 않는가? 한술 더 떠서 이 책의 저자들은 독립적인 전문직 여성이라는 위치와 결혼하고 싶은 욕망은 서로 모순되지 않는다는 점을 분명히 밝힌다. 저자들은 이렇게 말한다. "자유를 포기하고 싶지 않지만, 빈집에 들어가기도 싫다."

『그 남자 그 여자의 연애기술』은 독자들에게 다음과 같은 한 가지 중요한 통찰력을 준다. 여성들은 성공적으로 배우자를 찾을 수 있지만, 자신에게 가장 가치 있는 자원이 시간이라는 점을 반드시 이해해야 한다. 날마다 매시간도 중요하지만, 인생에서 매해도 중요하다. 더구나 시간은 양면성을 가진다. 시간은 결혼을 생각하는 여성에게는 부족한 자원이지만, 힘의 원천이 될 수도 있다. 그것을 어떻게 사용하느냐에 따라 결과가 달라진다. 만약 여성들이 쓸데없는 관계나 언제 결혼할지 알 수 없는 채로 남자친구와 동거하느라 시간을 낭비한다면, 되돌릴 수 없는 귀한 시간을 잃는 것이다. 그와 동시에 여성들은 자기 시간과 그것을 투자하는 방법에 책임을 진다. 그러므로 자신에게 유리하게 시간을 사용해야 한다. 그런데 시장에서 시간의 소중함을 잘 아는 전문직 여성보다 누가 더 이런 통찰력을 제대로 인식하겠으며, 보상도 받지 못하는데 누가 시간을 낭비하거나 함부로 버릴 생각을 하겠는가?

이런 통찰력은 『그 남자 그 여자의 연애기술』을 읽는 여성들에게 기초 전략을 제공한다. 여성들의 목표는 남자가 시간을 투자하도록 내버려두면서 자기 시간은 보호하는 것이다. 남자친구에게 주도권을 갖도록 유도함으로써 여성은 남자의 관심도를 더욱 잘 파악하게 된다. 이렇게 한다고 해서 연애에 반드시 성공한다는 보장은 없지만, 남자가 적극적으로 자신에게 구애하고 자신과 함께하는 계획을 세울 정도로 관계에 관심이 있는지 없는지 확인할 수 있는 객관적 증거를 제공한다. 그리고 남자도 여자처럼 시간을 할애하고 관심을 기울일 생각이 있는지 확인해보지도 않고, 너무 빨리 남자의 건강과 행복을 돌보는 데(남자의 빨래를 해준다거나 세금 환급을 도와주는 것) 발을 들이지 않도록 보호해준다. 그러므로 과거 여성들이 청혼을 받고 싶으면 구혼자의 성관계 요청을 거절하라고 조언받았던 것처럼, 오늘날의 여성들도 남자친구가 명확하게 자신의 감정을 표현하기 전까지 시간을 아끼는 방법을 배워야 한다.

《그 남자 그 여자의 연애기술》이 제안하는 엄격한 규칙들은 연애에서 자연스러운 부분을 전부 몰아냈다는 이유로 반발과 비판을 불러일으킨다. 그리고 이런 비판은 타당하다. 책 속 규칙들은 기계적이고 단순하다. 하지만 책의 더 큰 목적은 단순하지 않다. 이 책은 여성들이 수첩이나 전자 다이어리로 업무 스케줄을 파악하는 것처럼 배우자를 찾아내는 속도와 시간을 통제할 수 있게 하려고 시간 관리 원칙을 만들었다. 이 책이 겨냥하는 독자는 목표를 설정하고, 목록을 작성하며, 자신이 이용할 수 있는 시간을 파악하도록 훈련받아온 여성들이다. 시간 관리는 이들이 잘하는 일이다. 이 책은 그저 직장에서 갈고닦아 인정받은 친숙한 기술을 사랑을 찾는 일에 적용할 뿐이다.

랜선 연애의 가능성

『그 남자 그 여자의 연애기술』이 여성들에게 스스로 시간 관리하는 법을 알려주었다면, 인터넷은 짝짓기 시장을 자기 주도적으로 관리하는 새로운 방법을 제공한다. 사회와 문화, 경제에 새로운 현상이 나타나 사회를 장악하는 순간에는 종종 신기술이 등장한다. 이때 기술과 새로운 현상은 밀접하게 상호작용한다. 핵무기는 냉전이 시작되자마자 등장했다. 피임약은 여성 운동이 한창일 때 널리 사용되었다. 텔레비전은 전후 소비 경제가 자리를 잡았을 때 등장했다. 이와 비슷한 일들이 짝짓기 시장에서도 일어났다. 월드와이드웹www과 같은 검색 엔진 기술은 수백만 명의 25세 이상 독신 직장인들이 훌륭한 짝짓기 상대를 찾기 위해 효과적이고 새로운 방법을 찾고 있던 바로 그때 생겨났다. 이는 20세기 초에 내연 기관이 당시 젊은이들의 데이트 방식을 형성했던 것처럼, 21세기 초에는 인터넷이 짝짓기 문화에 상당한 영향을 줄 것이다.

온라인 데이트는 시작된 지 10년이 되지 않았지만, 그 성장 속도는 놀랄 정도이다. 1995년에는 온라인 데이트 사이트가 거의 없었다. 하지만 오늘날은 2,500개가 넘는 사이트가 있다. 매치닷컴 Match.com과 야후 퍼스널스Yahoo Personals와 같은 대형 웹사이트는 매달 방문객 수가 4백만 명 가까이 된다. 그리고 이 웹사이트들은 사람들이 돈을 내고 이용하는 몇 안 되는 온라인 서비스 중 하나 이다. 실제로 대형 데이트 웹사이트는 전자상거래 분야에서 재정 적으로 성공한 극소수 집단에 속한다. 매달 방문객 수가 380만 명 에 이르고 38만 2,000명이 넘는 유료회원을 거느린 대형 웹사이트 매치닷컴은 2001년 4/4분기에 1,760만 달러를 벌어들였고 760만 달러의 이익을 냈다. 이런 거대 사이트 외에도 아시안프렌드파인 더닷컴AsianFriendFinder.com, 45세 이상을 대상으로 하는 서드에이 지닷컴ThirdAge.com, 싱글스 위드 스크러폴스닷컴singles with scruples. com, '뚱뚱한 몸을 자랑스러워하는' 사람들을 위한 사이트 제너러 스닷넷generous.net 등 틈새시장을 공략하고 있는 사이트가 수백 개 나 있다. 대형 사이트와 틈새시장 사이트 모두 지역의 범위를 널리 확대해서 더 많은 독신자가 사이트에 접속할 수 있게 하는 한편, 상대를 성별과 연령, 지역과 종교, 성적 취향과 같은 특징에 따라 분류한다.

흥미롭게도 온라인 데이트는 새로운 기술이 오래된 전통을 부활시켜 대중화한 사례이다. 결혼 상대(대개는 신부)를 구하는 광 고는 짝을 찾는 매우 오래된 방식이고, 중매결혼의 전통을 따르는 종교집단과 민족 사이에서는 대중화된 방식이며, 미혼 남성의 수가 여성보다 많고 거친 남성과 결혼할 생각이 있는 여성을 서로 연결해주는 사회 기관이 거의 없었던 미국 개척 시대와 이민자 사회에서도 일반적이었다. 우편 주문을 통해 신부를 구하는 방법은 자기 주변이 아닌 곳에서 아내를 찾으려고 하는 남자들에게 저렴하고 효율적이며 간편한 방법이었다. 구혼 과정이 필요하지 않기 때문이다.

나중에 나라가 좀 더 안정되자 '우편 주문 신부' 사업은 인기와 평판을 잃었다. 지금도 일부 남아 있기는 하지만, 주로 사회의 지저분한 구석에서 가난한 나라 출신의 젊고 순종적이며 교육받지 못한 신부를 찾거나 매춘부를 구하려는 남자들이 선호하는 방식이 되었다. 하지만 인터넷 덕분에 개인 광고는 미래의 배우자를 찾기 위한 괜찮은 방법으로 부활했다. 실제로 온라인 데이트는 결혼 의사가 있든 없든 대단히 짧은 시간에 다양한 목적으로 연애 상대를 구하는 대중적인 방법이 되었다.

더욱 중요한 점은 온라인 검색이 지역적 한계를 벗어나 훨씬 폭넓은 짝짓기 시장에 참여할 기회를 제공한다는 것이다. 과거 캠퍼스 중심의 짝짓기 시장에서는 좁은 범위에 비슷한 조건의 미혼 남녀가 몰려 있었고, 몇 가지 공공 미팅 장소와 행사에 참여할 수 있었으며, 수업이 없을 때 함께 어울리고 사교 활동을 하기가 편했다. 심지어 학생들이 공부하는 도서관 같은 장소는 종종 공부와 데이트를 둘 다 할 수 있는 곳이 되었다.

인터넷은 일하는 독신들을 위해 과거 캠퍼스와 유사한 역할을 한다. 인터넷은 사람들을 나이와 관심사, 배경별로 분류해서 짝 짓기 후보군을 만든다. 그리고 사람들이 만날 수 있는 사이버 공간 을 제공한다. 또한 사람들이 각자 편한 시간에 자유롭게 어울릴 수 있게 해준다. 온라인 이용자들은 (과거 도서관에서 데이트하던 캠퍼 스 커플처럼) 일하면서 '데이트'를 즐길 수 있다. 직장에서 자유 시 간이 생길 때마다 마음에 드는 사이트에 접속해서 최근 만났던 누 군가에게 메시지를 보내고, '채팅방'에 들어가거나 개인적인 이야 기를 글로 올릴 수 있다. 그리고 많은 사람이 언급해왔듯, 온라인 검색은 정신없이 바쁜 스케줄과 왕래를 할 수 없는 거리라는 장애 물을 극복하게 해준다. 온라인 이용자들은 누군가를 만나러 가기 위해 자동차나 지하철을 탈 필요가 없다. 사이버 공간에 들어갈 때 는 무슨 옷을 입고 갈지, 자기 외모가 어떤지 걱정하지 않아도 된 다. 그리고 밤이든 낮이든 아무 때나 접속할 수 있다.

또한 인터넷은 과거 구혼제도의 특징인 엘리트들을 위한 짝 짓기 시장을 만드는 데에도 시간을 절약하게 해준다. 성공한 젊은 이들이 자기 마음대로 결혼 상대를 고를 수 있게 된 이후로, 그들 의 가족은 자녀가 조건이 비슷한 사람과 연애하고 결혼할 수 있도 록 배타적인 체계를 만들려고 노력해왔다. 18세기에 영국 상류층 은 지역별로 혹은 전국 단위로 자식들을 위한 짝짓기 시장을 만들 었다. 19세기에 미국 엘리트 계층은 사립학교, 클럽, 개인 파티, 사 교 파티, 예비 신부 학교, 소년 아카데미 등 제도적 기반을 구축했 고, 20세기에는 상류층 간 결혼을 장려하기 위해 아이비리그와 명 문여자대학교 사이에 대학 시합collegiate matchup을 주선했다. 오늘날 상류층 독신은 여전히 자신과 조건이 비슷한 상대를 찾고 있지만, 요즘 그들의 짝짓기 시장은 사회 계급보다는 엘리트 교육(뛰어난 학업 성취도)을 중심으로 형성된다. 그런 시장은 문자 그대로 머리 좋은 사람들끼리 결혼해서 나중에 똑똑한 자녀를 낳기 위해 만들어진다.

이런 사이트 중 선도적 역할을 하는 더 라이트 스터프The Right Stuff의 '아이비리그 데이트'와 굿 진스Good Genes, Inc.의 '상류층 소개팅 서비스'를 들여다보자. 이들 사이트는 하버드 대학교와 프린스턴 대학교의 입학처와 비슷하다. 이들은 똑똑하고 머리 좋은 사람만 선발한다. 사이트의 회원이 되려면 아이비리그나 그 밖의 다른 명문대학을 졸업해야 한다. 두 사이트 모두 회원 신청을 받을 때 필수 서류로 학교 성적표, 동문회 안내문, 학위 수여증 같은 증명 자료를 제출받아서 회원들의 자격 여부를 확인하고 있다고 주장한다. 더 라이트 스터프는 미국과 캐나다, 유럽에서 4,000명이 넘는 회원 수를 자랑하며 '똑똑한 사람이 섹시하다'는 슬로건을 내걸고 있다.

이들 사이트는 여성들이 (복수 전공을 하느라 바쁘지 않았다면) 교실이나 캠퍼스에서 만날 수 있었던 사람들과 비슷한 조건의 남자를 만날 수 있는 공간이다. 이제 여성들은 인터넷이 제공하는 엘리트 사이버 캠퍼스에 접속해서 연애 상대를 찾을 수 있다. 이런 사이트에 등록된 여성들의 학벌은 실제로 대단하다. 그들은 필수 자격 조건인 명문대학을 졸업했을 뿐만 아니라 아이비리그나 다른 명문대학에서 추가로 받은 학위를 여러 개 자랑하는 사람도 있다. 대표 사례를 뽑아보면 이렇다. 캘리포니아 출신의 37세 여성은 UCLA 법학박사 과정에 재학 중이며, 이미 스탠퍼드 대학교에서 박사 학위 두 개를 받았다. 매사추세츠 출신 "의료 전문 변호사"는 스탠퍼드 대학교에서 학사(1987)와 법학박사(1999) 학위를 받았고, 버클리 대학교에서 공중위생학으로 석사(1993) 학위를 받았다. 어떤 흑인 여성은 브라운 대학교(1982)와 웰즐리 대학교(1988)를 졸업하고, 펜실베이니아 대학교 로스쿨을 졸업(1991)했다. 그리고 다방면에 뛰어난 능력을 보이는 여성들의 글이 이어지는데, 예를 들면 "철학을 전공한 내과 전문의"가 있고, "파리에서 10년간 모델로 활동했고, 이후 컬럼비아 대학교에서 비교문학을 전공"하는 여성이 있다. 더구나 몇몇 광고를 보면, 이런 여성들은 학위 취득을 멈추지 않는다. 38세 변호사는 이렇게 쓰고 있다. "저는 존스홉킨스 대학교에서 국제학 학사 학위를 받았고, 하버드 대학교에서 법학 학위를 받았습니다. 프린스턴 대학교에서 정치학 석사 학위를 받았고, 지금은 박사 과정을 밟고 있어요." 또한 다음과 같은 글도 있다.

저는 학부 때 맨해튼 음악학교에 다니면서 바이올리니스트로서 뉴욕시의 여러 오케스트라와 협연했습니다. 이후에는 컬럼비아 대학교 음악학 석사 과정에 입학했습니다. 그러나 약 4년 전에 MBA를 취득한 후에 은행에 취직했습니다. 현재는 J.P.모건 체이스J.P.Morgan Chase에서 정책분석 업무를 맡고 있습니다. 남는 시간에는 여전히 연주 활동을 하고 박사 과정 공부도 병행하고 있습니다.

아마도 이런 온라인 광고에는 결혼을 생각하는 사람과 관계를 지향하는 사람의 글이 섞여 있을 것이다. 결혼이 절박해 보이는 사람은 확실히 덜 매력적으로 보이기 때문에 사람들이 결혼 이야기를 할 때 완곡한 표현을 사용하므로, 광고 글을 보고 결혼 상대를 찾는 사람과 그렇지 않은 사람을 명확하게 구분하기는 어렵다. 그런데도 많은 여성이 결혼을 연상시키는 단어를 많이 사용한다. 누군가 광고란에 이렇게 썼다. "저는 굉장히 독립적이고 사려 깊으며 다방면에 뛰어나고 다정한 남자(29~42세)를 찾고 있어요."

감정 소모가 없는 스피드 데이트

온라인 데이트는 연애에 적합한 사람을 확인하는 첫 단계일 뿐이다. 여기에 다음 단계가 있어야 하는데, 그것은 바로 대면이다. 커플이 서로 멀리 떨어져 산다면, 약속을 잡기까지 대개 시간이 걸린다. 그리고 마침내 직접 만났을 때는 상대방의 외모 때문에 실망하거나 오해하기도 한다. (인터넷으로 주고받는 사진은 나이와 머리숱, 몸무게와 키를 적당히 속일 수 있다는 점에서 악명 높다.)

그런 문제는 기술이 필요하지 않고 얼굴을 보고 신속하게 결정을 돕는 오프라인 시스템인 스피드 데이트SpeedDating에서는 발생하지 않는다. 비영리 소개팅 서비스인 스피드 데이트는 유대인 독신자들을 위해 만들어졌지만, 남녀의 만남과 짝짓기를 혁신적인 방법으로 주선한다고 해서 오늘날은 유대인과 상관없는 모방 서비스를 양산했다. 그런 서비스의 예로는 영리를 목적으로 하는 에잇미닛 데이트8Minute Dating, 나노데이트Nanodate, 인스타데이트 뉴욕InstadateNY, 텐미닛 매치10Minute Match, 브리프 인카운터Brief Encounters, 게이 스프린트 데이트Gay Sprint Dating 등이 있다.

시간을 절약해 주는 다른 검색 방법들처럼, 스피드 데이트도 중매 과정을 체계적이고 합리적으로 운영한다. 이미 많은 독신이 알고 있듯이, 스피드 데이트는 의자 뺏기 놀이와 비슷하다. 남녀는 마주 보고 앉아서 7분간 대화를 나눈다. 벨이 울리면 옆자리로 이동해서 다시 7분간 이야기한다. 모든 과정이 끝나면, 참가자들은 점수표에 자신이 만났던 사람들에 대한 관심도를 표시해서 행사 주최자에게 제출하고, 주최 측에서는 서로 관심 있다고 표시한 독신들에게 연락한다.

여성 입장에서 스피드 데이트(혹은 비유대인 대상 모방 서비스)의 주된 매력은 시간을 절약해준다는 점이다. 짧은 시간에 많은 사람을 만날 수 있으므로 효율적이다. 아무도 처음 5분 만에 운명이 결정되는 네 시간짜리 데이트 때문에 힘들어하지 않는다. 프랑스인들이 '르 클릭Le Click'('철썩', '찰칵' 등 어딘가에 부딪히는 소리를 의미한다. – 옮긴이)이라고 부르는 느낌이 오는지 안 오는지 여성들은 재빨리 안다. 첫 만남에서 시간을 절약해주는 것 외에도, 스피드 데이트는 거절로 인한 시간과 감정의 낭비를 막아준다. 만남이 단 7분간 지속되기 때문에, 여성은 자기 마음에 드는 사람에게 선택받지 못해도 별로 상처받지 않는다. 스피드 데이트는 직장 면접과 비슷하다. 2차나 3차 면접에서 떨어지는 것보다 1차 면접에서 거절당하는 편이 훨씬 낫기 때문이다.

이와 같이 시간을 절약해주는 방법들은 연애 상대를 탐색하는 사람들이 가진 기술과 적성에 잘 맞는다. 이들은 직장에서 쓰는 도구와 기술의 사용법을 알고 있다. 즉, 시간을 관리하고, 여러 일을 동시에 하며, 문제를 해결하고, 목표를 설정하고, 프로젝트를 이끄는 기술이 있다. 더구나 주도권을 발휘하는 데 익숙하다면 자신만의 과정도 계획할 수 있다. 우연한 만남이 가져올 예측하기 어렵고 불확실한 상황에 노출되지 않고, 술집이나 클럽에서 낯선 남자와 명함을 주고받지 않아도 되며, 몸무게나 외모를 함부로 평가당하지 않아도 된다. 또한 남자가 자신을 찾아주기를 수동적으로 기다릴 필요가 없다. 기회를 직접 만들고 성공 가능성을 최대로 높일 수 있다. 사실 똑똑한 여자가 자신의 목표와 시간표에 맞는 구혼제도를 찾을 수 없다면, 자기에게 효과가 있었던 사고방식과 직장 생활의 원칙에 기대면 된다.

사랑을 3교대로 운영할 때

그런데 연애가 여성의 새로운 과업으로 변형된 것을 보면, 딱하면서 심지어 걱정스러운 마음이 든다. 변호사이자 성공한 기업가인 레슬리 프리드먼의 사연을 들어보자. 그녀의 짝 찾기 여정은 1998년 《월스트리트 저널》에 로버트 맥고우Robert McGough가 쓴 '총 가진 남자를 만날 수 없다면, 거금으로 해결할 수 있을지 모른다.If You Can't Get a Man with a Gun, Big Bucks Might Work'라는 기사에 소개되었다. 마운트 홀리요크 대학과 뉴욕 대학교 로스쿨을 졸업한 프리드먼은 힘든 직장에서 8년만 더 일하면 은퇴할 수 있을 만큼 큰돈(정확히 2,100만 달러)을 벌어놓았다. 그때 그녀는 그동안 무시하고 지냈던 배우자 찾는 일을 두 번째 커리어로 삼기로 마음먹었다. 그리고 이 목표를 달성하기까지 5년을 투자하기로 했다.

목표를 이루기 위해 프리드먼은 기업가처럼 접근했다. 그녀는 이미지 컨설턴트를 포함해서 자기를 도와줄 여러 명의 자문가를 모집했다. 그녀는 멋진 자선행사와 정치자금 후원회 초대장을 얻어냈다. 그녀는 이스트햄프턴에 있는 한 주택의 지분을 사서 거기에서 열리는 파티에 갈 수 있게 되었다. 그녀는 섹시해 보이는 옷과 머리, 미용 치과 시술, 정치후원금, 컨설턴트 비용 등에 돈을 아끼지 않았다. 한술 더 떠서 그녀는 두 번째 데이트를 하고 나서 상대 남자와 성관계를 할 가능성이 커지자 자신의 협상 기술을 사용했다. 프리드먼은 남자에게 "12주간 자기하고만 만나겠다"는 약속을 지켜주면 그와 잠자리를 하겠다고 말했다. 남자가 거절하면 6주로 낮출 생각도 있었다. 하지만 그 남자는 프리드먼의 제안을 받아들이지 않았고, 두 사람의 관계는 흐지부지되었다.

프리드먼은 단념하지 않고 다른 경영 전략을 사용하기로 했다. 그녀는 아는 기금 모금자가 많았는데, 한 민주당 기금 모금자에게 결혼할 남자를 소개해주면 그녀의 표현처럼 "영업사원을 장려하는 차원에서" 착수금으로 10만 달러를 민주당에 기부하겠다고 말해서 파문을 일으켰다. 프리드먼은 또 다른 데이트에서 상대를 고객처럼 다루다 참사를 일으켰다. 그녀는 상대에게 자신을 어떻게 생각하는지 피드백을 달라고 요청한 다음(이 남자는 그녀가 남자를 찾는 일에 너무 몰두한다고 말했다), 자기 자신을 개발 중인 상품인 양 자신의 장점을 부각시키려 노력했다. 하지만 그녀의 경영 전략 중 어느 것도 그녀가 목표에 가까워지도록 하는데 성공하지 못했다. 이 이야기는 프리드먼이 여전히 결연하다는 말로 글을 맺는다. 그녀는 과거에 고객에게 했던 것처럼 배우자감도 '사전 심사'하기 위해 더욱 열심히 노력할 것이다.

프리드먼의 이야기가 너무 극단적일까? 물론 그렇다. 하지만 극단적이어서 더욱 의미심장하게 다가온다. 이 이야기는 사랑을 찾는 일을 여성이 가진 자원과 직업관 및 결정에만 맡길 때 어떤 암울한 일이 벌어지는가를 보여준다. 더욱 중요하게는 프리드먼의 사연이 왜 구혼제도가 중요한지를 보여준다는 점이다. 구혼제도는 짝을 찾는 데 필요한 규칙과 사회적 지원을 제공하므로 여성들이 혼자서 탐색 과정을 관리할 필요가 없다. 또한 탐색에 열중한 나머지 이를 직장일처럼 처리하거나 시간에 쫓기게 되면 사랑이 사라질 수도 있다. 전통적인 연애 문화에서 사랑은 일과 반대되는 개념이다. 사랑과 구혼이라는 이데올로기는 한가한 시대의 산물이다. 그런 문화는 미혼 남성이 넘볼 수 없는 여성을 쫓아다닐 정도로 여유가 있었던 중세 귀족 사회에서 생겨났다. 더구나 이런 낭만적 연애가 18세기 영국의 구혼제도로 발전할 때는 젊은이들이 연애하고 결혼할 수 있도록 새로운 여가 문화가 형성되었다. 심지어 아주 최근에도 학교 중심의 데이트 문화는 낭만적 연애의 전통을 이어받아 일종의 여가 활동이 되었다. 대학생은 공부도 일도 열심히 하지만, 65세 이하의 어른들 눈에는 여전히 한가한 집단이다.

또한 사랑은 힘든 직업 세계에서 한숨 돌리게 해주는 역할을 한다. 그것은 직장의 가치관과 기대치가 방해할 수 없는 공간을 만든다. 사랑은 시간과 생각과 에너지를 소모해야 하는 세상과 분리하여 여가와 프라이버시의 영역을 만들어준다. 사실 전통적으로 사랑이라는 세계의 가치관은 일의 세계와 상반된다. 사랑은 나태하고 비효율적이다. 시간을 신경 쓰지 않기 때문이다. 사랑은 이용 가능한 시간이 정해져 있지 않다. 그리고 여가를 즐기는 가운데 사랑은 꽃을 피운다. 그래서 사람들이 시간을 절약하고 성공 확률을 높이고자 인터넷에 개인 광고를 내면서도 여전히 마음속으로는 '해변을 걷다가' 와인 한 병을 들고 모닥불 앞에 앉아 여유롭게 저녁 시간을 즐기고 아침이 밝을 때까지 대화를 나누는 낭만적인 상상을 한다. 또한 이는 아이비리그에서 학위를 세 개나 받은 뛰어난 여성이 연인과 무한정으로 시간을 보내고 싶어서 자신의 전자 다이어리를 내던지고 싶은 이유이다. 그리고 그것은 사회에서 크게 성공하고 의욕이 넘치는 여성이 가정생활을 최후의 목표로 추구하고, 바브라스트라이샌드Barbra Streisand와 글로리아 스타이넘이 늘그막에 결혼해서 가정이라는 울타리를 만드느라 여념이 없는 이유이기도 하다.

이와 마찬가지로 고전적으로 사랑의 특징은 일과 반대된다. 사랑은 사람을 으쓱하게 했다가 절망에 빠뜨리고, 기분 좋은 나른함을 선사하다가 행동에 나서게도 하며, 정신을 잃게도 하고 명료하게도 할 수 있다. 사랑에는 상냥한 순간들도 있다. 사랑은 인내하고 친절하며 용서한다. 이와 반대로, 일은 감정에 빠지려 하지 않는다. 그것은 합리성, 효율성, 생산성의 원리를 따른다. 일은 실적에 따라 평가받는데, 이때 자비나 용서를 베풀지 않는다. 일은 판단해야 하는 순간에 잔인하고 냉혹할 수 있다.

사랑은 직장에서 성공한 여성들이 완벽주의를 추구하고 실적에 불안감을 느끼는 중간에 일종의 휴식을 제공한다. 진실한 사랑을 받고 있다면, 직장에서 무슨 일을 당하든 자신이 가치 있고 소중한 사람이라고 느낄 수 있다. 당신은 경쟁하고 성과를 내고 기대를 뛰어넘어야 한다는 끊임없는 압박에 저항할지도 모른다. 당신은 직장 생활과 전혀 다른 삶을 살 수 있는데, 그때는 날마다 직장이나 독신들의 데이트 현장에서 경험했던 것과 달리, 꼼꼼하게 비판받고 평가받지 않아도 된다.

엘리트들이 이용하는 개인 광고의 글을 보면, 바쁘고 성공한 여성들이 찾는 사람은 자신과 여가 시간을 충분히 보낼 수 있는 연인이다. 물론 그들은 자신과 비슷하게 학벌이 좋은 전문직 남성을 찾고 있지만, 그러면서 친밀감을 느끼고 여가를 같이 즐기는 기쁨을 줄 수 있는 남자를 원한다. 사실 그들의 낭만적 환상은 섹스나 심지어 사랑보다도 시간에 집착하는 것 같다. 일부 여성은 여유와 안락한 가정생활에 대한 아쉬운 마음을 표현한다. 하버드 대학교에서 법학박사와 MBA를 받은 어떤 여성은 "커리어 우먼이라는 모습에 갇힌 매우 가정적인 여자"라고 자신을 설명한다. 하버드 대학교에서 학사 학위를, 컬럼비아 대학교에서 법학박사 학위를 받은 한 여성은 조용히 이렇게 말한다. "저는 제가 친구들을 위해 파티 음식을 준비하는 동안 저를 안아주고 키스해주는 남자를 꿈꿔요." 또 다른 여성은 "저는 여행에 너무 많은 시간을 썼어요… 저는 로맨스를 갈망해요"라고 말한다. 신세대 독신 여성이 도전할 과제는 사랑하기 위해 시간을 아끼는 것이다.

결론

연애 위기의 돌파구를 찾아서

오늘날 신세대 독신 여성이 연애에서 곤란을 겪는 이유는 데이트와 짝짓기 문화에 위기가 발생했기 때문이다. 이 때문에 똑똑하고 성공했지만, 그렇지 않았으면 행복했을 많은 젊은 여성이 자신의 연애 생활에 당혹해하고 있다. 이들은 데이트 현장에서 좌절감을 느끼고, 살면서 딱 맞는 순간에 어떻게 이상형을 찾을지 몰라 혼란스러우며, 연애 기회를 잡을 수 있을지 확신하지 못한다.

꽤 최근까지 사회는 신세대 독신 여성들의 곤란한 처지에 묵묵부답이었다. 이들이 초기 성인기에 추구해야 할 과업에 대해서 사회는 거의 모든 영역에서 관심을 기울이고 지원해주었다. 하지만 인생의 동반자를 제대로 선택하고 싶다는 소망에는 지원도 공감도 거의 하지 않았다. 실제로 과거에는 일생을 함께할 사람을 찾을 때 사회 풍속과 관례, 후원자의 도움을 받았으나 지금은 주로 여성 혼자 감당해야 한다.

젊은 여성의 연애 욕구를 의식해왔던 사회 사상가들조차도 이들의 어려움을 해소할 그럴듯한 해결책을 내놓지 못하고 있다. 그저 사상가들은 여성들에게 조혼 제도가 있던 과거로 돌아가라고 조언할 뿐이다. 오늘날에는 남녀 모두 학력 수준이 높고 일찍부터 경력개발에 힘쓴다는 사실을 생각해보면, 이런 조언은 현실성이 없다. 물론 여전히 일부 여성은 대학을 졸업하자마자 결혼한다. 하지만 대다수 대졸 여성이 늦게 결혼하는 현상은 이제 일상적인 일이 되었다.

만약 오늘날 신세대 독신 여성의 연애 위기를 해결할 답이 있다면, 과거 조혼 시대로 되돌아가서는 그 답을 찾을 수 없다. 또한 학교와 직장에서 여성들에게 기회를 열어주는 데 효과가 있었던 법적·정책적 조치를 요구하는 것도 적절하지 않아 보인다. 오히려 그 답은 젊은 여성의 새로운 생활방식과 시간표에 맞게 혁신적인 방법들을 만들어낸 사회와 문화와 시장의 능력에서 찾아야 할 것이다.

불과 지난 몇 년 사이에 데이트와 짝짓기 현장에는 수많은 새로운 방법들이 등장했다. 많은 혁신적인 방법들이 시장에서 만들어졌다. 인터넷은 짝을 선택하는 방식의 신세계를 열었다. 인터넷 기술이 발달하고 성숙할수록, 사람들을 서로 이어주는 일에 온라인의 역할은 더욱 커지고 어쩌면 훨씬 효과적일 것이다. 오프라인 세계에서도 혁신이 있었다. '잇츠 저스트 런치It's Just Lunch'와 '그레이트 익스펙테이션Great Expectations'과 같은 소개팅 서비스의 등장, 도시의 지역신문과 잡지에서 늘어나는 개인 광고, 짝 찾는 방법을 교육하는 성인 워크숍과 민간 데이트 코치의 출현 등 이 모든 것들이 신세대 독신 여성의 연애 위기를 해소하고자 최근에 생겨난 방법들이다.

시장이 아닌 영역에서는 반응 속도가 좀 더 느리지만, 그곳에서도 역시 변화가 일고 있다. 가장 중요한 변화 중 하나는 일하는 독신 여성의 삶에서 친구들의 역할이 증가하고 있다는 점이다. 친구들은 짝을 선택하는 과정에서 영향력 있는 제삼자로서 부모의 역할을 대신하고 있다. 보통 직장에 다니는 독신들은 자신이 성장기를 보내고 대학을 다녔던 지역사회와 가정에서 멀리 떨어져 생활한다. 더구나 그들이 나이가 들고 독립적으로 되어갈수록, 연애와 관련해서 부모님의 조언이나 적극적 개입에 덜 기대게 된다. 그러나 그와 동시에 친구들의 조언과 지원 그리고 위로에는 점점 더 많이 의존한다.

물론 이런 현상이 완전히 새로운 것은 아니다. 하지만 오늘날 달라진 점은 젊은이들이 우정을 최대한 활용하고 있다는 것이다. 이렇게 친구들과 뚜렷하게 친밀감을 형성하게 된 것은 틀림없이 결혼하기 전에 독신으로 시간을 보내는 방법과 관련된다. 학교를 졸업하자마자 결혼하던 과거에는 사람들이 대체로 고등학교와 대학 친구들과 떨어져서 지냈다. 그들은 자신의 배우자와 아이들과 시간을 보냈다. 그들의 사교 생활은 자기 가족과 다른 기혼자들을 중심으로 이루어졌다. 그러나 오늘날에는 독신 기간이 길어지면서 친구들과의 우정은 대학을 졸업한 이후에도 계속되며 시간에 따라 발전하고 깊어진다. 친구는 성별과 성적 정체성과 상관없이 점점 가족처럼 되어가고 있다. 도시에서 친구는 동족이다. 혹은 작가 이선 워터스Ethan Watters의 표현대로 '도시 부족urban tribes'을 형성한다.

물론 이렇게 사회가 희망적이고 신속하게 움직인다고 해서 이것이 모여 새로운 구혼제도가 되는 것은 아니다. 하지만 만약 새로운 제도가 발달한다면, 그것은 주로 독립적으로 행동하고 위기에 대처하며 기회를 (그리고 어쩌면 이익도) 엿보는 다양한 집단이 여기저기서 문제를 해결하고자 상상력을 발휘하여 자발적으로 노력하는 가운데 등장할 것이다. 이때 창의적인 마케팅 담당자들이 선두에 설 것이다. 그러는 동안 신세대 독신 여성에게 맞는 연애 체계의 특징이 무엇인지 쉽게 확인될 것이다. 혹시 여기에서 눈에 띄는 점이 발견되면, 이를 인정하고 지원해야 할 것이다. 이상적인 새로운 연애 체계에는 다음과 같은 아이디어가 포함될 것이다.

신세대 독신 여성의 시간표와 일치해야 한다

신세대 독신 여성이 결혼하기 전에 교육과 경력개발에 힘쓰는 현상은 광범위한 사회경제적 변화에 근거한다. 원하든 원하지 않든, 오늘날 여성들은 결혼이 사회경제적 안전망이라고 생각하지 않는다. 이혼율이 높은 사회에서는 여성들이 경제적 자립과 사회적 독립을 이룰 수 있어야 하고, 그러려면 교육과 경력개발에 개인과 사회의 투자가 필요하다. 더구나 교육 수준이 높은 여성이 결혼할 기회가 '더 많다'는 증거도 있다. 오늘날 고학력 여성은 그렇지 않은 여성보다 결혼할 확률이 높고, 그 결혼을 유지할 가능성도 높다. 결국 직업을 통해 얻는 경제적 혜택 외에도, 교육과 직업적 성취는 그 자체로 가치가 있다. 보수가 좋은 직업을 찾는 일은 생활을 충만하게 하는 데 필수적이다. 여성들이 연애 생활에 만족하지 못한다고 해서 그것을 해결하고자 직장에서 이룬 성취를 반납해야 한다고 자신 있게 주장하는 사람은 거의 없을 것이다.

신세대 독신 여성이 결혼 상대를 찾기에 가장 좋은 시기는 이제 더는 예상대로 대학 시절이나 대학을 갓 졸업했을 때가 아니다. 그 시기는 좀 더 나중인 20대 중반 이후나 서른 즈음 혹은 심지어 40대까지도 이어진다. 오늘날의 여성은 과거 여성보다 진지하게 결혼 상대를 찾는 일을 늦게 시작하기 때문에, (특히 결혼과 자녀를 원한다면) 목표를 달성하는 데 필요한 시간이 부족하다. 그러므로 신세대 독신 여성이 아이를 가질 수 있는 시기에 맞추려면 현대 연애 체계의 관례와 관습을 이들의 시간표에 맞추어야 한다.

신세대 독신 여성의 결혼 욕구를 사회가 지지해야 한다

여성이 대학을 졸업하고 직장에 다니게 되면 자신과 비슷한 조건의 독신 남성과 만나고 어울리기가 더욱 어려워진다. 그런 남성들은 캠퍼스처럼 좁은 지역에 한꺼번에 몰려 있지 않다. 그들은 더 넓은 지역에 여기저기 흩어져 있다. 따라서 여성들이 할 일은 자기에게 적합한 독신 남성을 만나기 위한 기회를 늘리고 사교 행사에도 더 많이 참여하는 것이다.

그렇게 하기 위한 한 가지 방법은 더 많은 제삼자를 움직여서 사교 행사를 주선하고 전략적으로 개입하게 하는 것이다. 예를 들어, 또래 집단이나 '도시 부족'을 넘어서 사교 모임의 범위를 널리 확대하면 도움이 될 것이다. 우리는 사교 활동 일부가 줄어드는 시대에 살고 있다. 옛 가정에서 사적으로 즐기던 모임은 가정용 오락 기기에 자리를 내주었다. 또한 독신들에게 새로운 사람을 만날 기회를 제공하던 사교 행사나 저녁 모임에 관심이 줄고 시간도 적게 들인다. 독신남녀와 기혼 커플은 종종 따로따로 사교 활동을 한다. 가족 모임 외에도 결혼식과 장례식, 여러 세대가 모이는 행사도 오늘날 드물어졌다. 남녀를 서로 소개해주던 관습은 '소개팅 서비스'로 바뀌었다. 물론 이런 새로운 사업이 데이트 시장에서 아주 중요한 틈새를 메우고 있기는 하지만, 가족과 친구, 직장동료와 그 밖의 사교 모임에서 만난 사람들이 제공하던 전통적인 소개팅 방식을 대체하기보다는 보완해야 한다. 제삼자를 통하는 방법은 여전히 소개받을 남자의 배경 정보를 파악하는 데 가장 신뢰할 만하다.

동거를 이해해야 한다

오늘날 동거는 모호한 연애 유형이다. 동거의 목적은 다양하고 이따금 서로 모순되기도 한다. 동거는 결혼으로 가는 길목이기도 하고 결혼의 대안이 되기도 한다. 동거를 하는 동안 커플 사이에 헌신의 수준이 높아지기도 하고 낮아지기도 한다. 성인기 초기에는 유리한 시기도 있고 불리한 시기도 있다. 관계 지향적 체계의 핵심이라는 점에서, 동거는 결혼을 생각하는 여성을 애매한 상황에 몰아넣고 혼란스럽게 한다. 동거하는 여성은 파트너와의 관계가 헌신을 강화하는 쪽으로 발전하는지 아니면 그냥 제자리걸음인지 파악하기 어렵다.

일부 학자는 교제 중 동거가 약혼과 비슷하다는 인상을 줌으로써 다른 유형의 동거와 구분된다고 주장했다. 예를 들면 교제 중 동거는 함께 사는 커플이 이제 결혼 준비를 하겠다는 의도를 공식적이고 종교적으로 인정하는 것일 수 있다. 또는 약혼하기 전 단계로서 한집에 산다는 것을 다른 사람이나 가족에게 알리는 방법이 될 수도 있다. 종교와 관계가 있든 없든 특별 워크숍과 교육은 결혼을 생각하는 동거 커플에게 맞춰질 것이다. 이와 마찬가지로 시장에서도 몇 가지 창의적인 아이디어가 있다. 우아한 보스턴 보석 브랜드인 슈레브, 크럼프 앤 로Shreve, Crump and Low는 최근에 남성들이 약혼 기념으로 자신이 선택한 연인에게 주는 '약속반지'를 내놓았다. 광고 문구에서 알 수 있듯이, "작은 다이아몬드가 세팅된 18k 금 혹은 백금 반지"를 샀다는 것은 "우리 무슨 사이야?"라는 여자의 질문에 대한 남자의 답이다. "당신은 여자에게 앞으로도 계속 함께하고 싶다는 확신을 주고 싶을 것입니다. 하지만 여러 가지 이유로 무릎을 꿇고 청혼하기에 마땅한 시간을 찾기 어렵죠. 약속반지로 해보세요… 이것은 당신의 사랑을 표현할 이상적인 방법이자 다른 구혼자들이 자기 여자에게 접근하지 못하도록 경고하는 표시가 됩니다… 그리고 당신이 다음 단계로 나아갈 준비가 되면, 당신의 약속반지는 약혼반지로 교환할 수 있습니다." 마지막 줄까지 읽지 않아도, 보석상은 약속반지를 확신의 사다리의

한 단계로 만드는 데 일조하고 있음을 알 수 있다.

연애하려면 여유가 있어야 한다는 사실을 인정해야 한다

과거 구혼제도는 사랑할 시간을 허락한다. 실제로 이상적인 연애는 시간이 많았던 귀족 사회에서 일어났다. 나중에 그것은 무도회와 저녁 모임, 18세기 영국의 온천, 카드놀이, 기타 18세기 영국 사회에서 벌어진 사교 모임에서 번성했고, 더 나중에는 19세기 미국 사회 중산층의 거실과 현관에서 활발히 이루어졌다. 20세기 중반이 되면 연애는 젊은이들과 상대적으로 시간이 많은 대학생 문화로 바뀌었다. 캠퍼스에서는 대학생들이 주말마다 파티를 열고 클럽과 사교 행사에 참석하며 친구들과 즐길 공간과 시간이 충분했다.

그러나 오늘날 다수의 고학력 여성들은 졸업하고 직장에 다니는 동안 결혼 상대를 찾는다. 연애를 하려면 업무 스케줄과 출장, 일과의 틈을 비집고 들어가야 한다. 더구나 여자들이 만나서 사랑에 빠질 남자들도 나름대로 스케줄이 바쁘고 그들이 사는 도시도 다르다. 또한 짝짓기와 결혼이 세계화되는 경향을 보인다. 어떤 커플은 서로 얼굴을 보기 위해 대륙을 왔다 갔다 해야 한다.

데이트와 짝짓기의 어떤 측면은 시간을 절약하기에 적합하다. 그것들 중 대부분은 서로 만나서 관심사를 확인하는 관계 초기 단계에서 일어난다. 하지만 이런 초기 단계가 지나면 효율성 따위는 과감하게 버리고 사랑을 위해 잠시 휴식을 취하는 것이 좋다.

배우자를 선택하고 결혼할 때 활용할 수 있는
지식 베이스를 제공해야 한다

오늘날 젊은 대졸 여성은 고도의 훈련을 받았고, 개념적 · 분석적 지식이 풍부한 지적 노동자이자 실력자이다. 이들은 직장에서 복잡한 데이터를 관리하고 조작하며 해석한다. 하지만 연애에서는 이야기가 다르다. 지금 학력 수준이 높고 똑똑한 남녀는 어떻게 하면 배우자를 잘 선택할 수 있을지 방법을 몰라 당황해한다. 그들은 어떤 지식이든 손에 닿는 대로 (주로 타블로이드 신문과 텔레비전, 연예잡지에서) 수집해야 한다. 물론 남녀 관계에 관한 책과 워크숍, 강의 테이프와 기술 훈련이 정보와 조언을 제공하기는 한다. 그러나 이런 자료들 말고는 활용할 수단이 거의 없다. 이런 수준 낮은 자료들은 짝을 선택하는 방법에 관해 상대적으로 학문적 관심이 부족하다는 사실을 보여준다. 수십 년간 학계에서는 결혼을 연구하거나 사람들이 짝을 선택하는 패턴에 관하여 경험적으로 조사하는 일에 큰 관심을 두지 않았다. 또한 이렇게 젊은이들이 부실한 자료에 기대는 현상은 사회가 다음 세대에게 인생의 중요한 선택을 가르쳐야 하는 책임을 무시하고 포기했다는 사실도 보여준다. 경제가 지식에 좌우되고 사회가 교육과 기술 훈련에 커다란 가치를 두며 정치가 개인의 합리적인 판단 가능성에 의존하는 상황에서, 특별히 상당수의 젊은이가 가까운 미래에 배우자를 선택해야 함에도 불구하고 그 방법에 관하여 집단적 사고와 지식, 기술을 전수하는 일에 학계와 사회가 거의 관심을 두지 않았다는 사실이 대단히 놀랍다.

이는 현대의 구혼제도가 결혼에 관한 표준 커리큘럼을 채택해야 한다거나 20세기 중반의 전형적인 구혼제도처럼 대중 메시지를 홍보해야 한다고 제안하는 것이 아니다. 하지만 구혼제도는 유용하고 신뢰할 만한 지식의 집합체 안에 기초를 세워야 한다. 즉, 구혼제도는 젊은 여성들의 삶과 사랑하고 싶은 열망 및 목표와 관련되어야 하고, 그들이 성공적으로 짝을 선택하도록 도와야 한다. 이런 지식 베이스를 만들기 위해서는 다양한 학문 분야에서 협업을 통해 영원한 사랑을 추구하는 문제를 진지하게 연구하고 고민해야 한다. 사회학과 역사, 예술과 문학, 종교와 생물학 등 이 모든 학문이 연애의 방법과 목적, 기쁨에 관해 우리에게 들려줄 이야기가 있을 것이다.

하지만 그런 지식은 단순히 실용적인 측면에서만 유용한 것이 아니다. 그것은 영원한 사랑을 찾을 수 있고 행복한 결혼과 커리어를 함께 추구할 수 있다는 신념을 되찾게 해줄지도 모른다. 일과 사랑 모두 성인 생활의 핵심이라는 프로이트의 말은 유명하다. 대학을 졸업한 베이비붐 세대와 오늘날 신세대 여성은 두 가지 목표를 달성하면서 둘 사이에 균형을 유지하기 위해 노력해왔다. 베이비붐 세대는 일의 세계에서 어려움을 겪었다. 오늘날 여성들은 사랑의 세계에서 곤란을 겪고 있다.

괜찮은 남자들은 다 어디로 갔을까

비혼이 대세인 시대에 결혼하고 싶은 여자들

초판 1쇄 발행 2018년 7월 27일

지은이	바버라 화이트헤드
옮긴이	최이현
펴낸이	최용범

편집	김정주, 김미희
디자인	신정난
경영지원	강은선

펴낸곳	페이퍼로드
출판등록	제10-2427호(2002년 8월 7일)
주소	서울시 마포구 연남로3길 72 2층
이메일	book@paperroad.net
블로그	blog.naver.com/paperoad
페이스북	www.facebook.com/paperroadbook
전화	(02)326-0328
팩스	(02)335-0334
ISBN	979-11-88982-22-6 (03300)